目次《もくじ》

奈良の世界遺産一覧

法隆寺地域の仏教建造物
法隆寺（P58）、**法起寺**（P58）

古都奈良の文化財
東大寺（P28）、**興福寺**（P18）、**春日大社**（P28）、**春日山原始林**（P28）、**元興寺**（P32）**薬師寺**（P48）、**唐招提寺**（P48）、**平城宮跡**（P44）

紀伊山地の霊場と参詣道
霊場　**吉野・大峯：吉野山**（P80）、**吉野水分神社**（P80）、**金峯神社**（P80）、**金峯山寺**（P79）、**吉水神社**（P80）、大峯山寺（地図外）
参詣道　大峯奥駆道・熊野参詣道小辺路（地図外）
※【紀伊山地の霊場と参詣道】は奈良県・和歌山県・三重県にまたがっています。

奈良鉄道路線図

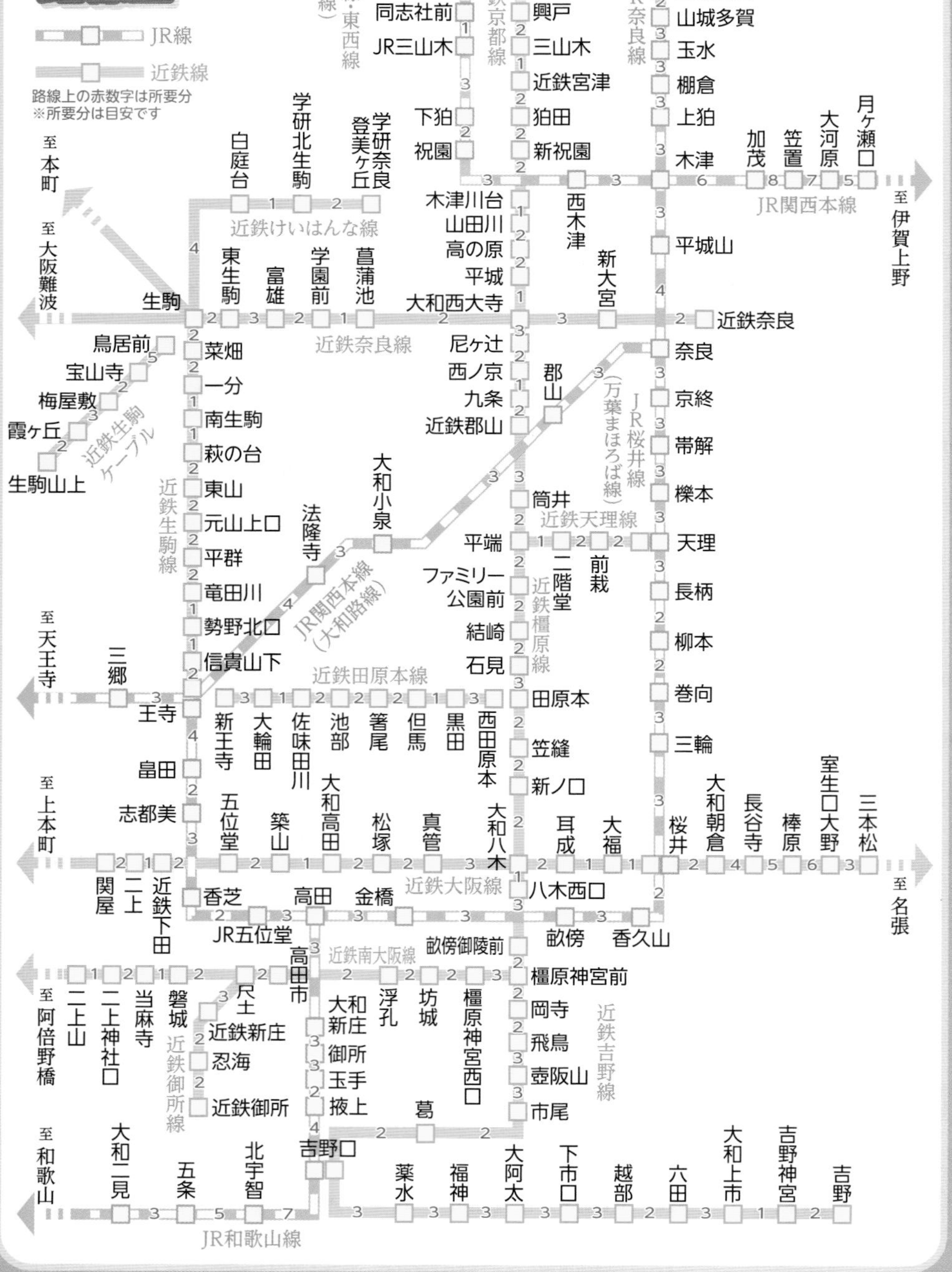
JR線
近鉄線
路線上の赤数字は所要分
※所要分は目安です
至 京橋
至 京都
至 京都
JR片町線・東西線（学研都市線）
近鉄京都線
JR奈良線
京田辺
同志社前
JR三山木
下狛
祝園
新田辺
興戸
三山木
近鉄宮津
狛田
新祝園
山城青谷
山城多賀
玉水
棚倉
上狛
木津
加茂
笠置
大河原
月ヶ瀬口
JR関西本線
至 伊賀上野
西木津
木津川台
山田川
高の原
平城
大和西大寺
平城山
新大宮
近鉄奈良
奈良
至 本町
至 大阪難波
白庭台
学研北生駒
学研奈良登美ヶ丘
近鉄けいはんな線
生駒
東生駒
富雄
学園前
菖蒲池
近鉄奈良線
鳥居前
宝山寺
梅屋敷
霞ヶ丘
生駒山上
近鉄生駒ケーブル
菜畑
一分
南生駒
萩の台
東山
元山上口
平群
竜田川
勢野北口
信貴山下
近鉄生駒線
尼ヶ辻
西ノ京
九条
近鉄郡山
郡山
JR桜井線（万葉まほろば線）
京終
帯解
櫟本
天理
長柄
柳本
巻向
三輪
筒井
近鉄天理線
平端
二階堂
前栽
大和小泉
法隆寺
JR関西本線（大和路線）
ファミリー公園前
結崎
石見
田原本
近鉄橿原線
至 天王寺
三郷
王寺
近鉄田原本線
新王寺
大輪田
佐味田川
池部
箸尾
但馬
黒田
西田原本
笠縫
新ノ口
畠田
志都美
至 上本町
五位堂
築山
大和高田
松塚
真菅
大和八木
耳成
大福
桜井
大和朝倉
長谷寺
榛原
室生口大野
三本松
至 名張
関屋
二上
近鉄下田
近鉄大阪線
香芝
高田
金橋
八木西口
畝傍
香久山
JR五位堂
畝傍御陵前
高田市
近鉄南大阪線
橿原神宮前
至 阿倍野橋
二上山
二上神社口
当麻寺
磐城
尺土
浮孔
坊城
橿原神宮西口
近鉄新庄
忍海
近鉄御所
近鉄御所線
大和新庄
御所
玉手
掖上
岡寺
飛鳥
壺阪山
市尾
近鉄吉野線
葛
吉野口
至 和歌山
大和二見
五条
北宇智
JR和歌山線
薬水
福神
大阿太
下市口
越部
六田
大和上市
吉野神宮
吉野

奈良県北・中部　収録地図索引

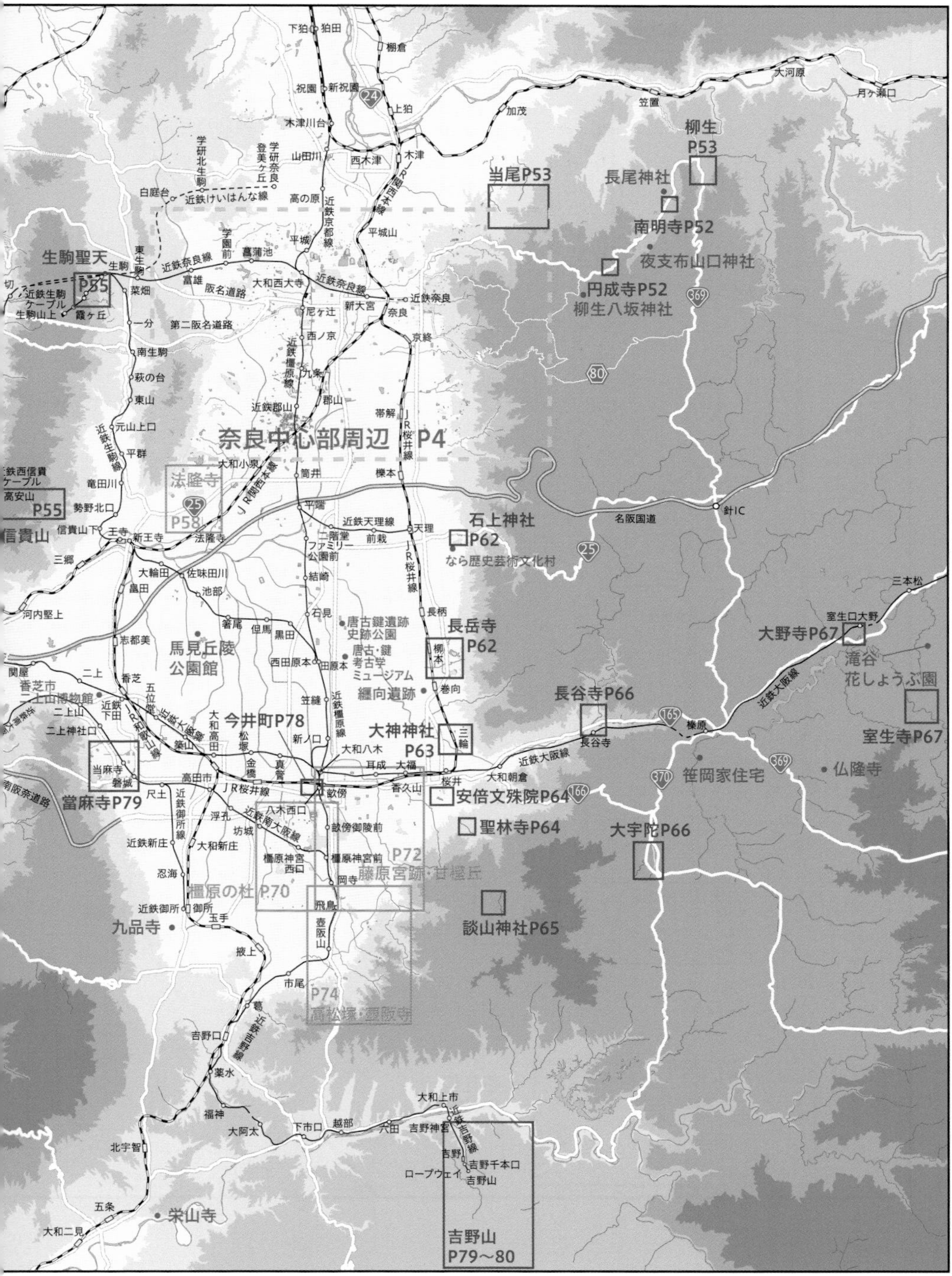

奈良中心部周辺 収録地図索引

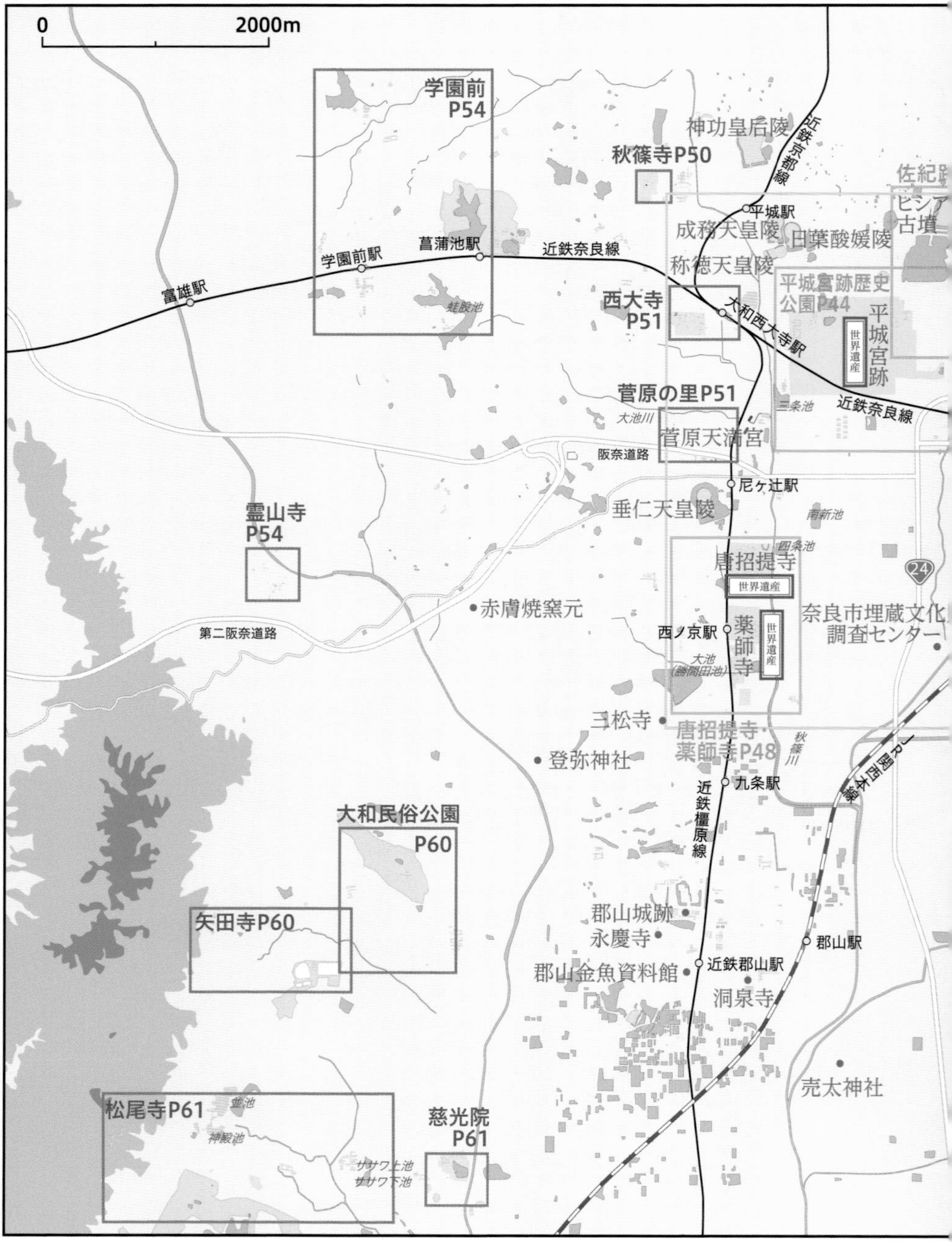

当尾P53
浄瑠璃寺
（九体寺）
平城山駅
奈良阪P50
般若寺
369
佐保路P40
コナベ古墳
不退寺
狭岡神社
興福院
JR関西本線
東大寺・春日大社
P28
鶯塚古墳
近鉄奈良駅・
興福寺P18
東大寺
世界遺産
若草山
奈良奥山ドライブウェイ
新大宮駅
JR奈良駅
P22
近鉄奈良駅
興福寺
世界遺産
奈良公園
春日大社
世界遺産
世界遺産
春日山原始林
JR奈良駅
新薬師寺
白毫寺
元興寺
世界遺産
大安寺
P35
元興寺・
奈良町
P32
京終駅
新薬師寺・白毫寺
P30
奈良公園・西ノ京周辺図
P6
80
JR桜井線（万葉まほろば線）
169
前池
P36円照寺
龍王池
P35
帯解寺
帯解駅
錦の里
P37
正暦寺
名阪国道
弘仁寺

奈良公園・西ノ京周辺図
佐紀路 P42
京都
ヒシャゲ古墳
京都
近鉄京都線
成務天皇陵
日葉酸媛陵
称徳天皇陵
コナベ古墳
ウワナベ古墳
水上池
不退寺
奈良文化財研究所
御前池
←生駒
佐紀池
大和西大寺
104
奈良文化財研究所
平城宮跡資料館
平城宮跡遺構展示館
海龍王寺
西大寺
平城宮跡
世界遺産
法華寺
104
平城宮跡東院庭園
三条池
24
近鉄奈良線
朱雀門
菅原天満宮
奈良市美術館（ミ・ナーラ内）
新大宮
朱雀門ひろば
369
登大路
平城宮跡歴史公園 P44
平城京左京三条二坊宮跡庭園
308
三条通
尼ヶ辻
24
垂仁天皇陵
佐保川
唐招提寺・薬師寺 P48
四条池
唐招提寺
世界遺産
奈良県立図書情報館
新池
薬師寺
世界遺産
奈良市埋蔵文化財調査センター
西ノ京
近鉄橿原線
大安寺
観音池
大池
JR関西本線（大和路線）
秋篠川
↓平端
↓法隆寺

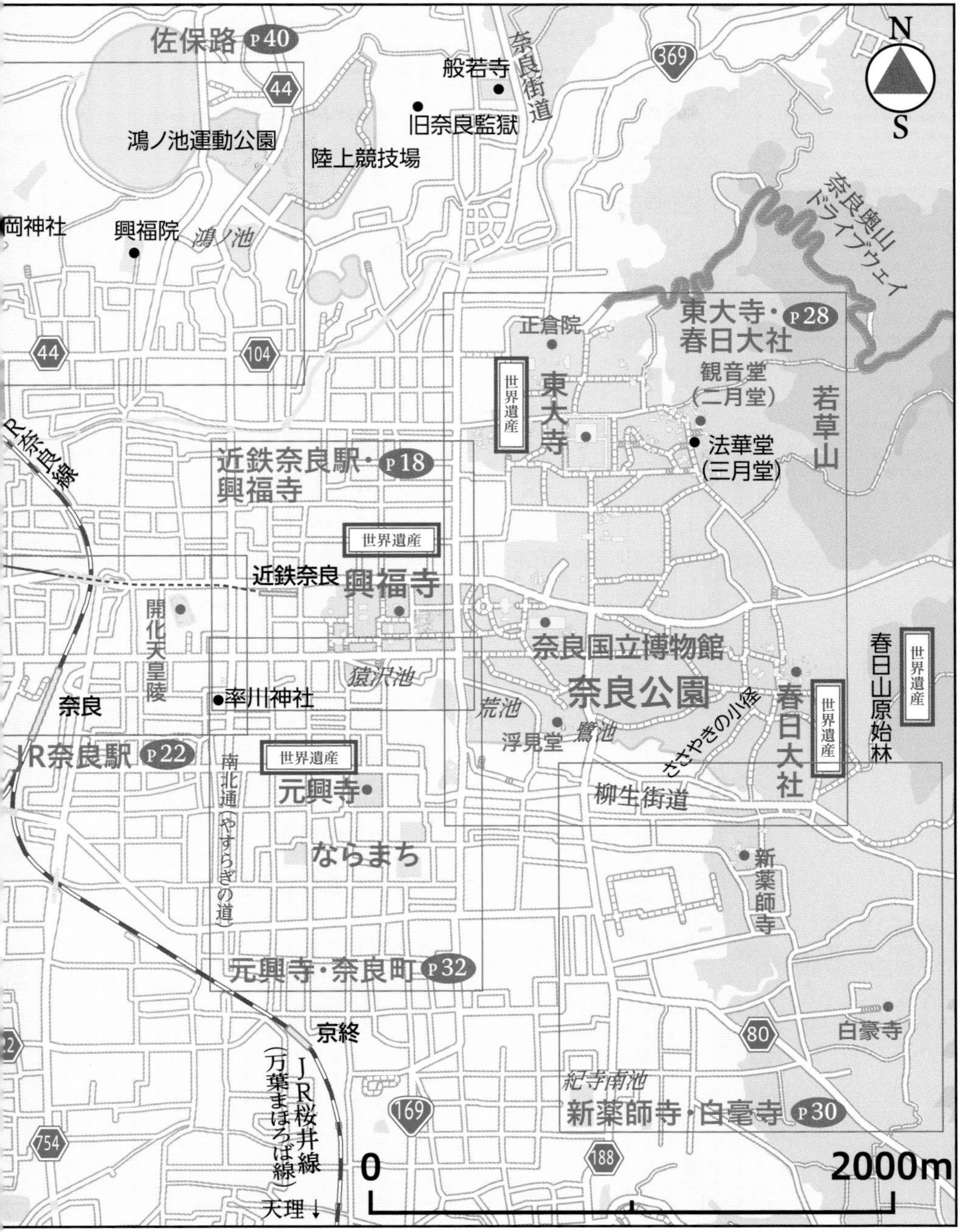
佐保路 P40
369
N
S
44
奈良街道
般若寺
旧奈良監獄
鴻ノ池運動公園
陸上競技場
奈良奥山ドライブウェイ
岡神社
興福院
鴻ノ池
東大寺・春日大社 P28
正倉院
44
104
観音堂（二月堂）
若草山
世界遺産
東大寺
法華堂（三月堂）
JR奈良線
近鉄奈良駅・興福寺 P18
世界遺産
近鉄奈良
興福寺
開化天皇陵
奈良国立博物館
春日山原始林
世界遺産
猿沢池
奈良公園
率川神社
奈良
荒池
ささやきの小径
春日大社
世界遺産
浮見堂
鷺池
JR奈良駅 P22
世界遺産
元興寺
南北通（やすらぎの道）
柳生街道
ならまち
新薬師寺
元興寺・奈良町 P32
京終
80
白毫寺
JR桜井線（万葉まほろば線）
紀寺南池
新薬師寺・白毫寺 P30
169
754
188
0
2000m
天理↓

奈良公園・西ノ京
奈良交通バス
系統別簡易路線図

2024年3月16日現在

※観光に適さない、早朝・深夜便のみ等のバス系統は、割愛してあります。

この路線図は、奈良市内の主なバス路線とその経由停留所を、系統毎に収録しています。本文の「のりもの案内」に紹介されていない物件に行きたい場合も、路線図と地図中の目的とする物件最寄のバス停留所を照らし合わせれば、そこまでの交通手段を探すことができます。

なお、路線図収録は平日を基本としており、極小便・夜間便のみ・臨時便等、観光に適さないバス系統は省いておりますので、現地バス停標柱ダイヤのご確認をおすすめします。

注意

- 矢印(↓)がついているのは同じ系統での復路はありません。
- 2矢印(↓↑)は経由してから目的地に向かう系統です。
- 発着系統は各系統の起点と終点となっている系統番号です。
- 主に観光に適した路線を紹介しております。(便数が多いなど)
- 停留所名の(〜方面)は、その方面に向かうバスだけが停車します。

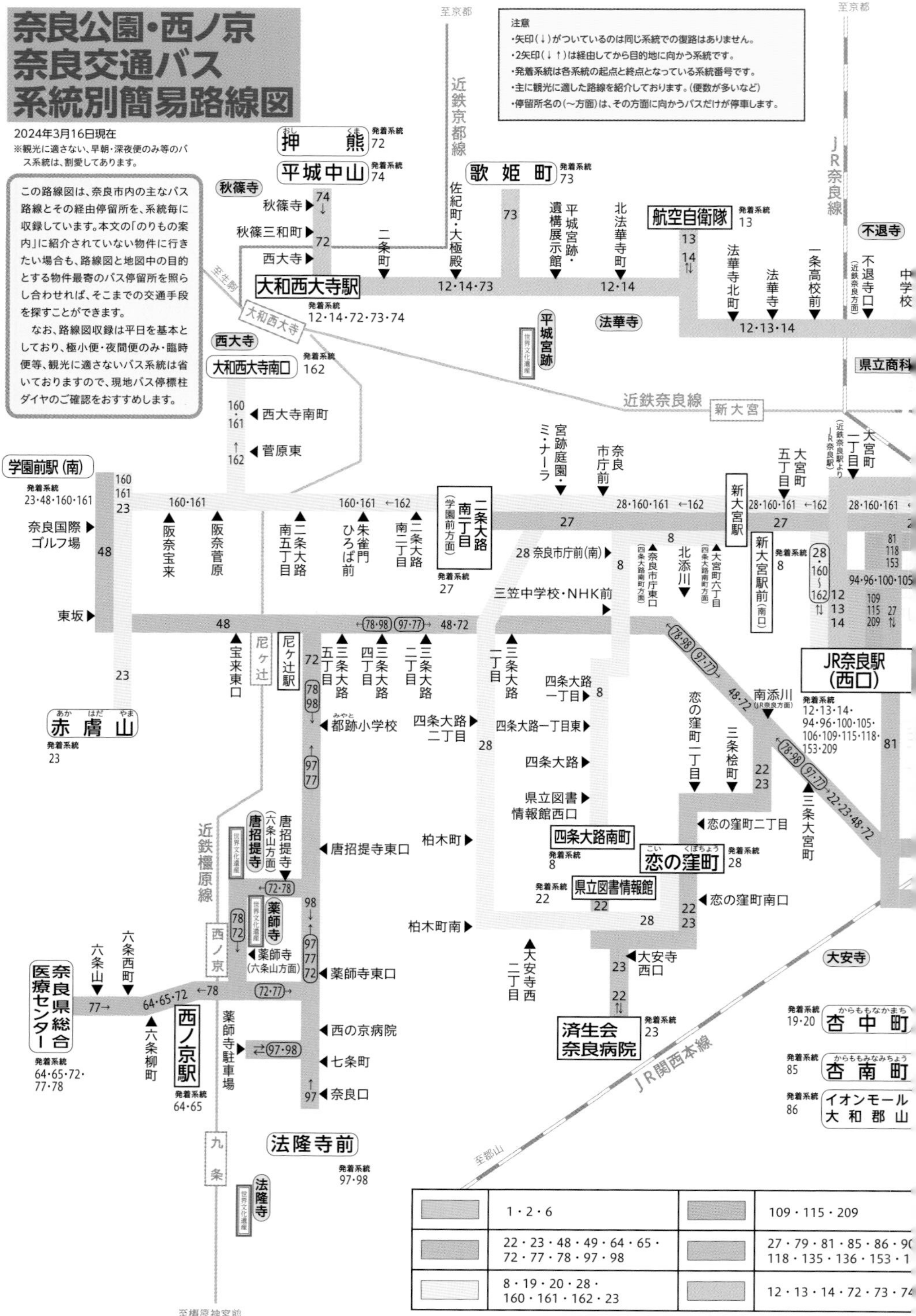

	1・2・6		109・115・209
	22・23・48・49・64・65・72・77・78・97・98		27・79・81・85・86・9(118・135・136・153・1
	8・19・20・28・160・161・162・23		12・13・14・72・73・74

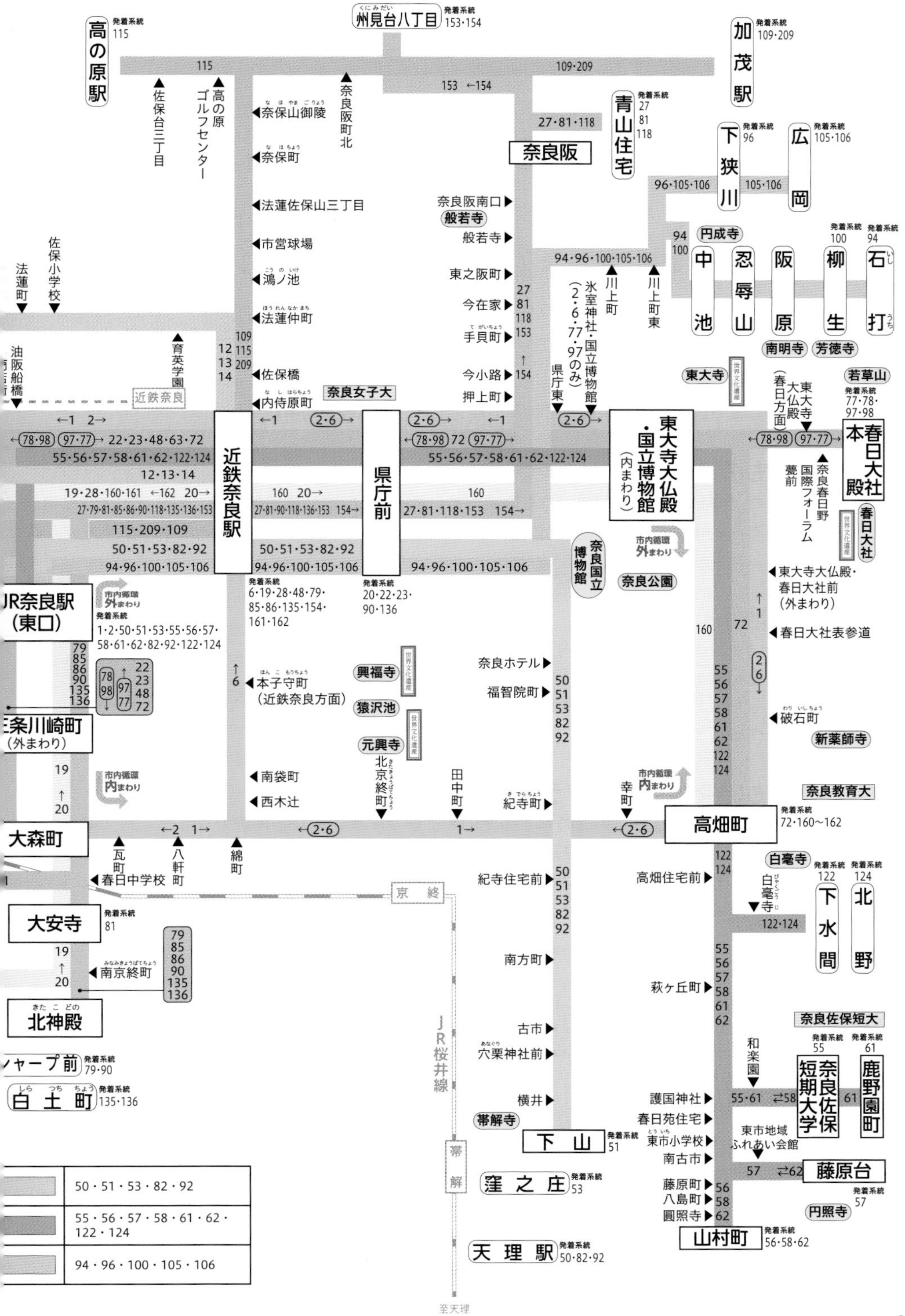

高の原駅 発着系統 115
州見台八丁目《くにみだい》 発着系統 153・154
加茂駅 発着系統 109・209
115
109・209
153 ←154
佐保台三丁目
高の原ゴルフセンター
奈良阪町北
奈保山御陵《なほやまごりょう》
奈保町《なほちょう》
法蓮佐保山三丁目
市営球場
鴻ノ池《こうのいけ》
法蓮仲町《ほうれんなかまち》
佐保橋
内侍原町《ないしはらちょう》
青山住宅 発着系統 27 81 118
27・81・118
奈良阪
下狭川 発着系統 96
広岡 発着系統 105・106
96・105・106
105・106
奈良阪南口
般若寺
般若寺
東之阪町
今在家
手貝町《てがいちょう》
今小路
押上町
27 81 118 153
↑ 154
94 100
円成寺
94・96・100・105・106
川上町
川上町東
氷室神社・国立博物館（2・6・77・97のみ）
県庁東
中池
忍辱山
阪原
柳生 発着系統 100
石打《いしうち》 発着系統 94
南明寺
芳徳寺
東大寺
世界文化遺産
若草山
東大寺大仏殿（春日大社方面）
発着系統 77・78・97・98
春日大社本殿
法蓮町
佐保小学校
油阪船橋
育英学園
近鉄奈良
109 115 209
12 13 14
奈良女子大
←1 2→
←1
2・6→
2・6→
←1
2・6→
←78・98 97・77→ 22・23・48・63・72
55・56・57・58・61・62・122・124
12・13・14
19・28・160・161 ←162 20→
27・79・81・85・86・90・118・135・136・153
115・209・109
50・51・53・82・92
94・96・100・105・106
近鉄奈良駅
160 20→
27・81・90・118・136・153 154→
50・51・53・82・92
94・96・100・105・106
県庁前
←78・98 72 97・77→
55・56・57・58・61・62・122・124
160
27・81・118・153 154→
94・96・100・105・106
東大寺大仏殿・国立博物館（内まわり）
←78・98 97・77→
奈良春日野国際フォーラム甍前
世界文化遺産 春日大社
市内循環外まわり
奈良国立博物館
奈良公園
東大寺大仏殿・春日大社前（外まわり）
↑1
春日大社表参道
160 72
JR奈良駅（東口）
市内循環外まわり
発着系統 1・2・50・51・53・55・56・57・58・61・62・82・92・122・124
発着系統 6・19・28・48・79・85・86・135・154・161・162
発着系統 20・22・23・90・136
79 85 86 90 135 136
78 98 97 77
22 23 48 72
↑6
本子守町《ほんこもりちょう》（近鉄奈良方面）
興福寺
猿沢池
元興寺
世界文化遺産
奈良ホテル
福智院町
50 51 53 82 92
55 56 57 58 61 62 122 124
2 6
破石町《わりいしちょう》
新薬師寺
三条川崎町（外まわり）
19 ↑ 20
市内循環内まわり
南袋町
西木辻
北京終町《きたきょうばてちょう》
田中町
紀寺町《きでらちょう》
幸町
市内循環内まわり
奈良教育大
大森町
←2 1→
2・6
1→
2・6
高畑町 発着系統 72・160〜162
瓦町
八軒町
綿町
春日中学校
京終
紀寺住宅前
50 51 53 82 92
高畑住宅前
122 124
白毫寺
白毫寺《びゃくごうじ》
下水間 発着系統 122
北野 発着系統 124
122・124
大安寺 発着系統 81
19 ↑ 20
南京終町《みなみきょうばてちょう》
79 85 86 90 135 136
北神殿《きたこどの》
南方町
55 56 57 58 61 62
萩ヶ丘町
JR桜井線
古市
穴栗神社前《あなぐり》
奈良佐保短大
和楽園
奈良佐保短期大学 発着系統 55
鹿野園町 発着系統 61
護国神社
55・61 ⇄58
61
シャープ前 発着系統 79・90
白土町《しらつちちょう》 発着系統 135・136
横井
帯解寺
下山 発着系統 51
春日苑住宅
東市小学校《とういち》
東市地域ふれあい会館
南古市
57 ⇄62
藤原台 発着系統 57
窪之庄 発着系統 53
帯解
藤原町
八島町
圓照寺
56 58 62
円照寺
山村町 発着系統 56・58・62
天理駅 発着系統 50・82・92
至天理
50・51・53・82・92
55・56・57・58・61・62・122・124
94・96・100・105・106

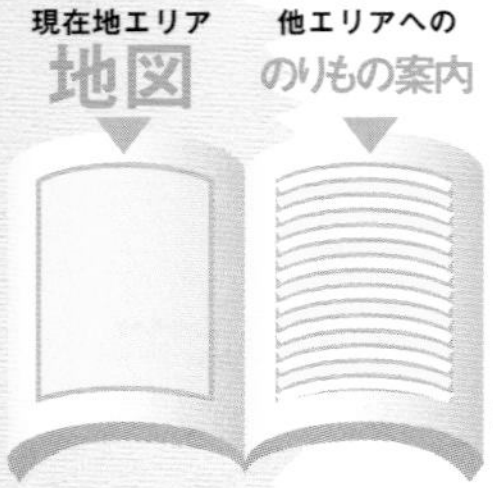

この本のつかいかた

この本は、現在貴方のいる場所から、次の目的地への行き方をガイドしています。各エリアは見開きで構成されており、左側が今貴方のいる現在地周辺MAP、右側がこれから行きたい目的地への行き方ガイドになっています。

使用例…近鉄奈良駅・興福寺（P18）から東大寺・春日大社（P28）へ

1 今どこにいますか？

今、近鉄奈良駅に着きました。目次から近鉄奈良駅のあるP18を開きます。これから『春日大社』へ向かおうと思います。地図右側のP19～20《のりもの案内》の中から目的地『春日大社』を見つけましょう。（目的地が載っていない観光地は、索引等を利用）

2 のりもの案内を見ましょう

見つけた『春日大社』への《のりもの案内》（P19～20）を見てみます。のりば・アクセスは3種類もあり、下車バス停も「春日大社本殿」と「春日大社表参道」の2ヶ所があります。どれを選びましょうか？

3 目的地はどんな所？

では、《春日大社のりもの案内》の参照ページP 28を開きましょう。その地図を見ると『春日大社』へはバス停「春日大社本殿」が近いことがわかりました。あとは、近鉄奈良駅乗り場からのバス等は？乗車所要分は？と、調べることです。

春日大社

4 のりものを選びましょう

先ほどのP19～20からの《のりもの案内》に戻ります。近鉄奈良駅のりばからバス停「春日大社本殿」へ向かうバスは奈良交通バス7・77・97系統等の種類です。いずれも運賃は250円で、所要分もそれほど変わらないようです。結果、発車頻度も問題なく、バス停で待って市バス系統のどれか先に来た方のバスに乗ることにしました。

5 目的地に到着！

さあ、バス停「春日大社本殿」に到着しました。P28を開いてみます。地図を見ると、
下車バス停から『春日大社』へすぐです。
（最寄りバス停から観光物件がやや離れている場合は、地図で充分確認しながら行きましょう。）

6 次の目的地へ…

『春日大社』の参拝も終わりました。他にも、近くに興味深い所があれば地図を見ながら行きましょう。このP28地図、近接地図以外の目的地へ向かう時は、また同じようにP28地図右側ののりもの案内（P29）を見てアクセスを探しましょう。

のりもの案内の見方

目的地　これから行きたい目的地です。もしもここで見つからなければ、奈良社寺文化施設一覧（P81 ～）や索引（P92 ～）でどのページの地図にあるか探して、行きたい所になるべく近い物件を目的地欄から探して下さい。

参照ページ　目的地の地図のあるページです。

のりば　バス・鉄道の乗り場を番号等で示しています。地図内の番号と対応していますので、どこから乗ればよいかわかります。

アクセス　どのバス系統（列車）に乗車すればよいかがわかります。マークは乗り換えが必要です。

おりば　どこで降りればよいかとその降り場位置番号です。降り場位置は目的地先の地図を参照してください。

所要分　のりものに乗車している間の所要分です。乗り換えの時間や、のりものを待つ時間は含みません。

乗換回数　目的地までに要する、のりものの乗換回数です。乗換が必要でない場合は 0 と記載されています。

地域	目的地	参照ページ	のりもの案内　JR線　近鉄電車　奈良交通バス			所要分	運賃(円)	乗換回数
			のりば	アクセス（は乗換）	おりば			

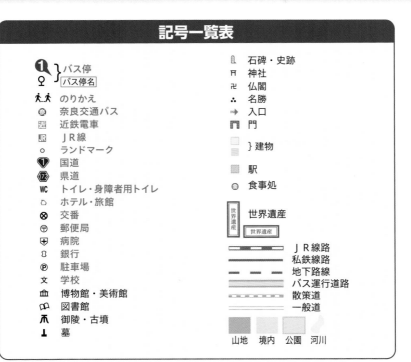

記号一覧表

- バス停
- バス停名
- のりかえ
- 奈良交通バス
- 近鉄電車
- ＪＲ線
- ランドマーク
- 国道
- 県道
- トイレ・身障者用トイレ
- ホテル・旅館
- 交番
- 郵便局
- 病院
- 銀行
- 駐車場
- 学校
- 博物館・美術館
- 図書館
- 御陵・古墳
- 墓
- 石碑・史跡
- 神社
- 仏閣
- 名勝
- 入口
- 門
- 建物
- 駅
- 食事処
- 世界遺産
- ＪＲ線路
- 私鉄線路
- 地下路線
- バス運行道路
- 散策道
- 一般道
- 山地
- 境内
- 公園
- 河川

CHECK

※バス停の乗り場（標柱）の位置は、周辺の行事や道路工事等の事情により、臨時で移動されることがあります。

※行祭事・GW 等により、本書記載以外の位置にバスが停車したり、運行経路の一部が変わることがあります。

※本書で記されているバス停番号は、説明のために本書用に付けているものであり、実際のバス停には表記されておりません。また原則として、現地バス停に番号・記号がある場合でも本書とは関係ありません。

ぐるっとバスとお得なきっぷ

お得で便利なフリー切符と、100円で乗れる観光に便利な「ぐるっとバス」を活用しよう！

ぐるっとバス

お問合せ

奈良交通お客様サービスセンター
TEL0742-20-3100
(8時半～19時/年中無休)

○**大宮通りルート**　平日　9時～17時　30分間隔で運行
　土日祝　9時～17時　15分間隔で運行
○**奈良公園ルート**　土日祝　9時～17時　15分間隔で運行
○**若草山麓ルート**　土日祝　10時20分～17時　15分間隔で運行

※年末年始及び12月奈良マラソン日など運休
※春及び秋の観光シーズン(GWの土日祝、10月下旬～11月下旬の土日祝)は、奈良公園内道路が混雑するため、大宮通りルートは大仏殿前駐車場で折り返し運行及び近鉄奈良駅止まりのバスを宮跡庭園まで運行。

奈良公園、平城宮跡、若草山麓周辺を巡るのに便利な観光用バス。15分間隔で主要な駅と観光物件間を運行している。土日祝と平日では運行する路線が異なるので注意。

料金

小学生以上1乗車100円

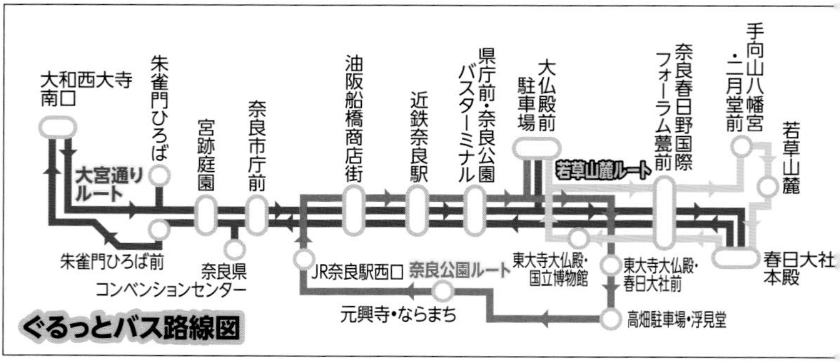

何回でも乗り降り自由な

奈良交通バスフリー乗車券

お問合せ

奈良交通お客様サービスセンター
TEL0742-20-3100
(8時半～19時/年中無休)

A 奈良公園・西の京 世界遺産 1-Day Pass

大人 600円
小児 300円(1日間有効)

世界遺産「古都奈良の文化財」に登録されている、東大寺・春日大社・興福寺・元興寺・平城宮跡・薬師寺・唐招提寺をはじめとした、奈良公園エリア、般若寺、法華寺、秋篠寺、西大寺などの西の京エリア、そして新薬師寺や浄瑠璃寺行などの路線バスが1日乗り放題となります。

B 奈良公園・西の京・法隆寺 世界遺産 1-Day Pass Wide

大人 1,100円
小児 550円(1日間有効)

Aのエリアにプラス、世界遺産「法隆寺地域の仏教建造物」の法隆寺、法起寺や、慈光院、矢田寺、中宮寺などの路線バスが1日乗り放題となります。

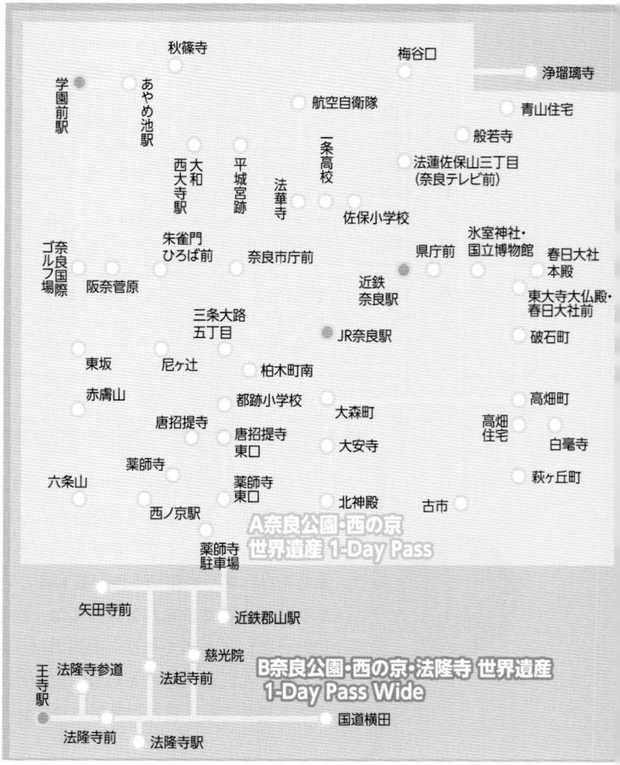

3つの世界遺産がすべて楽しめます

奈良世界遺産フリーきっぷ〜奈良・斑鳩・吉野コース〜
（近鉄電車・奈良交通バス）

○近鉄電車往復乗車券とフリー区間内の近鉄電車・奈良交通バスが何度でも乗り降り自由。（特急料金は別途）
○乗車日を指定して購入。有効期間は近鉄電車および奈良交通バス乗車開始日から3日間。
○春日大社国宝殿、春日大社萬葉植物園（神苑）・大安寺・元興寺・大和文華館・岡寺・橘寺・壷阪寺・万葉文化館・飛鳥資料館・安倍文殊院・長谷寺・室生寺・談山神社・金峯山寺蔵王堂・吉水神社・竹林院・如意輪寺の拝観・入場料と、ナコーレンタサイクルが割引となる特典つき。

フリー区間
○近鉄京都線・橿原線・吉野線　平城〜吉野
○近鉄奈良線　学園前〜近鉄奈良
○近鉄大阪線　大和八木〜室生口大野など
○奈良地区の奈良交通バス

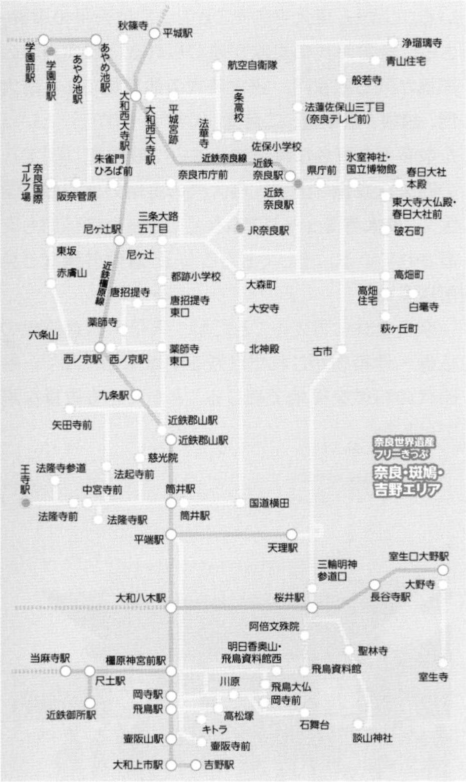

主な発駅からの料金
近鉄大阪難波・大阪阿部野橋から　大人3,050円　小児1,530円
近鉄京都から　大人3,050円　小児1,530円
近鉄名古屋から　大人5,060円　小児2,530円
※特急料金は別

■発売場所
近鉄主要駅、近畿日本ツーリスト、日本旅行等主要支店・営業所
※奈良交通各窓口では発売していない

奈良世界遺産フリーきっぷ〜奈良・斑鳩コース〜
（近鉄電車・奈良交通バス）

○近鉄往復乗車券とフリー区間内の近鉄電車・奈良交通バスが自由に乗降できる。
○春日大社国宝殿、春日大社萬葉植物園（神苑）・大安寺・元興寺・大和文華館の拝観・入場料、ナコーレンタサイクルが割引となる特典つき。
○有効期間は2日間（1日コースもある）。

主な発駅からの料金
近鉄大阪難波から　大人2,030円　小児1,020円
京都から　大人2,030円　小児1,020円（1日コースは大人1,660円、小児840円）
近鉄名古屋から　大人4,610円　小児2,310円
※特急料金は別

■発売場所
近鉄主要駅および近畿日本ツーリスト、日本旅行等主要支店・営業所
※奈良交通各窓口では発売していない

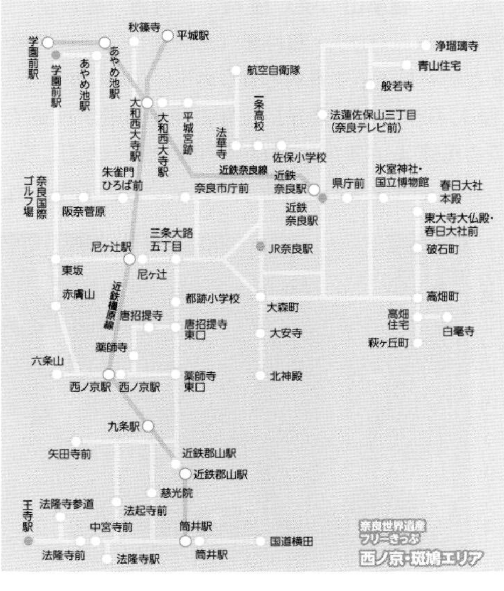

東大寺《とうだいじ》

地図 28P、案内 87P

大仏殿

南大門

奈良で最も有名なお寺が**東大寺**だ。天平《てんぴょう》13年(741)に聖武《しょうむ》天皇の詔《みことのり》によって国分寺制度が定められたのに由来する。有名な大仏は11年後の天平勝宝《てんぴょうしょうほう》4年(752)に開眼供養《かいがんくよう》が営まれた。

盧舎那仏坐像《るしゃなぶつざぞう》(大仏)の像高は15m弱・重さは450トンを超えるといわれ、瑣末《さまつ》な説明を吹き飛ばす程の存在感がある。これを納める**大仏殿**(国宝)、**若草山**へ続く鐘楼《しょうろう》・二月堂《にがつどう》(観音堂《かんのんどう》)・法華堂《ほっけどう》(三月堂)・四月堂(三昧堂《ざんまいどう》)。ここまで登ると街を見下ろす景色も楽しめる。なだらかな丘陵《きゅうりょう》に森や芝生《しばふ》が続き、社寺の棟や仏塔が一望できる風情は、さすが「国のまほろば」といったところ。

奈良を代表するこの寺院も、長い歴史の中、治《じ》承《しょう》4年(1180)の平重衡《たいらのしげひら》による南都焼き討ち、永禄《えいろく》10年(1567)の松永久秀《まつながひさひで》らによる兵火などで度々焼失しているが、そのたびに復興され現在の寺観は江戸中期までに整えられたものである。

大仏も何度も作り直されており、創建当初の遺構はおなかの下と台座の蓮弁《れんべん》の一部のみとなっている。しかし、東大寺のそこかしこには天平の遺構、さらに鎌倉時代の息吹が感じられる。創建当時の遺構が残る**転害門《てがいもん》**、鎌倉時代の建築物である**南大門**、**鐘楼**、**法華堂**、**二月堂**(いずれも国宝)といった数多くの著名な建造物、さらに**戒壇堂《かいだんどう》**(国宝)の**四天王立像《してんのうりつぞう》**(国宝)、南大門の**金剛力士立像《こんごうりきしりつぞう》**(国宝)、**東大寺ミュージアム**などにも多数の仏像も安置されている。そしてもちろん**正倉院《しょうそういん》外構**など見所は多い。

奈良全体に言えることだが、天平・鎌倉時代の仏像・建築物がこれだけ残る地域は他になく、各時代の特徴を実地で感じることができる貴重な場でもある。

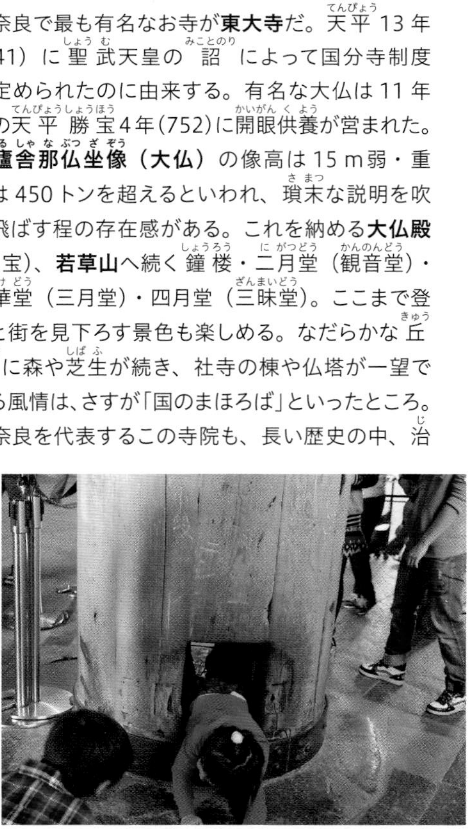

大仏の鼻の穴と同じ大きさの柱の穴をくぐり、無病息災を願う

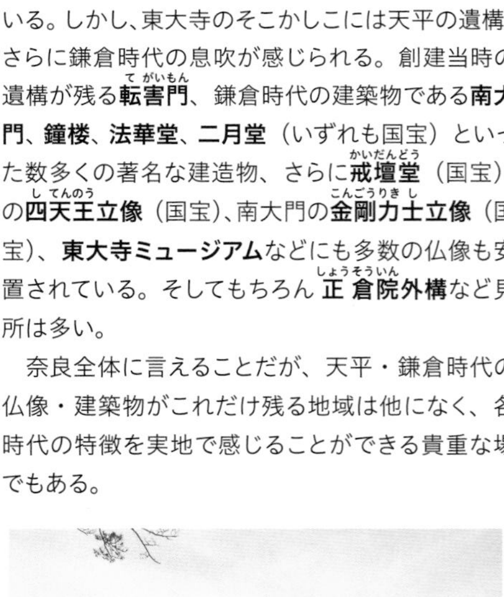

中門

春日大社《かすがたいしゃ》

地図 P28、案内 P83

春日大社は藤原氏の氏神を祀る神社で、神護景《じんごけい》雲《うん》2 年（768）創建された。そのため同じ藤原氏の氏寺であった興福寺とも関係深い。御蓋山《みかさやま》という若草山の支峰の麓《ふもと》にあり、飛火野《とびひの》の芝生に鹿が群れ遊ぶ姿が美しい。もともとは春日地方の地主神を祀っていた場所であり、現在も神域然とした雰囲気が漂っている。社伝によれば、常陸《ひたち》国の鹿島《かしま》神宮から祭神が鹿に乗って来たとされ、今でも鹿を神のお使いとしている。

現在のように社殿が整ったのは平安時代になってからである。**本殿 4 棟**は国宝である。藤原氏はもちろん、皇室や貴族たち、さらには足利将軍の信仰をあつめ、鎌倉時代には、伊勢《いせ》神宮・石清水《いわしみず》八幡宮と並び「三社」と呼ばれるようになる。

こうした信仰は、貴族・武士・庶民から境内に奉納された燈籠からも伺《うかが》える。いたる所にある燈籠は約 3000 基にも及び、「**万燈籠**《まんとうろう》」と呼ばれている。形も時代も様々な釣燈籠、石燈籠であるが、多くは室町から江戸時代のものだという。2 月節分と 8 月 14・15 日の晩には全ての燈籠に火が灯され、幻想的な世界が広がる。

篤《あつ》い信仰は宝物からも伺うことができ、**国宝殿**では国宝 354 点・重要文化財 1482 点を含む数多くの名宝が収蔵、公開されている。特に**金地螺**《きんじら》**鈿毛抜形太刀**《でんけぬきかたたち》や**蒔絵箏**《まきえこと》は時代を代表する名宝として名高い。また、日本を代表する美しい鎧《よろい》として知られる**赤糸威大鎧**《あかいとおどしおおよろい》や**黒韋威胴丸**《くろかわおどしどうまる》は注目である。春日大社は鎌倉時代から式年造替《しきねんぞうたい》を行っており、20 年毎に決まった姿に作り直される（現在は修理）。現在の建物は文久《ぶんきゅう》 3 年（1863）のものだが、平安時代の姿をまさしく伝えているといわれる。

釣燈籠

興福寺《こうふくじ》

地図 18P、案内 84P

興福寺は藤原氏の氏寺で、京都の山科《やましな》付近にあった山階《やましな》寺を前身としている。この頃は天智《てんち》天皇の御世で都も近江《おおみ》（滋賀県）にあったが、飛鳥《あすか》京・平城《へいじょう》京へと遷都《せんと》するたびに寺も移転を繰り返し、藤原氏の興隆とともに発展をしていった。

現在の位置に移転したのは、和銅《わどう》3 年（710）、**藤原不比等**《ふじわらのふひと》による。奈良時代は寺院が大きな力を持った時代ではあるが、興福寺はその中でも南都七大寺《なんとしちだいじ》に数えられる大寺院で、最盛期には四町四方に 170 坊あまりの堂舎が立ち並んでいたという。

平安京遷都では現地に留まるが、北の比叡山に対抗する力を持ち続け「南都北嶺《なんとほくりょう》」という言葉を生むほどであった。その力も平家《へいけ》の南都焼き討ち、江戸の大火、明治の廃仏毀釈《はいぶつきしゃく》で打撃を受けていく。

特に明治維新《めいじいしん》の頃の仏教排斥運動《ぶっきょうはいせきうんどう》は激しく、仏典・経典、仏像・宝具は捨てられ壊され、興福寺のシンボル、五重塔も売り飛ばされる。その価格 5 円。買い手側は廃材にしたかったようだが、壊すにも手間やお金がかかり放置しているうちに仏教排斥運動が鎮《しず》まり、無事に現在に伝わったというとんでもない経緯がある。一説によると燃やして金具を取る計画もあったようだが、周辺住民の「火事になる」という反対意見で頓挫《とんざ》したとも言う。

興福寺の建造物は全て鎌倉時代以降の再建だが、創建当初と同じ位置に再建されている。寺域は最盛期の 1/10 程度といわれるが、かつての広大な姿や諸堂の配置を想像できるだろう。

境内には光明《こうみょう》皇后が創建したという**五重塔**《ごじゅうのとう》（室町時代再建・国宝）、聖武《しょうむ》天皇創建という**東**《とう》**金堂**《こんどう》（室町時代再建・国宝）、**三重塔**《さんじゅうのとう》（鎌倉時代再建・国宝）、元明《げんめい》天皇・元正《げんしょう》天皇創建とされる**北円堂**《ほくえんどう》（鎌倉時代再建・国宝）の国宝建築物をはじめ、**南円堂**《なんえんどう》（江戸時代再建・重要文化財）、国宝館などが立っている。

五重塔

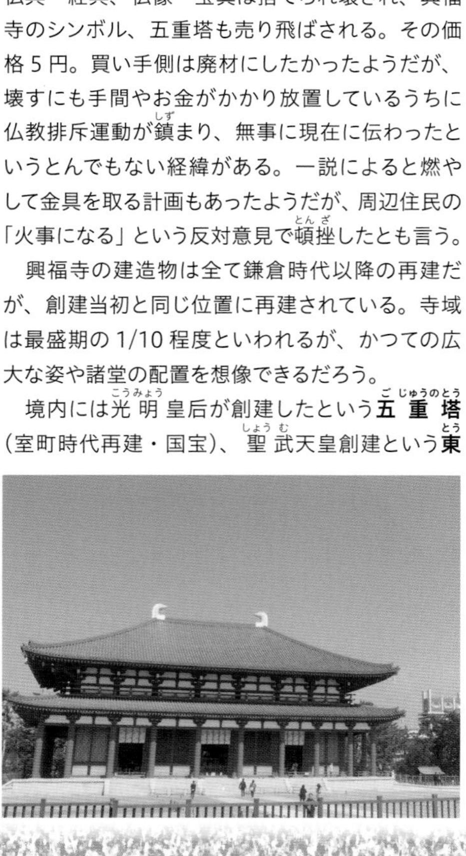

中金堂

ちなみに興福寺には中・東・西と金堂が三つあったが、300 年ぶりの 2018 年 10 月に**中金堂**《ちゅうこんどう》は再建され、国宝の**四天王立像**を安置している。

東金堂は鎌倉時代の再建で国宝。堂内には、重文の本尊**薬師如来坐像**、**日光・月光菩薩立像**、国宝の**文殊菩薩坐像**と**維摩居士坐像**、**四天王立像**、**十二神将立像**が安置されている。

祀《まつ》られ、所蔵される仏像も素晴らしく、特に**国宝館**を歩いていると白鳳《はくほう》から天平《てんぴょう》にかけての美術を語る際に欠かせない遺品がつぎつぎに現れる。愁いを帯びた**阿修羅像**《あしゅら》で名高い**八部衆**《はちぶしゅう》**立像**、天平のおだやかな静けさをたたえた**十大弟子**《じゅうだいでし》**立像**、鎌倉の生き生きとした力強さに満ちた**天燈鬼**《てんとうき》・**龍燈鬼**《りゅうとうき》**立像**など、各時代の名作を一望にする贅沢《ぜいたく》は筆舌に尽くしがたい。

元興寺《がんこうじ》

地図 P32、案内 P83

元興寺極楽坊は世界遺産に登録されている

元興寺は、日本最古の本格的な寺院・法興寺《ほうこうじ》（元興寺・飛鳥《あすか》寺ともいう）を前身とする。これは飛鳥にあったお寺だが、平城京遷都の際に現地に移され当初は新元興寺と呼ばれた。もともとの法興寺は現在の飛鳥寺として伝わっており、奈良に移転された寺院は別院という訳である。

かつては南都七大寺《なんとしちだいじ》の一つとして東大寺《とうだいじ》・興福《こうふく》寺《じ》と並ぶ大きな勢力を持っており、奈良市街の南東部の多くを占めていたといわれる。しかし、平安時代の中ごろから衰えだし、宝徳《ほうとく》3年（1451）に起こった土一揆で五重塔と観音《かんのん》堂、僧坊の一つであった**極楽坊**《ごくらくぼう》だけが残った。前者と後者はやや離れていたこともあり、現在は別の寺として伝わっている。

現在、元興寺というと極楽坊のことを指すのが一般的だ。**浄土曼荼羅**《じょうどまんだら》（智光《ちこう》曼荼羅）が安置されていたことから名が付き、中世には庶民の浄土信仰の拠点として栄えた。**本坊**《ほんぼう》は鎌倉期に大改修を施したものだが、奈良時代の風格をよく残す。正面6間、側面6間の正方形に行基葺《ぎょうきぶき》という屋根の線が美しい。別名錣《しころ》葺といい、法隆寺玉《ほうりゅうじたま》虫厨子《むしのずし》にも見ることができる。なお、**極楽坊本坊**と**極楽坊禅室**《ぜんしつ》は国宝に指定され、収蔵庫には同じく国宝の奈良時代の**元興寺極楽坊五重小塔**や庶民信仰の各資料など多数が保存されている。

本坊

境内

近鉄《きんてつ》奈良《なら》駅《えき》・興福寺《こうふくじ》

バス停名称

近鉄奈良駅 ❶（循環外）、❷〜❹、❽、❾（循環内）、⓫〜⓮（⓬は大阪空港リムジンバスも）、⓴（関西空港リムジンバス）、㉑

近鉄奈良駅東の改札口からエスカレーターで上がると、赤膚焼きの「行基菩薩像」が東大寺の方を向いて、噴水の中の円錐台座上に立っています。行基は、仏教の一般民衆への布教を禁じた時代に、禁を破り身分を問わず広く仏法の教えを説き人々より篤く崇敬されました。朝廷からは度々弾圧されましたが、民衆の圧倒的な支持を背景に後に大僧正として聖武天皇により奈良の大仏建立の実質上の責任者として招聘されます。

主な物件　率川神社　采女神社　興福寺　猿沢池　慈眼寺　称名寺　奈良県立美術館　奈良公園　奈良市観光センター

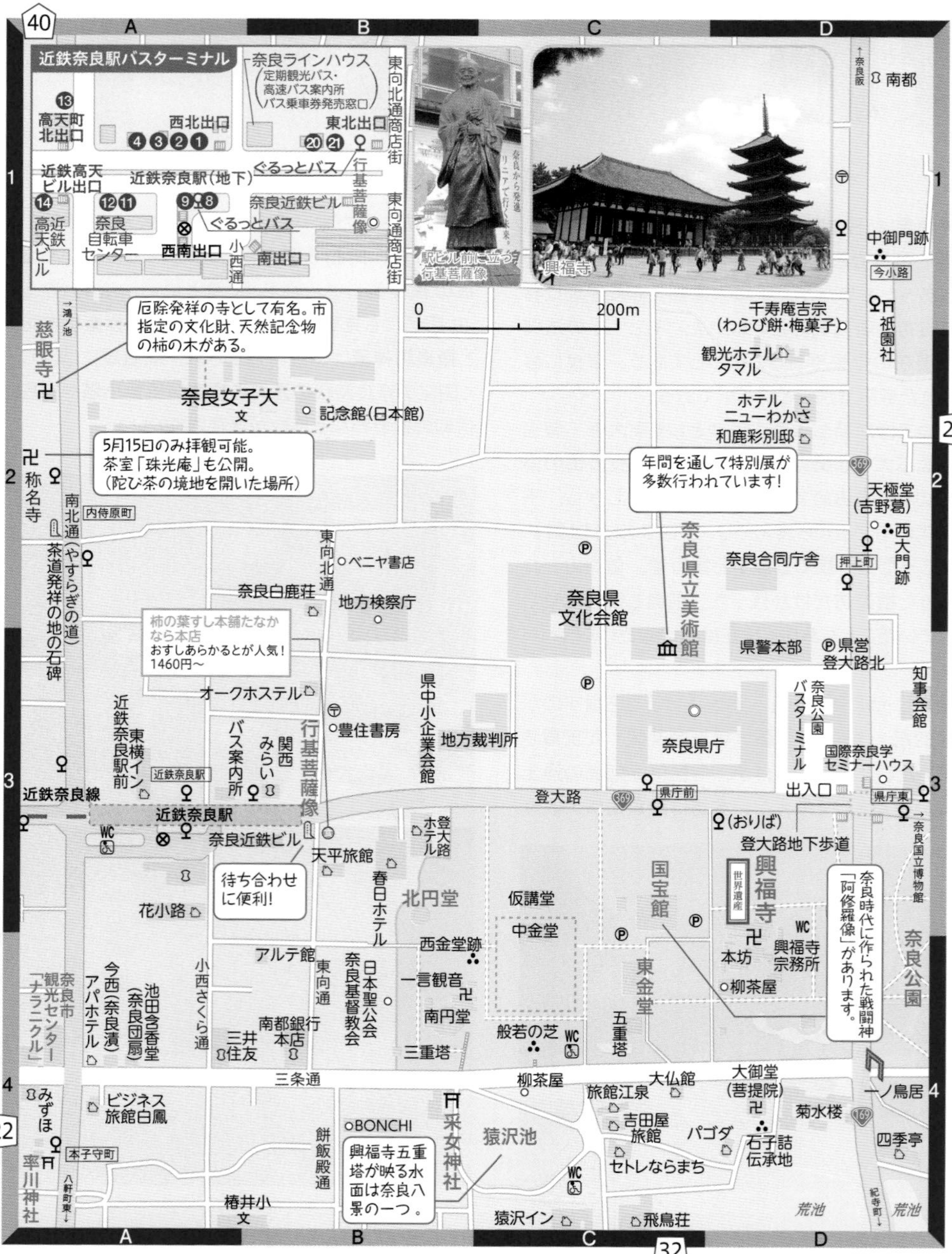

近鉄奈良駅から東への東大寺大仏殿、春日大社と、西への朱雀門ひろば、西大寺には「ぐるっとバス」（大宮通りルート）が、土日祝には、バス停大仏殿前駐車場、バス停元興寺・ならまちへの「ぐるっとバス」（奈良公園ルート）が利用できる。P12の案内を参照。

地域	目的地	参照ページ	のりもの案内 JR JR線 近 近鉄電車 奈 奈良交通バス のりば	アクセス（🚶…🚶は乗換）	おりば	所要分	運賃（円）	乗換回数
他地域	近 京都駅		近 近鉄奈良駅	近 京都線特急・急行	近 京都駅	35･46	1280･760	0
	JR 大阪駅		近 近鉄奈良駅	近 奈良線鶴橋駅🚶…🚶JR 大阪環状線（内回り）	JR 大阪駅	32+15	590+180	1
	近 大阪難波駅		近 近鉄奈良駅	近 奈良線快急	近 大阪難波駅	38	680	0
	三宮		近 近鉄奈良駅	近 奈良線快急	阪神神戸三宮	83	1100	0
	大阪空港		⑫	エアポートリムジンバス（予約制）	大阪国際空港	80～85	1750	0
	関西空港		⑳	エアポートリムジンバス（予約制）	関西空港	85	2400	0
	JR 奈良駅	22	⑧	奈 22･23･63･72･78･81･88･98 等	JR奈良駅	4～6	250	0
			⑨	奈 1･82･92･192				
			⑪	奈 27･28				
				奈 48･160･161･162 等				
			⑫	奈 79･85･86･90･135･136				
			⑭	奈 19 等				
奈良公園界隈	吉城園	28	①	奈 2･6･7･72･77･97 等	県庁東、徒歩3分。近鉄奈良駅、徒歩10分	2～3	250	0
	依水園 寧楽美術館	28	①	奈 2･6･7･77･97	氷室神社･国立博物館、徒歩3分。近鉄奈良駅、徒歩15分	2～4	250	0
	奈良国立博物館		①	奈 2･6･7･77･97	氷室神社･国立博物館、すぐ。近鉄奈良駅、徒歩10分	2～4	250	0
	正倉院正倉外構	28	①	奈 2･6･72･77･97 等	東大寺大仏殿･春日大社前、徒歩15分	4～5	250	0
			②	奈 27･81･94･96･100･105･118 等	今小路、徒歩5分	3	250	
			④	奈 55～58･61･62･122～124	東大寺大仏殿･春日大社前、徒歩15分	4	250	
			㉑	奈 153･154	今小路、徒歩5分	3	250	
	東大寺	28	①	奈 2･6･7･77･97 等	東大寺大仏殿･春日大社前、徒歩5分	4～5	250	0
				奈 7･77･97	東大寺大仏殿	5	250	
			④	奈 55～58･61･122～124	東大寺大仏殿･春日大社前、徒歩5分	4	250	
	春日大社	28	①	奈 7･77･97	春日大社本殿	7～9	250	0
			①	奈 2･6･72 等	春日大社表参道、徒歩10分	4～5	250	
			④	奈 55～58･61･62･122～124		4～5		
	鹿苑	28	①･④	春日大社参照	春日大社表参道、徒歩7分	4～5	250	0
	若草山	28	①･④	東大寺参照	東大寺大仏殿･春日大社前、徒歩12分	4～5	250	0
	志賀直哉旧居 奈良市写真美術館	28･30	①	奈 2･6･72 等	破石町、徒歩5分。奈良市写真美術館は徒歩10分	5～7	250	0
			④	奈 55～58･61･62･122～124				
	新薬師寺	30	①･④	志賀直哉旧居参照	破石町、徒歩10分･高畑住宅前（徒歩20分で白毫寺）	5～6	250	0
	白毫寺	30	④	奈 122～124（便極小）	白毫寺、徒歩7分	9	250	0
	名勝大乗院庭園文化館	28･32	③	奈 50･51･53･92 等	福智院町、徒歩1～3分	4	250	0
	元興寺（極楽坊）				福智院町、徒歩5分		250	0
奈良市郊外	大安寺	35	⑫	奈 79･85･86･90･135･136	大安寺（南西へ徒歩12分）	10	250	0
			⑧	奈 81		14		
			⑭	奈 19		10		
	帯解寺	35		上記 JR 奈良駅🚶…🚶JR 桜井線	JR 帯解駅（北東へ徒歩5分）	5+6	250+190	1
	円照寺（山村御殿）	36	④	奈 56･58･62	圓照寺（東へ徒歩5分）	17～26	400	0
	正暦寺	37		タクシーで20分				
	弘仁寺	37		タクシーで15分				
奈良阪	般若寺	50	②	奈 27･81･118	般若寺、北西へ徒歩5分	6	250	0
			㉑	奈 153･154				
	奈良豆比古神社	50	②･㉑	般若寺参照	奈良阪、徒歩2分	8	250	0
佐保路	興福院	40	⑬	奈 12～15	佐保小学校、徒歩3分	4～5	250	0
	不退寺	40･42	近 近鉄奈良駅	近 奈良線	近 新大宮駅、北へ徒歩15分	2	180	0
			⑬	奈 12～15	一条高校前、徒歩5分	6～8	250	0
佐紀路	法華寺・海龍王寺	42	⑬	奈 12～15	法華寺、徒歩3分･法華寺北町すぐ（海龍王寺）	8～11	250	0
	平城宮跡東院庭園	44	⑬	奈 12～15	法華寺、西へ徒歩10分	8～11	250	0
	ウワナベ・コナベ古墳	42	⑬	奈 13～15	航空自衛隊、徒歩1分	12～15	250	0
	平城宮跡遺構展示館	42･44	⑬	奈 12･14	平城宮跡･遺構展示館、すぐ	11･15	290	0
	平城宮跡資料館	44	⑬	奈 12･14	二条町、すぐ	13･18	330	0
	上記二館		近 近鉄奈良駅	近 奈良線･近 京都線	近 大和西大寺駅、徒歩10～15分	5～6	240	0
	朱雀門	44	⑪	奈 160･161･162	朱雀門前ひろば、徒歩5分	16	250	0
	神功皇后陵	4	近 近鉄奈良駅	近 奈良線等で大和西大寺駅🚶…🚶近 京都線	近 平城駅、徒歩5分（徒歩9分成務天皇陵）	5+1～2	240	1
	秋篠寺	50	近 近鉄奈良駅	近 奈良線等で大和西大寺駅🚶…🚶奈 72	秋篠寺、すぐ	5+4	240+220	1
西大寺	西大寺	51	近 近鉄奈良駅	近 奈良線	近 大和西大寺駅、南口から徒歩3分	5	240	0
	垂仁天皇陵	4	近 近鉄奈良駅	近 奈良で大和西大寺駅🚶…🚶近 橿原線	近 尼ヶ辻駅、徒歩5分	5+2	240	1
西ノ京	唐招提寺 薬師寺	48	⑧	奈 63･72･78	唐招提寺、薬師寺	20～24	310	0
				奈 63･72･78･98 等	唐招提寺東口、徒歩5分	19～22	310	0
				奈 88･98	薬師寺東口、徒歩5分	21	310	0
			近 近鉄奈良駅	近 奈良線で大和西大寺駅🚶…🚶近 橿原線	近 西ノ京駅（唐招提寺へは徒歩10分）	5+4	300	1
	がんこ一徹長屋	48	近 近鉄奈良駅	近 奈良線で大和西大寺駅🚶…🚶近 橿原線	近 西ノ京駅、徒歩5分	5+4	300	1
	平城京左京三条二坊宮跡庭園	44	⑪	奈 27･28･160･161 等	宮跡庭園･ミ･ナーラ前、すぐ	14～16	250	0
平城宮跡	喜光寺	51	近 近鉄奈良駅	近 京都線急行で大和西大寺駅🚶…🚶近 橿原線	近 尼ヶ辻駅、北西へ徒歩12分	5+2	240	1
			⑪	奈 160･161	阪奈菅原、北へ徒歩4分	32	320	0
	菅原天満宮	51	近 近鉄奈良駅	近 奈良線	近 大和西大寺駅、南へ徒歩15分	5	240	0
			近 近鉄奈良駅	近 奈良線で大和西大寺駅🚶…🚶近 橿原線	近 尼ヶ辻駅、北西へ徒歩13分）	5+2	240	1
柳生の里	円成寺	52	④	奈 94･100･102（便極少）	忍辱山、南西へ3分	27	750	0
	南明寺	52	④	奈 94･100･102（便極少）	阪原、南東へ徒歩7分	35～37	980	0
	柳生	53	④	奈 94･100･102（便極少）	柳生（旧柳生藩家老屋敷徒歩5分･柳生花しょうぶ園徒歩10分･芳徳寺徒歩15分）	40～48	1110	0

采女祭　采女《うねめ》神社　仲秋の名月　帝の寵愛が衰えたのを嘆き池に身を投じた采女を偲び、花扇が水面に浮かぶ。

花暦《はなごよみ》　**藤**　奈良公園　4～5月　意外にも大和路でもっとも野生の藤が多く集まるところ。花の蔭でひとときを。

地域	目的地	参照ページ	のりもの案内 JR JR線 近 近鉄電車 奈 奈良交通バス のりば	アクセス(⇒は乗換)	おりば	所要分	運賃(円)	乗換回数
当尾	浄瑠璃寺	53	⑬	奈209	浄瑠璃寺口、約2km	21	550	0
当尾	岩船寺	53	④	奈96・105・106（便極少）	岩船寺口、約1.6km	18	580	0
当尾	浄瑠璃寺・岩船寺		JR 加茂駅東口	コミュニティバス当尾線(便少)	岩船寺、浄瑠璃寺	16・22	300・400	0
学園前	大和文華館 中野美術館	54	近 近鉄奈良駅	近 奈良線快急	近 学園前駅(徒歩8分大和文華館・10分中野美術館)	10	300	0
学園前	松伯美術館	54	近 近鉄奈良駅	上記 近 学園前駅⇒学園前駅北口バス停より 奈110・126～130・138等	大渕橋、徒歩3分	10+5	300+260	1
赤膚山	赤膚山	4	近 近鉄奈良駅	上記 近 学園前駅⇒学園前南口より 奈23	赤膚山	10+12	300+270	1
赤膚山	霊山寺	54	近 近鉄奈良駅	近 奈良線快急で大和西大寺駅⇒近 奈良線普通で 近 富雄駅⇒奈50	霊山寺、南へ2分	5+7+7	300+260	2
生駒・信貴	宝山寺 (生駒聖天)	55	近 近鉄奈良駅	近 奈良線急行で生駒駅⇒近 鳥居前駅から 近 生駒ケーブル	ケーブル宝山寺駅、南西へ徒歩3分	15+5	360+290	1
生駒・信貴	生駒山上遊園地	3	近 近鉄奈良駅	上記 近 鳥居前駅から 近 生駒ケーブル継ぐ	ケーブル生駒山上駅	15+5+7	360+500	2
生駒・信貴	朝護孫子寺 (信貴山)	55	近 近鉄奈良駅	近 奈良線急行で生駒駅⇒近 生駒線で信貴山下駅⇒奈32・42・43（便少）	信貴大橋、徒歩5分	37+10～12	530+310	2
郡山	郡山城跡	4	⑧	奈98（便少）	近鉄郡山駅、徒歩7分	36	540	0
郡山			近 近鉄奈良駅	近 奈良線で大和西大寺駅⇒近 橿原線急行	近 近鉄郡山駅、徒歩7分	5+8	300	1
郡山	賣太神社	4		前記 JR 奈良駅⇒JR 関西本線快速	JR 郡山駅、徒歩20分	4～6+4	250+170	2
郡山	大和民俗公園	60	近 近鉄奈良駅	上記 近 近鉄郡山駅⇒奈20・71・72	矢田東山、北へ徒歩8分	13+10～17	300+320	2
郡山	矢田寺	60	近 近鉄奈良駅	上記 近 近鉄郡山駅⇒奈20（1日4便）	矢田寺前、西へ徒歩10分	13+20	300+440	2
郡山	松尾寺	61	近 近鉄奈良駅	上記 近 近鉄郡山駅⇒奈71・72	松尾寺口、北西へ徒歩30分	13+21・27	300+450	2
郡山	慈光院	61	⑧	奈98（平日1日7便）	片桐西小学校、徒歩5分	55	750	0
郡山			近 近鉄奈良駅	上記 近 近鉄郡山駅⇒奈24・98		13+11～17	300+450	2
法隆寺	法隆寺	58	⑧	奈98（便少）(平日1日7便)	法隆寺前、徒歩7分	66	880	0
法隆寺				前記 JR 奈良駅⇒JR 関西本線法隆寺駅⇒奈72	法隆寺参道、すぐ	5+11+8	250+230+220	2
法隆寺	中宮寺	58	⑧	奈98（便少）(平日1日7便)	中宮寺前、徒歩5分	61	800	0
法隆寺				前記 JR 奈良駅⇒JR 関西本線法隆寺駅 奈72		5+11+4	450+190	2
法隆寺	法起寺	58	⑧	奈98（便少）(平日1日7便)	法起寺前、すぐ	57	800	0
法隆寺				前記 JR 奈良駅⇒JR 関西本線王寺駅⇒奈63・92	法起寺口、徒歩10分	5+15+15	250+320+450	2
法隆寺	法輪寺	58	⑧	奈98（便少）(平日1日7便)	法起寺前、徒歩10分	57	800	0
法隆寺	吉田寺 (ぽっくりでら)	58		前記 JR 奈良駅⇒JR 関西本線王寺駅⇒奈62・63・92	竜田神社、南へ徒歩8分	5+15+8	250+320+310	2
山の辺	石上神宮	62	③	奈50・92等で天理駅	天理駅から徒歩30分	30～35	620	0
山の辺			近 近鉄奈良駅	近 奈良線で大和西大寺⇒近 橿原線		5+20	490	1
山の辺	長岳寺	62	③	奈50・92等で天理駅⇒北口より 奈61・62・64（便少）	上長岡、東へ徒歩7分 (JR柳本駅から徒歩20分)	30～35+14～21	620+440	1
山の辺			近 近鉄奈良駅	前記 近 天理駅⇒北口より61・62・64（便少）		5+20+14～21	490+440	2
山の辺	大神神社	63		前記 JR 奈良駅⇒JR 桜井線	JR 三輪駅、徒歩7分	5+27	250+330	1
安倍・多武峯	安倍文殊院	64		前記 JR 奈良駅⇒JR 桜井線桜井駅南口より⇒奈36（便極少）・SBバス(便少)	安倍文殊院、徒歩5分	5+30+7	250+330+270・190	2
安倍・多武峯	聖林寺	64		前記 JR 奈良駅⇒JR 桜井線桜井駅⇒奈SAバス	聖林寺(コミ)、南へ徒歩3分	5+30+8	580+240	2
安倍・多武峯	談山神社	65		前記 JR 奈良駅⇒JR 桜井線桜井駅⇒奈SAバス	談山神社(コミ)、北へ徒歩3分	5+30+24	580+500	2
長谷・大宇陀・室生	長谷寺	66	近 近鉄奈良駅	近 奈良線で大和西大寺⇒近 橿原線急行で大和八木駅⇒近 大阪線急行等	近 長谷寺駅	5+22+10	760	2
長谷・大宇陀・室生	大宇陀	66	近 近鉄奈良駅	近 奈良線で大和西大寺駅⇒近 橿原線で大和八木駅⇒近 大阪線急行で榛原駅南口より⇒奈1・2	大宇陀(大願寺徒歩3分、森野旧薬園徒歩5分)	5+22+15+20	830+500	3
長谷・大宇陀・室生	大野寺	67	近 近鉄奈良駅	上記 近 大和八木駅⇒近 大阪線急行	近 室生口大野駅、南へ徒歩10分	49	910	2
長谷・大宇陀・室生	室生寺	67		上記 近 室生口大野駅⇒奈44(平日1日7便)	室生寺、東へ徒歩5分	49+14	910+500	3
	今井町	78	近 近鉄奈良駅	近 奈良線で大和西大寺駅⇒近 橿原線急行	近 八木西口駅、徒歩5分	5+31	530	1
橿原	奈良県立橿原考古学研究所附属博物館	70・72	近 近鉄奈良駅	近 奈良線で大和西大寺駅⇒近 橿原線急行	近 畝傍御陵前駅、徒歩5分	5+28	590	1
橿原	橿原神宮・久米寺	70・72	近 近鉄奈良駅	近 奈良線で大和西大寺駅⇒近 橿原線急行	近 橿原神宮前駅(いずれも徒歩5分)	5+30	590	1
飛鳥	飛鳥資料館	72・77	近 近鉄奈良駅	上記 近 橿原神宮前駅⇒東口より 奈15～17・23	明日香奥山・飛鳥資料館西、徒歩5分	35+10～14	590+320	2
飛鳥	飛鳥寺	72・77	近 近鉄奈良駅	上記 近 橿原神宮前駅⇒東口より 奈15～19・23	飛鳥大仏(飛鳥寺徒歩1分、飛鳥坐神社徒歩3分)	35+14～18	590+290	2
飛鳥	万葉文化館	72・77	近 近鉄奈良駅	上記 近 橿原神宮前駅⇒東口より 奈15～19・23	万葉文化館西口、徒歩3分	35+11～19	590+310	2
飛鳥	橘寺・弘福寺 (川原寺跡)	72・74	近 近鉄奈良駅	上記 近 橿原神宮前駅⇒東口より 奈15～19・23	岡橋本(弘福寺(川原寺跡)すぐ、橘寺徒歩5分)	35+18～22	590+370	2
飛鳥	岡寺	74・77	近 近鉄奈良駅	上記 近 橿原神宮前駅⇒東口より 奈15・16・18・19・23等	岡寺前、徒歩7分	34+14～28	590+370	2
飛鳥	石舞台古墳	74・77	近 近鉄奈良駅	上記 近 橿原神宮前駅⇒東口より 奈15～17・23	石舞台、徒歩3分	35+21～25	590+440	2
	高松塚壁画館	74・76	近 近鉄奈良駅	上記 近 橿原神宮前駅⇒近 吉野線	近 飛鳥駅、徒歩15分	5+32+4	700	2
	壷阪寺	74	近 近鉄奈良駅	上記 近 橿原神宮前駅⇒近 吉野線壺阪山駅⇒奈20（1日4便+3月季節運行）	壺阪寺前、徒歩3分	5+32+9+11	700+380	3
	香芝市 二上山博物館	3		前記 JR 奈良駅⇒JR 大和路快速で王寺駅⇒JR 和歌山線	JR 香芝駅、徒歩8分	5+15+9	250+420	2
	當麻寺	79	近 近鉄奈良駅	上記 近 橿原神宮前駅⇒近 南大阪線準急	近 当麻寺駅、徒歩15分	5+30+20	760	2
	葛城市相撲館	79			近 当麻寺駅、徒歩5分			
	吉野山 (金峯山寺蔵王堂)	79	近 近鉄奈良駅	上記 近 橿原神宮前駅⇒近 吉野線急行で吉野駅⇒吉野千本口駅から吉野ロープウェイ	吉野山駅、徒歩15分　＊吉野・大峯ケーブル自動車㈱HP参照	5+32+53+3	1030+450	3

奈交バスターミナル「近鉄奈良駅」

近鉄奈良駅ビル

近鉄奈良駅　地図 18P

古都奈良の玄関口として 1914 年（大正 3）に開業。駅前にあるバスターミナルは観光の重要なアクセスポイントでもある。

奈良市総合観光案内所　地図 22P

JR 奈良駅のすぐ北隣にある奈良市の観光案内所。館内には、案内所はもちろん情報検索コーナーや奈良の伝統工芸品の展示などがある。レンガ造りの建物は、元々は JR 奈良駅の駅舎。昭和 9 年に竣工した 2 代目で、寺院風の外観と鉄筋コンクリート造りの折衷様が面白い。

東 向 通　地図 18P

近鉄駅前から三条通を結ぶ老舗商店街。土産物店、飲食店、レジャー産業等、個性的で多様な店がある。奈良漬の山崎屋では、見た目にも豪華な茶粥御前《ちゃがゆごぜん》が食べられる。

もちいどの（餅飯殿）通　地図 18P

三条通から奈良町に向かう、24 時間 TV でおなじみのもちいどの商店街。海のない奈良の地で工夫されたかまぼこ、100 余年の歴史を誇る「魚万《うおまん》」がある。

三 条 通　地図 18P

JR 奈良駅から猿沢池《さるさわのいけ》に通じる市街のメインストリート。春日大社《かすがたいしゃ》へと続く参道にあたる。通りには老舗和菓子屋のほか、飲食店や工芸品のお店が多く、お土産選びなどに便利。

猿 沢 池　地図 18P、案内 85P

小さな池だが、水面はいつもおだやかで、散策の足をしばし留めさせる。見上げると、高く興福寺《こうふくじ》の五重塔がそびえている。池の水面に映る塔の影と、柳の織りなす情景が美しい。

石子詰伝承地　地図 18P

当時、鹿は春日大社の使いとされ、神鹿を殺めれば、ともに穴へ入れられ、石を投げこむ“石子詰《いしこづめ》”の死刑となっていた。興福寺の稚《ち》児《こ》の三作がその刑に処された地と伝えられる。

慈 眼 寺

地図 18P、案内 85P

厄除発祥の寺として有名。聖武天皇の守り仏を安置したことにはじまる。天然記念物の柿の木が境内にある。

采 女 神 社　地図 18・32P、案内 82P

猿沢池のほとりにある鳥居を背にした珍しい後ろ向きの神社。自ら池に身を投げた采女《うねめ》の供養に建てられたが、見るに忍びないと、一夜のうちに後ろ向きになったと伝えられる。

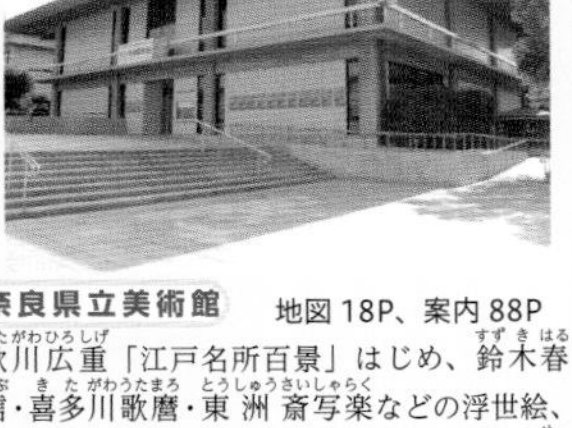

奈良県立美術館　地図 18P、案内 88P

歌川広重《うたがわひろしげ》「江戸名所百景」はじめ、鈴木春《すずきはる》信《のぶ》・喜多川歌麿《きたがわうたまろ》・東洲斎写楽《とうしゅうさいしゃらく》などの浮世絵、染織・調度・武具など多数の風俗資料、伝雪《せっ》舟《しゅう》筆「山水図屏風」等絵画・工芸品を収蔵。

JR 奈良《なら》駅《えき》

バス停名称

JR 奈良駅（東口） ❶〜❽
JR 奈良駅西口 ⓫〜⓰

JR 奈良駅から 13 分ほど歩けば、そこはもう奈良公園。群れ遊ぶ鹿で名高いここは「日本のさくらの名所 100 選」のひとつです。種類も多く、ことに天然記念物“奈良の八重桜”が有名。奈良八重桜（4 月中旬〜下旬）は、若草山山麓、荒池周辺。奈良九重桜（4 月中旬〜下旬）は、荒池周辺 。ソメイヨシノ（4 月上旬）は、若草山山麓、東大寺東塔跡、浮見堂周辺。彼岸桜（3 月下旬〜 4 月初旬）は、奈良春日野国際フォーラム前など。10 月中旬〜 12 月上旬の紅葉は、ナンキンハゼ、カエデ、イチョウなど種類は多く、期間が長いのが特徴です。3 月中旬〜 4 月上旬の伝香寺の椿は、桜の花びらのように、一枚ずつ散っていき“散り椿”（別名は武士《もののふ》椿）とよばれています。

主な物件　率川神社　開化天皇陵　漢国神社　伝香寺　奈良市観光センター　奈良市総合観光案内所　なら 100 年会館

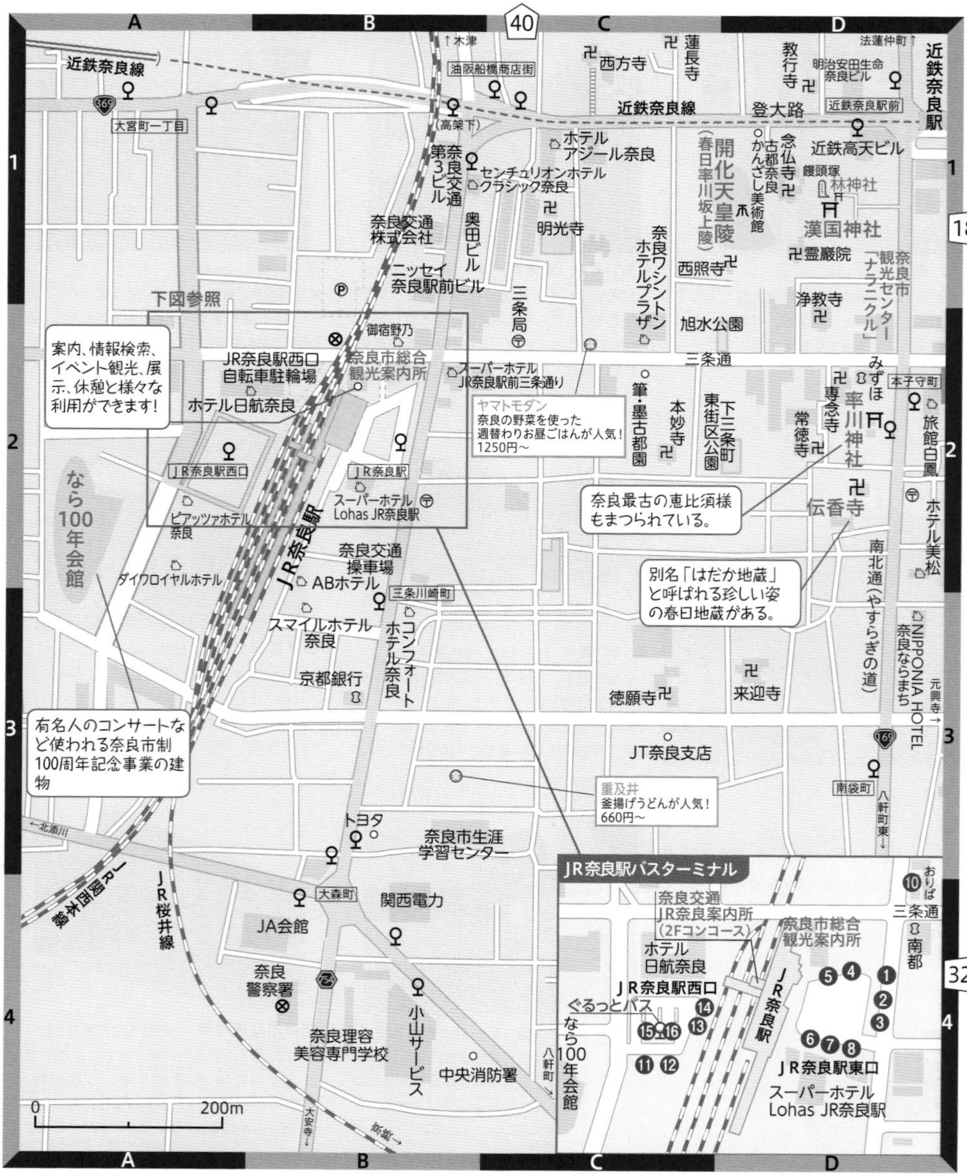

土日祝には、バス停 JR 奈良駅西口から東への、ぐるっとバス停近鉄奈良駅、同バス停大仏殿前駐車場、同バス停東大寺大仏殿・春日社前への「ぐるっとバス」（奈良公園ルート）が利用できる。小学生以上 1 乗車 100 円。P12 の案内を参照。

目的地	参照ページ	のりもの案内 [JR]JR線 [近]近鉄電車 [奈]奈良交通バス			所要分	運賃(円)	乗換回数
		のりば	アクセス(🚶‥🚶は乗換)	おりば			
JR京都駅		[JR]奈良駅	[JR]みやこ路快速	[JR]京都駅	48	720	0
JR大阪駅		[JR]奈良駅	[JR]関西本線大和路快速	[JR]大阪駅	52	820	0
大阪空港		東口❹	エアポートリムジンバス(予約制)	大阪国際空港	81	1750	0
関西空港		東口❹	エアポートリムジンバス(予約制)	関西国際空港	43	2400	0
近鉄奈良駅 興福寺	18	東口❶	[奈]50·51·53·92·124等	[近]近鉄奈良駅、県庁前	3~5	250	0
		東口❶	[奈]55~58·61·62等				
		東口❷	[奈]2·77·97等				
		東口❸	[奈]19·22·79·135等				
		西口⓫	[奈]27·81·118·153等		5~7		
		西口⓯	[奈]14·115·209·210等				
吉城園	28	東口❷	[奈]2·72·77·97等	県庁東、徒歩3分	6~7	250	0
依水園 寧楽美術館	28	東口❷	[奈]2·77·97等	氷室神社·国立博物館、徒歩3分	6~8	250	0
奈良国立博物館	28	東口❷	[奈]2·77·97等	氷室神社·国立博物館、すぐ	6~8	250	0
正倉院正倉外構	28	東口❶	[奈]55~58·61·62·124等	東大寺大仏殿·春日大社前、徒歩15分	7~9	250	0
		東口❷	[奈]2·72·77·97等				
		西口⓫	[奈]27·81·118·153等	今小路、徒歩5分	8~10	250	
東大寺	28	東口❶·❷	正倉院 正倉外構参照	東大寺大仏殿·春日大社前、徒歩5分	7~9	250	0
		東口❷	[奈]77·97等	東大寺大仏殿	8~10		
春日大社	28	東口❶	[奈]55~58·61·62·124等	春日大社表参道、徒歩10分	7~9	250	0
		東口❷	[奈]77·97等	春日大社本殿	11~13	250	
		東口❷	[奈]2·72·87	春日大社表参道、徒歩10分	8~9	250	
鹿苑	28		春日大社参照	春日大社表参道、徒歩7分	7~11	250	0
若草山	28		東大寺参照	東大寺大仏殿·春日大社前、徒歩12分	7~9	250	0
志賀直哉旧居 奈良市写真美術館	28·30	東口❶	[奈]55~58·61·62·124等	破石町、徒歩5分　奈良市写真美術館は徒歩10分	8~10	250	0
		東口❷	[奈]2·72等		9~10		
		東口❺	[奈]1		12		
新薬師寺	30		志賀直哉旧居参照	破石町、徒歩10分	8~12	250	0
白毫寺	30	東口❶	[奈]55~58·61·62·124等	高畑住宅前(徒歩20分で白毫寺)	11~14	250	0
			[奈]122~124等(便少)	白毫寺、徒歩7分	13	250	
名勝大乗院庭園文化館	28·32	東口❶	[奈]50·51·53·92等	福智院町、徒歩1~3分	7~8	250	0
元興寺(極楽坊)	32			福智院町、徒歩5分			
大安寺	35	東口❼	[奈]19·79·85·86·90·135·136	大安寺、南西へ徒歩10分	6~7	250	0
		西口⓭	[奈]81(便少)				
帯解寺	35	[JR]奈良駅	[JR]桜井線	[JR]帯解駅(北へ徒歩5分)	6	190	0
円照寺(山村御殿)	36	東口❶	[奈]56·58·62	圓照寺(東へ徒歩5分)	26他	400	0
正暦寺	37		タクシーで20分				
弘仁寺	37		タクシーで15分				
般若寺	50	西口⓫	[奈]27·81·118·153	般若寺、すぐ	11~12	250	0
奈良豆比古神社	50	西口⓫	[奈]27·81·118·153	奈良阪、徒歩5分	13~14	250	0
興福院	40	西口⓯	[奈]12~14	佐保小学校、徒歩3分	11~12	250	0
不退寺	40·42	西口⓯	[奈]12~14	一条高校前、徒歩5分	13~14	250	0
法華寺 海龍王寺	42	西口⓯	[奈]12~14	法華寺、徒歩3分·法華寺北町、すぐ(海龍王寺)	15~18	250	0
平城宮跡東院庭園	44	西口⓯	[奈]12~14	法華寺、西へ徒歩10分	15~17	250	0
ウワナベ古墳 コナベ古墳	42	西口⓯	[奈]13·14	航空自衛隊、徒歩1分	22·19	250	0
平城宮跡遺構展示館	42·44	西口⓯	[奈]12·14	平城宮跡·遺構展示館、すぐ	18·22	290	0
平城宮跡資料館	44	西口⓯	[奈]12·14	二条町、すぐ	20·25	330	0
朱雀門	44	西口⓭	[奈]160~162(便少)	朱雀門ひろば前、徒歩5分	10	250	0
神功皇后陵 成務天皇陵	4		上記[近]近鉄奈良駅🚶‥🚶[近]奈良線で大和西大寺駅🚶‥🚶[近]京都線	[近]平城駅、徒歩5分。(成務天皇陵徒歩9分)	3~7+5+1	250+240	2
秋篠寺	50		上記[近]近鉄奈良駅🚶‥🚶[近]奈良線で大和西大寺駅🚶‥🚶[奈]72	秋篠寺、すぐ	3~7+5+4	250+240+220	2
西大寺	50		上記[近]近鉄奈良駅🚶‥🚶[近]奈良線	[近]大和西大寺駅、南口から徒歩3分	3~7+5	250+240	1
垂仁天皇陵	4		上記[近]大和西大寺駅🚶‥🚶[近]橿原線	[近]尼ヶ辻駅、徒歩5分	3~7+5+2	250+240	2
唐招提寺 薬師寺	48	東口❻	[奈]63·72·78	唐招提寺·薬師寺	16~19	310	0
		東口❻	[奈]63·72·78·98等	唐招提寺東口·98のみ薬師寺東口)(いずれも徒歩5分)	15~17	310	0
がんこ一徹長屋	48	東口❻	[奈]63·72·78	西ノ京駅、徒歩5分	20~22	310	0
平城京左京三条二坊宮跡庭園	44	西口⓭	[奈]27·28·160~162	宮跡庭園·ミ·ナーラ前、すぐ	8	250	0
喜光寺	51		上記[近]大和西大寺駅🚶‥🚶[近]橿原線	[近]尼ヶ辻駅、北へ徒歩12分	3~7+7	250+240	2
菅原天満宮	51		上記[近]近鉄奈良駅🚶‥🚶[近]奈良線	[近]大和西大寺駅、南へ徒歩15分	3~7+5	250+240	1
円成寺	52	西口⓰	[奈]94·100·102(便極小)	忍辱山、すぐ	34~35	750	0
南明寺	52	西口⓰	[奈]94·100·102(便極少)	阪原、南東へ徒歩7分	42~45	980	0
柳生	53	西口⓰	[奈]94·100·102(便極小)	柳生(旧柳生藩家老屋敷徒歩5分·柳生花しょうぶ園徒歩10分·芳徳寺徒歩15分)	47~55	1110	0
		[JR]奈良駅	[JR]大和路快速で笠置駅下車、タクシー10分				
浄瑠璃寺 岩船寺	53	西口⓯	[奈]209	浄瑠璃寺口、約2km	28	550	0
		[JR]奈良駅	[JR]大和路快速で加茂駅🚶‥🚶東口より[奈]コミュニティバス当尾線(便少)	岩船寺·浄瑠璃寺前	14+16·22	240+300·400	1

行事 **饅頭祭**　林神社(漢国神社)　4月19日　日本で初めて饅頭を作った林浄因《りんじょういん》を祀る為、全国からの饅頭のお供えが山となる

地域	目的地	参照ページ	のりもの案内 JR JR線 近 近鉄電車 奈 奈良交通バス のりば	アクセス(🚶‥🚶は乗換)	おりば	所要分	運賃(円)	[illegible]
学園前	大和文華館	54	東口❻	奈48	学園前駅(徒歩7分大和文華館・8分中野美術館)	35	550	
	中野美術館		西口⓭	奈160・161(便少)		39	550	
	松伯美術館	54		上記学園前駅🚶‥🚶学園前北口バス停より奈8・110・127〜130・138等	大渕橋、徒歩3分	35〜+5	550+260	
	赤膚山	4		上記学園前駅🚶‥🚶学園前南口バス停より奈23	赤膚山	35〜+12	550+260	2
	霊山寺	54		前記近近鉄奈良駅🚶‥🚶近奈良線で富雄駅🚶‥🚶奈50	霊山寺、すぐ	3〜+14+7	550+260	2
生駒・信貴	宝山寺(生駒聖天)	55		前記近近鉄奈良駅🚶‥🚶近奈良線快急で生駒駅🚶‥🚶近鳥居前駅から近生駒ケーブル	ケーブル宝山寺駅、西へ徒歩10分	3〜+15+5	250+650	2
	生駒山上遊園地	3		上記近鳥居前駅から近生駒ケーブル継ぐ	ケーブル生駒山上駅	3〜+27	250+860	3
	朝護孫子寺(信貴山)	55	JR奈良駅	JR大和路快速で王寺駅🚶‥🚶奈42・43	信貴大橋、徒歩5分	15+18〜20	320+420	2
郡山	郡山城跡	4	東口❻	奈98(便少)	近鉄郡山駅、徒歩7分	32	540	0
			JR奈良駅	JR大和路線	JR郡山駅、徒歩15分	4	170	0
	賣太神社	4	JR奈良駅	JR大和路線	JR郡山駅、徒歩15分	4	170	0
矢田丘陵	大和民俗公園	60	JR奈良駅	JR大和路快速で大和小泉駅🚶‥🚶奈71・72	矢田東山、徒歩7分	7+17	190+360	1
	矢田寺	60	JR奈良駅	上記JR郡山駅から徒歩10分の近近鉄郡山駅🚶‥🚶奈20(便極少)	矢田寺前、徒歩10分	4+20	170+440	1
	松尾寺	61	JR奈良駅	JR大和路快速で大和小泉駅🚶‥🚶東口より奈71〜73	松尾寺口、西へ徒歩30分	7+7	190+290	1
	慈光院	61	東口❻	奈98(便少)	片桐西小学校、徒歩5分	51	750	0
			JR奈良駅	JR大和路快速で大和小泉駅🚶‥🚶奈71〜73		7+5	190+220	1
法隆寺	法隆寺	58	東口❻	奈98(便少)	法隆寺前、徒歩7分	62	880	0
			JR奈良駅	JR大和路快速で法隆寺駅🚶‥🚶2より奈72	法隆寺参道、すぐ	11+8	230+220	1
	中宮寺	58	東口❻	奈98(便少)	中宮寺前、徒歩5分	57	880	0
			JR奈良駅	JR大和路快速で法隆寺駅🚶‥🚶2より奈72		11+4	230+220	1
	法起寺	58	東口❻	奈98(便少)	法起寺前、すぐ	53	800	0
			JR奈良駅	JR大和路快速で王寺駅🚶‥🚶北口より奈63・92	法起寺口、徒歩10分	15+15	320+450	1
	法輪寺	58	東口❻	奈98(便少)	法起寺前、徒歩10分	53	800	0
	吉田寺(ぽっくりでら)	58	JR奈良駅	JR大和路快速で王寺駅🚶‥🚶北口より奈62・63・92	竜田神社、南へ徒歩8分	15+8	320+310	1
山の辺	石上神宮	62	JR奈良駅	JR桜井線で天理駅	徒歩30分	13	210	0
	長岳寺	62	JR奈良駅	JR桜井線で天理駅🚶‥🚶奈61・62・64	上長岡、徒歩7分	13+14〜21	210+440	1
	大神神社	63	JR奈良駅	JR桜井線	JR三輪駅、徒歩7分	27	330	0
安倍・多武峯	安倍文殊院	64	JR奈良駅	JR桜井線で桜井駅🚶‥🚶南口より奈36(便極少)・SBバス(便少)	安倍文殊院、徒歩5分	30+7	330+270・190	1
	聖林寺	64	JR奈良駅	上記桜井駅🚶‥🚶南口より奈SAバス(便少)	聖林寺(コミ)、南へ徒歩3分	30+8	330+240	1
	談山神社	65	JR奈良駅	上記桜井駅🚶‥🚶南口より奈SAバス(便少)	談山神社(コミ)、北へ徒歩3分	30+24	330+500	1
長谷・大宇陀・室生	長谷寺	66	JR奈良駅	上記桜井駅🚶‥🚶近大阪線準急	近長谷寺駅、徒歩20分	30+6	330+240	1
	大宇陀	66	JR奈良駅	上記桜井駅🚶‥🚶近大阪線急行で榛原駅🚶‥🚶南口より奈1・2(便少)	大宇陀(大願寺徒歩3分、森野旧薬園徒歩5分)	30+11+20	330+360+500	2
	大野寺	67	JR奈良駅	上記桜井駅🚶‥🚶近大阪線急行	近室生口大野駅、南へ徒歩10分	30+24	330+430	1
	室生寺	67	JR奈良駅	上記近室生口大野駅🚶‥🚶奈44(平日1日7便)	室生寺、徒歩5分	30+17+14	760+500	2
	今井町	78	JR奈良駅	JR桜井線で畝傍駅	徒歩15分	37	510	0
橿原	橿原考古学研究所附属博物館	70・72	JR奈良駅	JR大和路快速で郡山駅から徒歩15分の近近鉄郡山駅🚶‥🚶近橿原線急行・普通	近畝傍御陵前駅、徒歩5分(近鉄奈良駅を利用した移動もおすすめです)	4+19・25	170+430	1
	橿原神宮 久米寺	70・72	JR奈良駅	JR大和路快速で郡山駅から徒歩15分の近近鉄郡山駅🚶‥🚶近橿原線急行・普通	近橿原神宮前駅(いずれも徒歩5分)(近鉄奈良駅を利用した移動もおすすめです)	4+22・27	170+490	1
飛鳥	飛鳥資料館	72・77	JR奈良駅	上記近橿原神宮前駅🚶‥🚶奈15・16・17・23(便少)	明日香奥山・飛鳥資料館西、徒歩5分	26〜+10〜14	660+320	2
	飛鳥寺	72・77	JR奈良駅	上記近橿原神宮前駅🚶‥🚶奈15・16・17・23等(便少)	飛鳥大仏前(飛鳥寺歩1分、飛鳥坐神社歩3分)	26〜+14〜18	660+290	2
	万葉文化館	72・77	JR奈良駅	上記近橿原神宮前駅🚶‥🚶奈15・16・17・23等(便少)	万葉文化館西口、徒歩3分	26〜+15〜19	660+310	2
	橘寺弘福寺(川原寺跡)	72・74	JR奈良駅	上記近橿原神宮前駅🚶‥🚶奈15・16・17・23等(便少)	岡橋本(弘福寺(川原寺跡)スグ、橘寺徒歩5分)	26〜+18〜22	660+370	2
	岡寺	74・77	JR奈良駅	上記近橿原神宮前駅🚶‥🚶奈15・16・23等(便少)	岡寺前、徒歩7分	26〜+14〜28	660+370	2
	石舞台古墳	74・77	JR奈良駅	上記近橿原神宮前駅🚶‥🚶奈15・16・17・23(便少)	石舞台、徒歩3分	26〜+21〜25	660+440	2
	天武・持統天皇陵	74・76	JR奈良駅	上記近橿原神宮前駅🚶‥🚶近吉野線	近飛鳥駅、徒歩15分	26〜+4	170+510	2
	高松塚壁画館	74・76	JR奈良駅	上記近橿原神宮前駅🚶‥🚶近吉野線	近飛鳥駅、徒歩15分	26〜+4	170+510	2
	壷阪寺	74	JR奈良駅	上記近橿原神宮前駅🚶‥🚶近吉野線で壺阪山駅🚶‥🚶奈20(1日4便+3月季節運行)	壺阪寺前、徒歩3分	26〜+9+11	720+380	3
	二上山博物館	3	JR奈良駅	JR大和路快速で王寺駅🚶‥🚶JR和歌山線快速	JR香芝駅、徒歩8分	15+9	420	1
	當麻寺	79	JR奈良駅	上記近橿原神宮前駅🚶‥🚶近南大阪線準急	近当麻寺駅、徒歩15分	26〜+15	170+590	2
	吉野山(金峯山寺蔵王堂)	79	JR奈良駅	JR大和路快速で王寺駅🚶‥🚶JR和歌山線で吉野口駅🚶‥🚶近吉野線急行で吉野駅🚶‥🚶吉野千本口駅から吉野ロープウェイ	ロープウェイ吉野山駅、徒歩15分 ＊吉野・大峯ケーブル自動車㈱HP参照	15+35+33+3	770+460+450	3

奈良公園　地図 18・28P

若草山《わかくさやま》・春日《かすが》山から、東大寺《とうだいじ》・興福寺《こうふくじ》・春日大社《かすがたいしゃ》を含んだ、総面積約 660 ヘクタールの広大な公園。特に囲いや塀はなく、芝生には遊ぶ鹿や、木々の間からのぞく社寺の堂塔《どうとう》が楽しめる。平城京にあっては坊城《ぼうじょう》の外だったため「外京《げきょう》」と呼ばれた地域。1300 年は奈良を大きく変えてしまったが、人家や旅館の並ぶ道は古代の伽藍《がらん》へと続き、大宮人《おおみやびと》の足跡も辿れるだろう。

若草山　地図 28P、案内 91P

全山芝生に覆われた三つ重ねの風景。毎年、成人の日の前日、夜空をこがす炎の祭典、若草山焼で有名。山頂から展望する眼下の大和盆地もすばらしい。開山期間があり注意。

二月堂　地図 28P

東大寺の堂宇《どうう》の一つ。山の斜面と崖を利用して建てられており、そこへ向かう回廊《かいろう》に特徴がある。毎年３月（旧暦２月）にお水取《みずとり》り（修二会《しゅにえ》）という行事が行われ、このために２月堂と呼ばれる。

三月堂　地図 28P

旧暦３月に法華会《ほっけえ》が行われることから三月堂・法華堂と言われる。東大寺の前身・金鐘寺《きんしょうじ》の本堂とされ、奈良市内でも最古の建造物。鎌倉時代に改築され、天平《てんぴょう》初期と鎌倉期の建築の粋《すい》が合体した独特の美しさがある。

正倉院　地図 28P、案内 85P

大仏開眼《だいぶつかいがん》の供養に用いられた品、聖武《しょうむ》天皇や光明《こうみょう》皇后遺愛の品、「シルクロードの終着駅」の呼び名にふさわしいペルシァの遺品など８千点を超える宝物を収蔵。内部は非公開。

依水園・寧楽美術館　地図 28P、案内 81P

池泉回遊式《ちせんかいゆうしき》の大規模な日本庭園で、若草山や春日山や、東大寺南大門などを巧みに借景《しゃっけい》とする。古代中国の青銅器や古鏡、高麗《こうらい》・李《り》朝陶磁《ちょうとうじ》などのコレクションは定評。

吉城園　地図 28P、案内 91P

依水園《いすいえん》に隣接する日本庭園で、かつての興福《こうふく》寺《じ》子院・摩尼珠院《まにしゅいん》の跡地。しっとりと落ち着いたお庭で、四季折々の風情が楽しめるが、杉苔の美しい苔庭や秋の紅葉は名高い。

春日大社神苑　地図 28P、案内 83P

『万葉集《まんようしゅう》』に詠まれた草花約 270 種が栽培展示され、それらに万葉歌の標柱が添えられている。「藤の園」では、４月下旬頃から藤の花が見頃になる。「椿園」「花菖蒲園」なども。

氷室神社　地図 28P、案内 89P

見事なしだれ桜が神社の前にあり、その時期と毎年５月１日に行われる献氷祭《けんぴょうさい》期がにぎやか。全国の氷業者が集まり、鯛と鯉を凍結させた高さ１メートル程の氷柱を奉納する。

奈良国立博物館　地図 28P、案内 88P

東京・京都・福岡の４館しかない国立博物館のひとつ。天平文化発祥の地・奈良にふさわしい仏教美術の殿堂として知られ、「正倉院《しょうそういん》展」などの特別展は全国的にも有名である。

浮見堂（鷺池）

地図 28P、案内 81P

春日大社参道を南に下り、石畳の遊歩道を行くと鷺池《さぎいけ》がある。そこの浮身堂《うきみどう》は 1916 年に建てられたらしいが、奈良の時代からあるような雰囲気がある。新緑の頃、池の周りを散策するのはおすすめ。8 月 15 日はライトアップもされ、高円《たかまど》山の「奈良大文字送り火」の格好のビューポイントだ。

鹿　苑　地図 28P、案内 91P

春日大社《かすがたいしゃ》の石燈籠《とうろう》の並ぶ参道の南側に位置する鹿の保護施設。10 月上旬にはおなじみの年中行事「鹿の角きり」が行われる。「鹿寄せ」（有料）も随時《ずいじ》受付中。

飛 火 野　地図 28P

総面積約 660 ヘクタールという広大な公園。その昔、火が消えずに飛び回った事からこの名が付いたとされる。付近の寺社・興福寺《こうふくじ》・国立博物館と一体となり、さらに若草山から春日山原始林《かすがやまげんしりん》まで取り込んでいる。

ささやきの小径　地図 28P

春日大社から志賀直哉《しがなおや》が住まいを持ち「暗夜《あんや》行路《こうろ》」を書いたという旧邸に通じる小路。馬《あ》酔木《せび》の木を筆頭に四季折々に変わる自然を満喫して歩きたい、語り合う径でもある。

志賀直哉旧居　地図 28・30P、案内 85P

文豪・志賀直哉が自ら設計した私邸で、代表作「暗夜行路」などがここで執筆された。「高畑サロン」と呼ばれたサンルームなど、住居としての工夫にも一見の価値がある。

頭　　塔　地図 28P、案内 86P

土でこしらえた仏塔《ぶっとう》。下層頭塔は 3 段、上層頭塔は 7 段に復元され、同じく各段の上表面は瓦で葺いてある。神護景雲《じんごけいうん》元年（767）良《ろう》弁《べん》僧正の命により東大寺僧実忠が造営した。

瑜伽神社　地図 28P、案内 91P

一ノ鳥居から、二ノ鳥居へ長い石段を登り、その途中の踊り場、瑜伽《ゆが》山の中腹に立つ神社。御神楽式《みかくらしき》や御湯立式《みゆたてしき》などの行事が有名で、その日には多くの人々で賑わう。

なら 100 年会館　地図 22P、案内 88P

平成 4 年、新たな都市拠点として、同時通訳やマルチビジョンや 8 通りのステージ変化する充実した舞台機能、客席は可動式で、最大で 1,720 席を有する大ホール等をもつ。

JR 奈 良 駅　地図 22P

国際文化観光都市奈良の玄関口として、大規模な周辺土地区画整理事業が行われている。近鉄奈良駅は、直線距離にして約 900m 離れた場所にあるので注意。徒歩で 12 分。

JR 奈良駅西口　地図 22P

2013 年の春より、西口の奈良交通バス発着が増え、観光路線として再開発されている。地下には収容台数 189 台の駐車場も完備しており、奈良観光の拠点として利用が可能。

JR 奈良駅東口　地図 22P

JR 奈良駅東側。乗り場番号 1 から 8 までの 8 箇所あり、前もっての確認が望ましい。市内循環は 2 番・5 番、定期観光バスは 4 番、西ノ京方面は 6 番のりばとなっている。

開化天皇陵　地図 22P、案内 82P

三条通りに面した前方後円墳《ぜんぽうこうえんふん》で、欠史《けっし》八代の最後第九代の御陵とされている。幕末の文久の修陵の際に体裁が整えられたとのこと。木の塀越しの拝観となる。

漢国神社　地図 22P、案内 83P

推古《すいこ》元年（593）創建されたという。境内の林《りん》神社は、室町時代に中国から渡来し、日本に始めて饅頭の製法を伝えた林浄因《りんじょういん》を祀る。「まんじゅう祭」毎年 4 月 19 日。

率川神社・伝香寺

地図 22P、案内 81P・87P　推古元年（593）創建という奈良市最古の神社。隣の伝香寺には、奈良の三名椿《さんめいちん》と呼ばれる散り椿（別名・武士椿《もののふつばき》）がある。

奈良市観光センター「ナラニクル」

地図 18・22P、案内 88P

奈良観光の拠点として、総合案内、「歴史街道」の案内など、さまざまな相談に応じている。伝統工芸品をはじめ観光みやげの展示コーナーもあり、外国語案内もできるという。

奈良市写真美術館　地図 30P、案内 88P

奈良をテーマにした 8 万点余の写真作品を収蔵展示するユニークな美術館。コレクションの中心は大和路の仏像や寺社、四季の風景などをこよなく愛した入江泰吉《いりえたいきち》氏の作品。

空　海　寺

地図 28P、案内 84P

東大寺の末寺で、僧侶が亡くなった時に葬儀を行い、その墓地が置かれるのがこの寺。平城宮跡の保存活動を行った棚田嘉十郎《たなだかじゅうろう》の墓がある。本堂前にある矢田地蔵は、大きな光背《こうはい》に十王、閻魔閻羅、地蔵の審判官を従えている。

白　毫　寺　地図 30P、案内 89P

新薬師寺《しんやくしじ》から、まだ田園風景の残る細い道を、10 数分も歩くと、高円《たかまど》山の中腹あたり、白毫寺《びゃくごうじ》に至る。最近は、お寺の間際まで新興の住宅がつくられていたりして、どこか、違和感を覚えたりもするが、参道を上り、山門をくぐると、いまも、奈良の市街が一望される。境内には本堂と御影堂があり、宝蔵には、鎌倉期の閻魔《えんま》大王坐像が安置されている。寄木《よせぎ》造、彩色の迫力ある像である。この寺の萩の季節は美しい。また境内の五色《ごしき》椿《つばき》もよく知られている。

新薬師寺

地図 30P、案内 86P

春日大社二の鳥居からアセビの林を通りぬける道は「ささやきの小道」といわれる。このしんと静まりかえった道を出ると高畑町《たかばたけちょう》。落ち着いた古い家並の町だ。昔、文豪志賀直哉《しがなおや》も住んでいた所。そのはずれに、新薬師寺がある。天平 19 年（747）に光明皇后が夫・聖武天皇の病気回復を願って創建。入母屋《いりもや》造の閑静なたたずまいの本堂（国宝）は天平時代の建造唯一残ったもの。平安初期の傑作、切れ長の眼と濃い瞳の薬師如来像（国宝）が安置されている。厚い唇からは温かい説法がきこえてくるようである。この 2m 近い如来像をとり囲んでいるのが、ちょっとオーバーな身振りで親しみやすい十二神将《じゅうにしんしょう》像（国宝）だ。初秋には境内に萩の紅い色や白い花が咲きみだれておすすめ。

東大寺《とうだいじ》・春日大社《かすがたいしゃ》

バス停 名称

春日大社本殿 ❶
東大寺大仏殿・春日大社前❷（南行きのみ）
東大寺大仏殿・国立博物館❸（西行きのみ）
押上町 ❹
大仏殿前駐車場 ❺（ぐるっとバス）
奈良春日野国際フォーラム甍前 ❻（ぐるっとバス

吉城園《よしきえん》は、日本庭園と離れ茶屋からなり、春日山、若草山を借景として取り入れてた、杉苔が美しい庭です。秋 10 月には、ホトトギス、秋明菊、ツワブキ、萩、フジバカマなどの花々が咲き、おすすめの庭です。東大寺開山堂の“のりこぼし”（3 月）は、良弁椿ともいい、糊をこぼしたような白い斑点が花びらに入った椿で、塀越しに眺めることはできます。

主な物件 依水園　浮見堂　戒壇院　春日大社　志賀直哉旧居　正倉院　頭塔　手向山神社　東大寺　奈良公園　奈良国立博物館　氷室神社　福智院　国宝殿　法華堂　瑜伽神社　吉城園　鹿苑　若草山

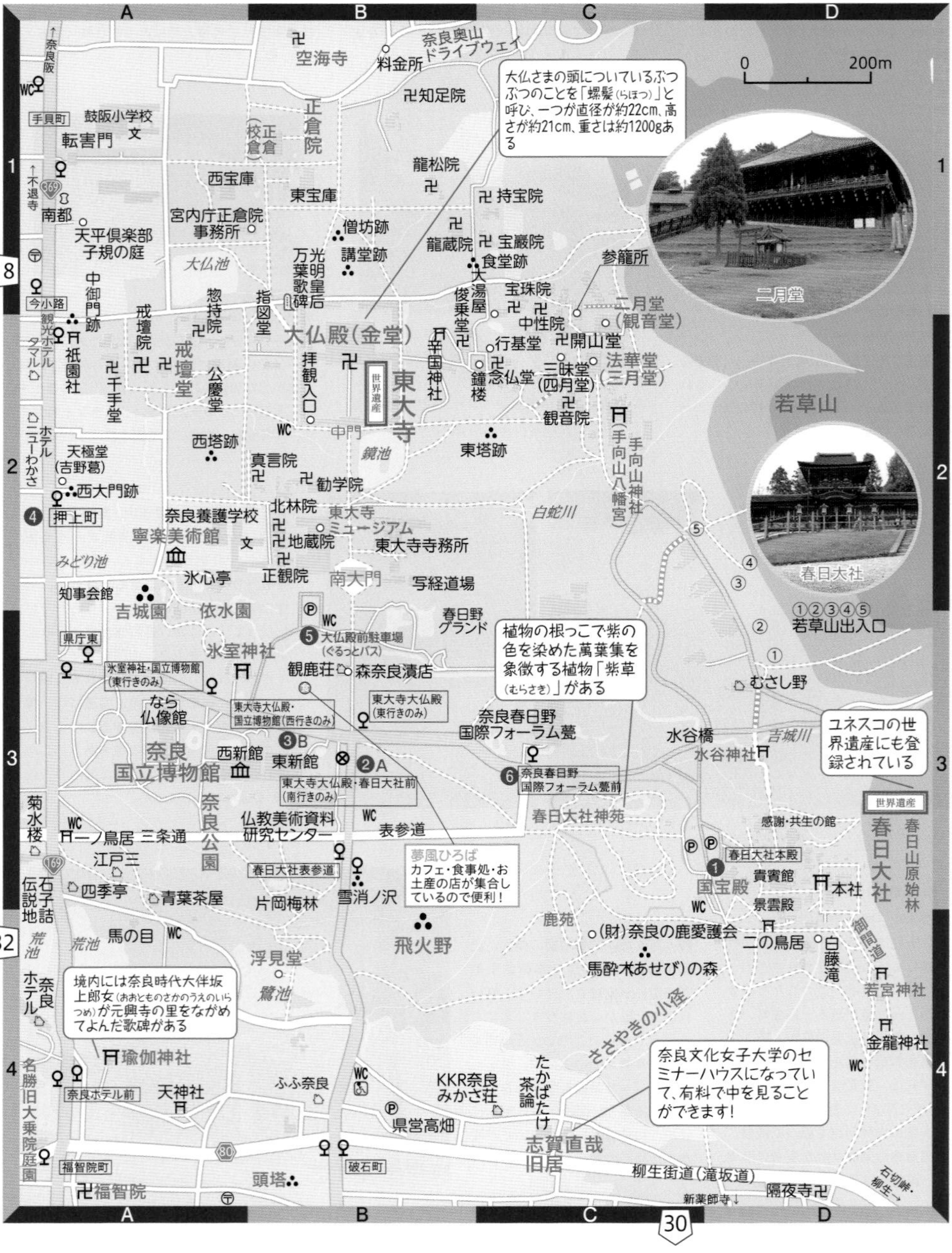

花暦　紅(黄)葉　東大寺　11月頃　大和路で最も早く色づく正倉院前の銀杏のほか、楓や漆が境内を鮮やかに染める。

奈良の大仏の大きさ

座高……………………… 1,498cm
顔の長さ……………………… 533cm
顔の幅……………………… 320cm
目の長さ……………………… 102cm
鼻の幅………………………98cm
鼻の高さ………………………50cm
口の長さ……………………… 133cm
耳の長さ……………………… 254cm
手のひらの長さ………………… 148cm
中指の長さ………………… (左)108cm
足の大きさ……………………… 374cm
ひざの厚さ………………… (左)223cm
銅座の高さ……………………… 304cm
石座の高さ…………… 252～258cm

ぐるっとバス停大仏殿前駐車場から土日祝には、同大仏殿前駐車場から同バス停手向山八幡宮・二月堂前などに（若草山麓ルート）が用できる。P12の案内及び公式HP（https://www.nara-access-navi.com/route/）を参照下さい。

目的地	参照ページ	のりもの案内 JR JR線 近 近鉄電車 奈 奈良交通バス			所要分	運賃(円)	乗換回数
		のりば	アクセス(🚶…🚶は乗換)	おりば			
近鉄奈良駅	18	❸	奈1·55·61·62·78·98·124等	近鉄奈良駅	3～6	250	0
		❶	奈78·98(98は平日1日7便)等		7	250	0
		❶(ぐるっと)	ぐるっとバス(大宮通りルート)	近鉄奈良駅(ぐるっとバス)	7	100	0
興福寺	18		東大寺から徒歩12分				
奈良国立博物館	28		東大寺から徒歩6分				
JR奈良駅	22	❸	奈1·55·61·62·78·98等	JR奈良駅	8～12	250	0
		❶	奈78·98(98は平日1日7便)		11～12	250	0
若草山 春日大社	28		東大寺から徒歩10分も				
		❺	ぐるっとバス(大宮通りルート)	春日大社本殿(ぐるっとバス)	7	100	0
志賀直哉旧居 奈良市写真美術館	28·30	❷	奈2·6·55·61·62·124等	破石町、徒歩5分。奈良市写真美術館は徒歩10分	1～3	250	0
新薬師寺	30	❷	目的地欄の**志賀直哉旧居**参照	破石町、徒歩10分·高畑住宅前(徒歩20分で白毫寺)	1～3	250	0
白毫寺	30	❷	奈122～124(便極少)	白毫寺、徒歩7分	5	250	0
名勝大乗院庭園文化館	28·	❷	奈2·6	紀寺町、徒歩4分	6	250	0
元興寺(極楽坊)	32	❷	奈2·6	田中町、徒歩4分	7	250	0
円照寺(山村御殿)	36	❷	奈56·58·62	圓照寺(東へ徒歩5分)	18	400	0
般若寺	50	❹	奈27·81·118·153·154	般若寺、すぐ	4	250	0
奈良豆比古神社	50	❹	般若寺参照	奈良阪、徒歩5分	6	250	0
不退寺	40·	❶·❸	上記近近鉄奈良駅🚶…🚶(P19参照)	一条高校前、徒歩5分	3～8+6～8	250+250	1
法華寺	42			法華寺、徒歩3分	3～8+9～10	250+250	1
西大寺	50			近大和西大寺駅、南口から徒歩5分	3～8+5	250+240	1
		❶·❻(ぐるっと)	ぐるっとバス(大宮通りルート)	大和西大寺駅南口	30・29	100	0
唐招提寺 薬師寺	48	❶·❸	奈72·78(❶は78のみ)	唐招提寺·薬師寺	26～30	310	0
		❸	奈78·88·98等	唐招提寺東口·薬師寺東口(88·98のみ)、徒歩7分	24～26	310	0
平城京左京三条二坊宮跡庭園	44	❶·❻(ぐるっと)	ぐるっとバス(大宮通りルート)	宮跡庭園(ぐるっとバス)、すぐ	18·17	100	0
朱雀門	44	❶·❻(ぐるっと)	ぐるっとバス(大宮通りルート)	朱雀門ひろば前(ぐるっとバス)、徒歩5分	20·19	100	0
喜光寺	51	❸	上記近近鉄奈良駅🚶…🚶(P19参照)	阪奈菅原、北へ徒歩4分	3～6+32	250+320	1
郡山城跡	4	❸	奈98(平日1日7便)等	近鉄郡山駅、徒歩7分	41	540	0
慈光院	61	❸	奈98(以下同上)等	片桐西小学校、徒歩すぐ	60	750	0
法隆寺	58	❸	奈98(便少)等	法隆寺前、徒歩7分	71	880	0
中宮寺	58	❸	奈98(便少)等	中宮寺前、徒歩5分	66	880	0
法起寺	58	❸	奈98(便少)等	法起寺前、すぐ	62	800	0
法輪寺	58	❸	奈98(便少)等	法起寺前、徒歩10分	62	800	0
長谷寺	66	❶·❸	上記近近鉄奈良駅🚶…🚶(P20参照)	近長谷寺駅	3～8+32	250+760	
今井町	78	❶·❸	上記近近鉄奈良駅🚶…🚶(P20参照)	近八木西口駅	3～8+31	250+530	
橿原・飛鳥	72	❶·❸	上記近近鉄奈良駅🚶…🚶(P20参照)	近橿原神宮前駅	3～8+30	250+590	

の角きり　鹿苑　10月前半の土日祝　江戸期からの恒例行事。日頃静かな一帯を勢子(せこ)の声とどよめきが包む。　行事

新薬師寺《しんやくしじ》・白毫寺《びゃくごうじ》

バス停名称

破石町 ❶❷
白毫寺 ❼❽
高畑町 ❸❹
高畑住宅前 ❺❻

新薬師寺は、天平の本堂に似合う夏萩、秋萩が咲く「萩の寺」でもあります。冬には、山茶花《さざんか》と一杯実をつけたあかもちに、癒《いや》されます。おたま地蔵尊は、昭和 59 年（1984）、本堂安置の鎌倉時代・景《かげ》清《きよ》地蔵尊の体内より裸形地蔵尊が発見され、男性のシンボルをつけた我が国最古、最初の地蔵尊とされています。今は別棟・香薬師堂に安置され、安産、健康の祈願仏として希望により特別開扉されています。

石段も土塀もひなびた味わいの白毫寺も、古い石段の両側に萩がびっしりと咲きます。一帯は万葉の時代から萩が多かったところです。

新薬師寺

白毫寺

主な物件　志賀直哉旧居　新薬師寺　頭塔　奈良市写真美術館　白毫寺

東大寺～春日大社散策ナビ

東大寺大仏殿・春日大社前

北へ徒歩3分

南大門（5分）

北西へ徒歩3分

大仏殿（金堂）拝観受付

大仏殿拝観（20分）

北西へ徒歩8分

戒壇堂拝観受付

戒壇堂拝観（15分）

勧進所・指図堂の間の道を経て北東へ徒歩7分

正倉院外構（10分）

講堂跡を経て大仏殿裏を東へ

裏参道を辿り参籠所と若狭井の間を抜け、徒歩10分

二月堂（10分）

北門から三月堂（法華堂）の舞台下を回って徒歩2分

三月堂拝観受付

三月堂（法華堂）拝観（15分）

南東へ徒歩1分

手向山八幡宮（5分）

南へ、吉城川を渡り水谷神社を経て徒歩15分

春日大社本社本殿特別参拝受付

春日大社本社参拝（15分）

御間道を南東へ徒歩2分

若宮神社（5分）

細殿・神楽殿をぐるっと回って北西へ徒歩5分

国宝殿受付

国宝殿見学（30分）

神苑沿いの表参道を北西へ徒歩5分

神苑受付

神苑見学（20分）

表参道を真っ直ぐ西へ徒歩6分

春日大社表参道

所要3時間30分程

地域	目的地	参照ページ	のりもの案内　[JR]JR線　[近]近鉄電車　(奈)奈良交通バス			所要分	運賃（円）	乗換回数
			のりば	アクセス（🚶‥🚶は乗換）	おりば			
	興福寺 近鉄奈良駅	18	❶・❸	(奈)1・55・61・62・124等	県庁前・近鉄奈良駅	3～8	250	0
			❺	(奈)55・61・62・124等		6～12	250	0
			❼	(奈)122～124（便少）		7・11	250	0
	JR奈良駅	22	❶・❸	(奈)1・55・61・62・124等	JR奈良駅	10～22	250	0
			❷・❹	(奈)2		14・13	250	0
			❺・❼	(奈)55・61・62・122～124等	JR奈良駅（❼からは122～124のみ）	13～24	250	0
	吉城園 奈良国立博物館	28	❶・❸	(奈)1	県庁東、すぐ	3・2	250	0
	東大寺 春日大社	28	❶・❸	(奈)1・55・61・62・124等	春日大社表参道、東大寺大仏殿・国立博物館	1～4	250	0
			❺	(奈)55・61・62・124等		3～6	250	0
			❼	(奈)122～124（便少）		4・5	250	0
	鹿苑	28		上記参照	春日大社表参道、徒歩7分	1～3	250	0
	若草山	28		上記参照	春日大社表参道、徒歩15分	1～3	250	0
	ならまち方面	32		破石町バス停から徒歩7分で福智院町バス停（P32参照）				
	名勝大乗院庭園文化館	28・32	❷・❹	(奈)2・6	紀寺町、徒歩4分	3～5	250	0
	元興寺（極楽坊）	32			田中町、徒歩4分	4～5	250	0
	般若寺	50	❶・❸・❺	奈良交通バスで県庁前🚶‥🚶(奈)27・81・118・153等	般若寺、すぐ	3～12+5	250+250	1
	佐保路・佐紀路	40・42		上記[近]近鉄奈良駅🚶‥🚶（P19参照）				
	西大寺	50		上記[近]近鉄奈良駅🚶‥🚶（P19参照）				
	唐招提寺 薬師寺	48	❶・❸・❺・❼	奈良交通バスで東大寺大仏殿・国立博物館🚶‥🚶(奈)72・78	唐招提寺・薬師寺	2～5+26～28	250+310	1
				奈良交通バスで東大寺大仏殿・国立博物館🚶‥🚶(奈)98	唐招提寺東口・薬師寺東口、徒歩5分	2～5+24～26	250+250	1
	平城京左京三条二坊宮跡庭園	44	❶・❸・❺・❼	上記[近]近鉄奈良駅🚶‥🚶（P19参照）	宮跡庭園・ミ・ナーラ前、すぐ ＊近鉄奈良駅からぐるっとバス利用も	5～11+14～16	250+250	1
	朱雀門	44	❶・❸・❺・❼	上記[近]近鉄奈良駅🚶‥🚶（P19参照）	朱雀門ひろば前、徒歩5分 ＊近鉄奈良駅からぐるっとバス利用も	5～11+16	250+250	1
	喜光寺	51	❶・❸・❺・❼	上記[近]近鉄奈良駅🚶‥🚶（P19参照）	阪奈菅原、徒歩4分（北へ）	5～11+32	250+320	1
	大和文華館 中野美術館	54	❶・❸・❺・❼	上記[近]近鉄奈良駅🚶‥🚶（P20参照）	[近]学園前駅（徒歩8分大和文華館・10分中野美術館）	5～11+10	250+300	1
	法隆寺・中宮寺	58		上記[JR]奈良駅🚶‥🚶（P24参照）				
	今井町	78		上記[近]近鉄奈良駅🚶‥🚶（P20参照）				
	橿原・飛鳥	72		上記[近]近鉄奈良駅🚶‥🚶（P20参照）				

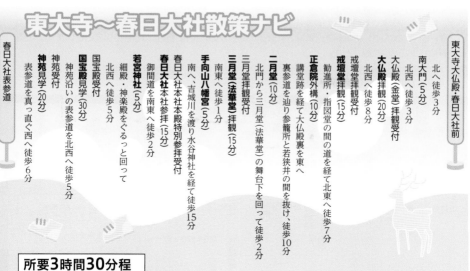

元興寺《がんこうじ》・奈良町《ならまち》

バス停名称	
福智院町 ❸❹	北京終町 ⓫⓬
紀寺町 ❺〜❽	
田中町 ❾❿	

奈良町の中核、世界遺産に登録されている元興寺極楽坊も、秋の七草の一つ、萩の花が咲き趣き豊かな古寺です。萩は、万葉集でも歌われた秋を代表する花で、その美しさをうたった歌に日本人の美的感覚が表れています。餡子（あんこ）のお餅を「おはぎ」呼ぶのは、秋の代表花「萩」からきているといいます。 ちなみに、春は牡丹《ぼたん》で「ぼた餅」とか。

主な物件　今西家書院　元興寺　今昔工芸美術館　杉岡華邨書道美術館　十輪院　なら工藝館　奈良市立史料保存館　奈良町資料館　名勝旧大乗院庭園

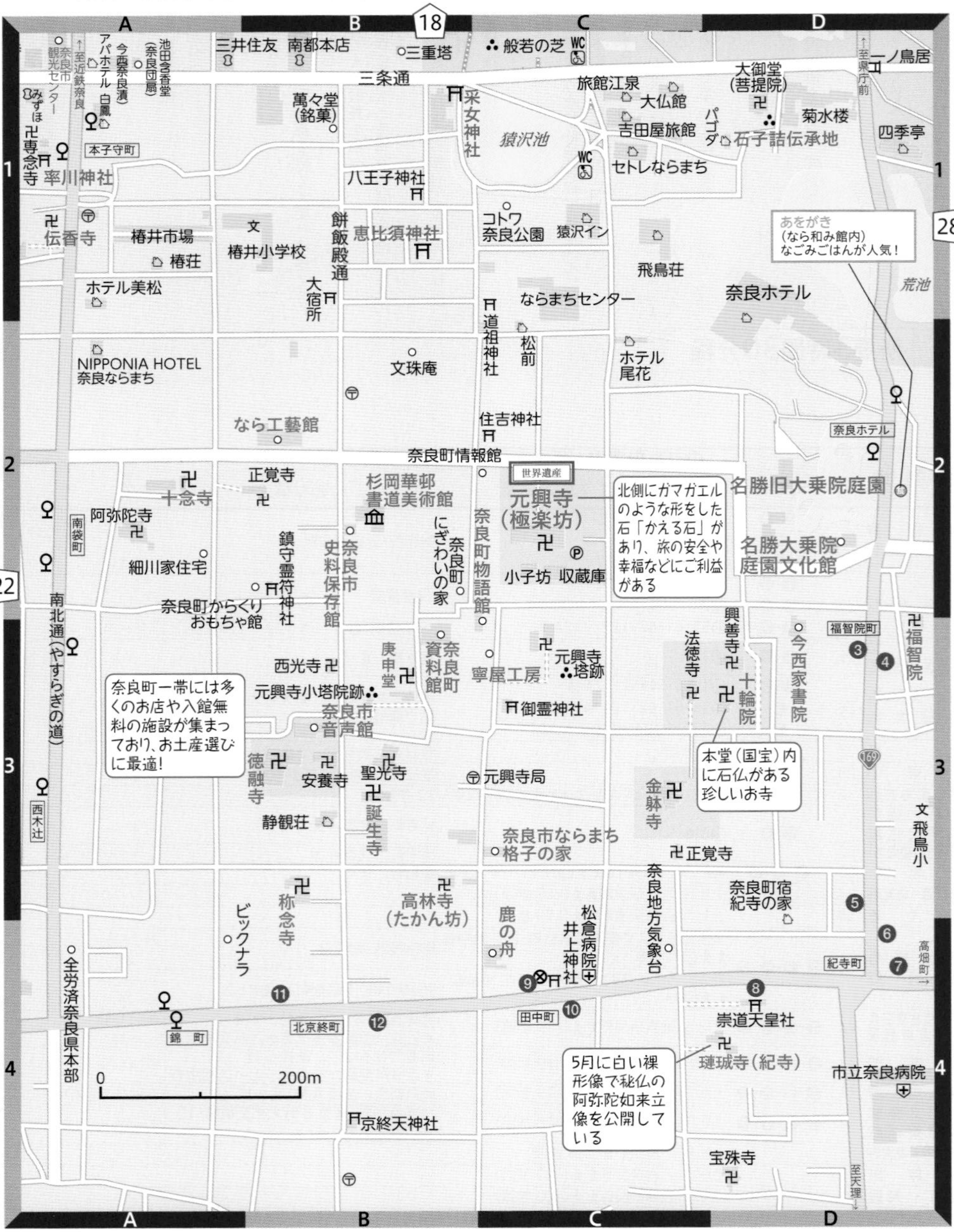

ならまち散策ナビ

町家めぐりをオトクに、所要約４時間のコース

近鉄奈良駅
（南へ徒歩７分）
猿沢池
（南東へ徒歩５分）
元興寺（極楽坊）（所要 30 分）
（西へ徒歩３分）
なら工藝館（入館無料・所要 20 分）
（南東へ徒歩４分）
奈良市史料保存館（入館無料・所要 15 分）
（南東へ徒歩３分）
奈良町資料館（入館無料・所要 15 分）（土日祝のみ開館）
（徒歩３分）
庚申堂（見学無料・所要 10 分）
（南へ徒歩３分）
奈良市音声館（入館無料・所要 15 分）
（南東へ徒歩８分）
鹿の舟（入館無料・所要 20 分）
（北へ徒歩３分）
ならまち格子の家（入館無料・所要 15 分）
（北へ徒歩５分）
寧《な》屋《や》工房（入館無料・所要 15 分）
（北へ徒歩２分）
奈良町物語館（入館無料・所要 10 分）
（北東へ徒歩７分）
名勝大乗院庭園文化館（入館無料・所要 15 分）

猿沢池または、**奈良公園**、**柳生街道（滝坂道）**へ

「ならまち」とは

行政地名として「奈良町」という場所はありませんが、中世に成立した門前町を中心に、社家が並ぶ社家町、大正から昭和初期にかけての町家などが集まったもの総じて「ならまち」と呼んでいます。

「庚申《こうじん》さん」

庚申堂に祀られている青面《しょうめん》金剛像の愛称です。人の体の中には、愛欲・憎悪・強欲の化身である「三尸《さんし》の虫」が棲んでいて、庚申の日の夜に寝ている間、体から抜けだして天帝にその人の悪事を告げ口するのだそうです。よって人々は六十日に一度回ってくる庚申の日には、「三尸の虫」が抜け出ないように寝ずに「庚申さん」を供養したといいます。

「身代わり猿」

「庚申さん」のお使いである赤い猿（申）のぬいぐるみが、奈良町界隈の家の軒先にぶら下がっています。これは魔除けのお守りで、災いを代わりに受けてくださることから「身代り猿」と呼ばれ、また背中に願い事を書いて吊るすと、願いが叶うともいわれ「願い猿」とも呼ばれています。

地域	目的地	参照ページ	のりもの案内 JR JR線 近 近鉄電車 奈 奈良交通バス			所要分	運賃（円）	乗換回数
			のりば	アクセス（乗換）	おりば			
	近鉄奈良駅 JR奈良駅	18 22	❸	奈51・92 等	近鉄奈良駅・JR奈良駅	7～8・13～16	250	0
			❿	奈2	JR奈良駅・近鉄奈良駅	8・12	250	0
	近鉄奈良駅	18	❾	奈1	近鉄奈良駅	12	250	0
				元興寺から近近鉄奈良駅までは、徒歩 10 分				
	奈良国立博物館	28	❾	奈1	東大寺大仏殿・国立博物館	8	250	0
	春日大社 東大寺	28	❾	奈1	春日大社表参道	7	250	0
	鹿苑	28	❾	奈1	春日大社表参道、徒歩７分	7	250	0
	若草山	28	❾	奈1	春日大社表参道、徒歩 12 分	7	250	0
	志賀直哉旧居 奈良市写真美術館	28・30 30	❾	奈1	破石町、徒歩５分　奈良市写真美術館は徒歩 10 分	6	250	0
	新薬師寺	30			破石町、徒歩 10 分		250	0
	平城宮跡	44		上記JR奈良駅・近近鉄奈良駅乗換（P23・24・19・20 参照）				
	西大寺	50		上記JR奈良駅・近近鉄奈良駅乗換（P23・24・19・20 参照）				
	唐招提寺 薬師寺	48		上記JR奈良駅・近近鉄奈良駅乗換（P23・24・19・20 参照）				
	山の辺	62	❹	奈92・50 等（便少）	天理駅	26～31	620	0
	法隆寺	58		上記JR奈良駅・近近鉄奈良駅乗換（P20・24 参照）				
	今井町	78		上記JR奈良駅・近近鉄奈良駅乗換（P20・24 参照）				
	橿原・飛鳥	72		上記近近鉄奈良駅乗換（P20 参照）				

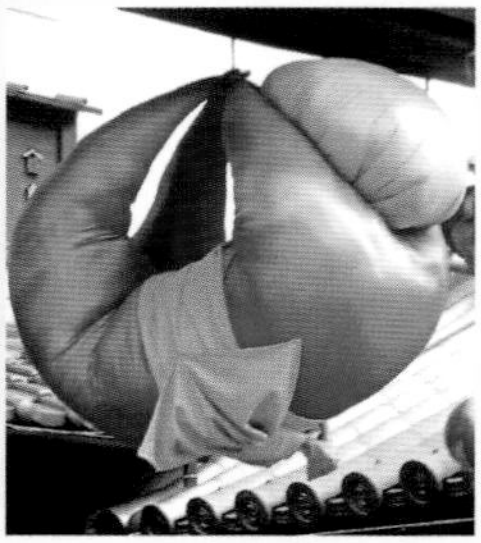

奈良町資料館

地図 P32、案内 P88

昭和 60 年（1985）、自宅を改造した私設の資料館。江戸から大正までの懐かしい看板や民俗資料、奈良町に伝わる仏像、各種民具、その他の美術品などを展示公開している。庚申さんで有名な「身代わり猿」のお守りも人気だ。

今西家書院　地図 P32、案内 P81

室町時代の特色を伝える書院造りの建物で、銀閣寺東求堂《とうぐどう》と並ぶ貴重な遺構。春はしだれ桜、９月には萩、冬には椿と四季折々の花が楽しめ、庭を眺めながら抹茶がいただける。

杉岡華邨書道美術館

地図 P32

案内 P86

日本固有の言葉を表す平安朝以来のかな書の美とその表現の可能性を追求し続ける杉岡《すぎおか》華邨《かそん》氏の記念美術館。収蔵は 290 点を数える。書道史の研究や資料収集、書道講座を開催し書道の発展を目指す。

庚申堂　地図 P32、案内 P84

「庚申《こうしん》さん」と呼ばれる青面金剛《せいめんこんごう》像や地蔵が祀ってある。びっしりと吊るされている朱色のぬいぐるみ「身代わり猿」は、魔除けとして、災いを代わりに受けてくれるという。

名勝旧大乗院庭園

地図 P28・32、案内 P90　かつては興福寺《こうふくじ》の門跡寺院の一つであった。庭園は善阿弥《ぜんあみ》とその子で大改修されたもので、戦後に庭園のみ復元された。文化館は、大乗院《だいじょういん》を復元した模型や関係資料を展示する施設。

十輪院　地図 P32、案内 P85

山門をくぐる境内の四季の花々も魅力な寺。国宝・本堂は、石仏曼荼羅《まんだら》世界・石仏龕《がん》を拝むための礼堂として建立されたという。護摩堂には不動明王及び二童子立像が。

徳融寺　地図 P32、案内 P87

藤原豊成《ふじわらのとよなり》の邸跡と伝えられ、元興寺《がんこうじ》の元塔《たっ》頭《ちゅう》。奈良時代の高官・豊成・中将姫父娘の宝《ほう》篋印《きょういん》石塔や仏石が残る。南東の高林寺には、豊成公の墓と伝えられる円墳や父娘の坐像が。

誕生寺　地図 P32、案内 P87

中将姫《ちゅうじょうひめ》が生まれた豊成の屋敷がこの辺りにあったという。産湯を使った井戸もあり、本堂には中将姫法如尼座像を祀る。境内には、姫を浄土へと導いた二十五菩薩像を安置している。

奈良市史料保存館　地図 P32、案内 P88

奈良市が収集した江戸時代の奈良町絵図や検地帳、大和名所図、古文書などの歴史資料が保管展示されている。周囲の景観に調和するように町家風に外観を設計されている。

藤岡家住宅　地図 P32、案内 P89

江戸時代に建てられた町屋で、昔の化粧品屋みたいな商いだったという。商売と暮らしの工夫が見もの。昔風のドアのオートロック機能、壁を倒すと店の陳列棚になる揚床机等等。

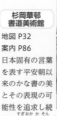

南都七大寺・癌封じ祈願の寺

大安寺《だいあんじ》

案内 86P

交通　JR奈良駅東口❼・西口⓭、近鉄（近鉄奈良駅）❽・⓬・⓮から奈良交通バス19・79・86・135等で大安寺（所要6～10分）下車、徒歩12分。

前身は、聖徳太子《しょうとくたいし》が平群郡《へぐりぐん》に熊凝《くまごり》道場を創建したことに始まるという。飛鳥時代は百済《くだら》大寺《たいじ》、大官大寺《だいかんたいじ》と呼ばれて大いに栄えた。跡は、天香久山《あまのかぐやま》の南700mにあり、水田の中に金堂跡・塔跡の基壇《きだん》が残っている。平城京遷都に伴い、当地に移転したが、奈良時代の**十一面観音像、四天王像、不空羂索観音《ふくうけんじゃくかんのん》像《ぞう》、楊柳観音立像《ようりゅうかんのんりゅうぞう》、聖観音立像《しょうかんのんりゅうぞう》**と木造九体の天平仏が今に伝えられている。本堂の本尊十一面観音はがん封じで知られ、天平時代を代表する仏像で毎年10・11月のみ公開される。**嘶堂《いななきどう》**に安置される忿怒《ふんぬ》の形相で、一面六臂の馬頭観音立像《ばとうかんのんりゅうぞう》は毎年3月のみ公開。宝物殿には、諸仏や出土の古代瓦や創建当時の伽藍《がらん》模型などが展示されている。年中行事の1月23日と6月23日の笹酒まつりは、がん封じ祈祷とあいまって多くの参詣者で賑わい、古都奈良の風物詩だ。

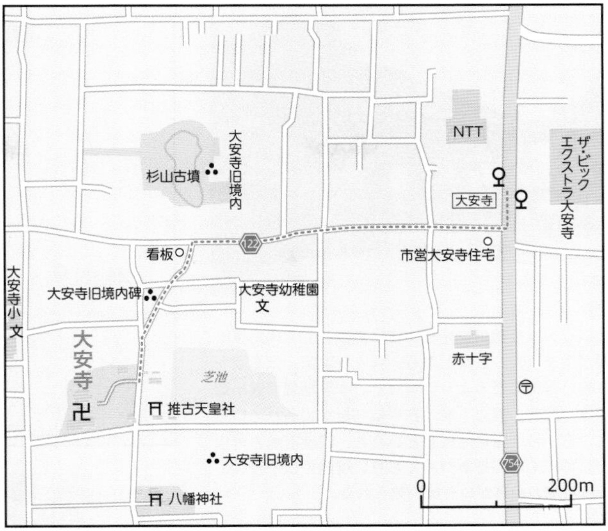

歴史ある安産祈願の寺

帯解寺《おびとけでら》

案内 82P

交通　JR奈良駅からJR帯解駅（所要7分）下車、徒歩5分。近鉄（近鉄奈良駅）❸から奈良交通バス51・92等で下山（所要15～16分）下車、徒歩12分。

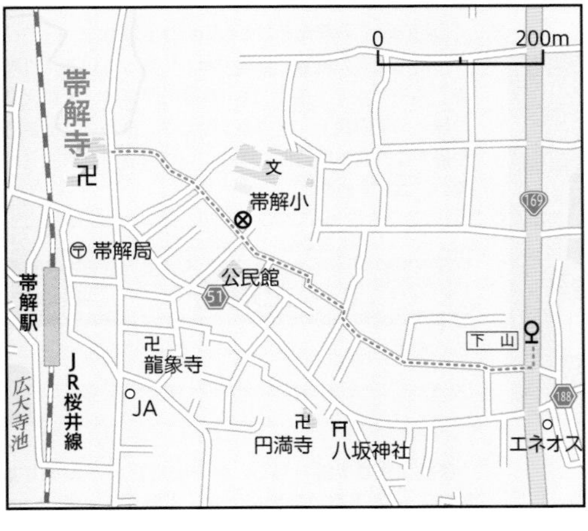

日本最古の安産・求子祈願《ぐしきがん》霊場のお寺として有名。今から約千年前、第55代文徳《もんとく》天皇の皇后染殿《そめどの》皇后（藤原明子）に長い間、子が生まれず、祖神春日明神のお告げによって、霊松山の地蔵菩薩《じぞうぼさつ》に祈願したところ間もなく懐妊、惟仁《これひと》親王（清和天皇）を安産したという。天皇は喜び、無事に腹帯《ふくたい》が解けた寺として、帯解寺と名付けた

という。以後徳川家光もここに祈願して４代将軍家綱が生まれたことなどから、代々将軍家、天皇家から篤い信仰を得るようになった。本尊**地蔵菩薩半跏《じぞうぼさつはんか》像《ぞう》**は、腹前に裳の上端の布や結び紐《ひも》が表されているところから「腹帯地蔵」といわれ、安産祈願の対象として広く信仰をあつめており、境内では子授け、安産祈願の絵馬がいっぱい見られる。

北山の辺の「山村御殿」

円照寺《えんしょうじ》

案内 82P

交通　JR 奈良駅東口❶・近鉄（近鉄奈良駅）❹から奈良交通バス 62 等で圓照寺（所要 26 分・22 分）下車、徒歩 5 分。

参道を東へ進むと、普門山「円照寺」の黒木の門に突き当たる。第 108 代後水尾天皇の第 1 皇女文智女王の創建で、寛永 18 年 （1641）京都の修学院に草庵を建立。悲劇の天皇・後水尾上皇（徳川幕府に逆らい、不本意ながら出家して院政をとった）の修学院離宮造営に際して移転を余儀なくされて、明暦 2 年（1656）添上郡八嶋に移り、八嶋御所と称した。寛文 9 年（1669）再移転して現在地に移り、代々皇室関係の方が門跡になり、別名「山村御殿」になった。

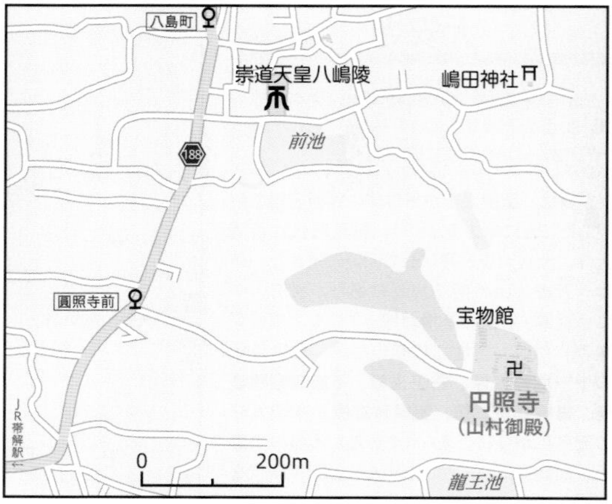

円照寺

拝観は認められていないが、境内には寝殿造りで、唐破風の玄関を持つ書院、萱葺の**本堂**、宸殿、奥御殿、葉帰庵が建ち並んでいて、八嶋御所から移築された本堂（円通殿）に本尊如意輪観音、後水尾天皇の塑像が安置されている。格式の高い美しい尼寺で、斑鳩の中宮寺、佐保路の法華寺と共に大和三門跡の一つ。華道「山村御流」の家元としても知られている。

三島由紀夫の絶筆「豊壌《ほうじょう》の海」に載っている「月修寺」のモデルで、第 10 代山本静山門跡は、昭和天皇の妹・糸子内親王。門内非公開だが、清められた参道や静かな門前の周辺に尼寺らしい落ち着いた雰囲気が漂い、おすすめだ。

正暦寺

紅葉が錦で着飾ったよう

正暦寺《しょうりゃくじ》

案内 85P

交通　JR・近鉄奈良駅からタクシー 20 分。

菩提山龍華寿院と号し、菩提山真言宗の大本山である。一条《いちじょう》天皇の発願により、正暦 3 年（992）に

正暦寺

関白藤原兼家《ふじわらのかねいえ》の子兼俊《けんしゅん》僧正が創建したという。日本で最初に清酒(それまでは濁り酒)を開発し、莫大な経済力を手に入れることになり、かつては伽藍《がらん》も整備され、120もの塔頭寺院が山内に置かれたという大寺だったが、今は本堂、**福寿院《ふくじゅいん》**を残すのみ。福寿院には、狩野永納《かのうえいのう》が描いた富嶽の襖絵《ふすまえ》があり、鎌倉時代の木造孔雀明王坐像《くじゃくみょうおうざぞう》も安置されている。重要文化財の本尊、**薬師如来倚像《やくしにょらいいぞう》**は白鳳期《はくほうき》の作で秘仏（台座に足を開いて腰掛けるユニークな仏像）。本堂石段の下に石仏、石塔群があり、両側には鎌倉時代の十三重塔と宝篋印塔《ほうきょういんとう》がある。菩提山川《ぼだいせんがわ》の渓流に沿う山道には苔むした石垣が続き、かつての豪壮《ごうそう》な寺坊が偲《しの》ばれる。境内に多くあるカエデが色づく晩秋は、山内全体が美しい錦で着飾ったようで、“錦の里”と呼ばれる。特に福寿院からの眺めは圧巻。

高樋の「虚空蔵さん」

弘仁寺《こうにんじ》

案内 84P

交通　JR・近鉄奈良駅からタクシーで15分

海抜182mの虚空蔵《こくうぞう》山の森に、本堂と明星堂《みょうじょうどう》が建ち並んでいる。弘仁5年（814）嵯峨《さが》天皇の勅願《ちょくがん》で弘法大師《こうぼうだいし》（空《くう》海《かい》）が創建したと伝えられる。本尊は空海自刻という木造虚《こ》空蔵菩薩《くうぞうぼさつ》。室町時代に松永久秀《まつながひさひで》の兵火《へいか》により、大部分が焼失し、現在の堂は寛永6年（1629）僧宗全《そうぜん》により再建されたもの。**木造明星菩薩立像**〔重文〕は現在奈良国立博物館に寄託中。13歳になった子供に知恵を授けてもらう十三詣《まいり》で有名。2･4･6月の13日には大法会が営まれ、多くの人々で賑わう。

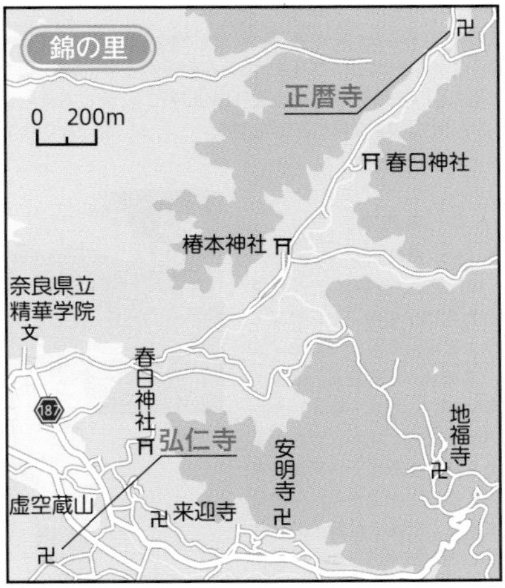

興福院

地図 40P、案内 84P

奈良の美しい尼寺のひとつ。由緒をさぐると、僧院として尼ヶ辻にあった天平時代にさかのぼるというが、この佐保《さほ》山の中腹に移ってきたのは江戸初期、寛文5年（1665）である。

本堂に安置された阿弥陀如来坐像は、木心乾《もくしんかん》漆《しつ》像だが江戸時代に金箔が貼り直されまぶしくなっている。下品中生《げぼんちゅうしょう》の阿弥陀《あみだ》印を結ぶ。木心乾漆像という技術は天平末期になって行われた技法である。脇侍《きょうじ》が半跏像であるのも珍しい。廊下を渡って書院に出ると、庭は小《こ》堀遠州《ぼりえんしゅう》好みで、三笠《みかさ》山、春日《かすが》山、高円《たかまど》山が借景にとり入れられている。4月は椿、5月はサツキの名所として知られる。また、境内には遠州と交わりの深かった茶人・長闇堂《ちょうあんどう》の茶室と墓もある。夏季、冬季は休みのようだが、拝観は午前中のみなので注意すること。

不退寺

地図 40P、案内 89P

平安前期の歌人で、「伊勢物語《いせものがたり》」のモデルとしても有名な在原業平《ありわらのなりひら》が建立したというこのお寺の前身は、業平の祖父平城天皇の別荘であったと伝えられる。いずれにしても、奈良から平安京へ都が遷されて後のことである。本瓦葺《ほんかわらぶき》、寄棟造《よせむねづくり》の優雅な本堂のなかには、業平自ら刻んだといわれる聖《しょう》観音菩薩の立像が安置されている。像高1.9m、すっくと立った姿には端然とした趣きがあり、法華寺《ほっけじ》の十一面観音菩薩を連想させる。木彫一木造で、全身に花文装飾が施されていたが、いまその彩色は落ち、地の胡粉《ごふん》も剥げたところが出ている。業平像のまわりには木造五大明王《ごだいみょうおう》像が5躯ともそろって安置されている。そのほか、業平の父にあたる阿保親王《あぼしんのう》像（木像・鎌倉時代）や、地蔵菩薩立像（木造・平安期）などもある。業平の画像がこの寺に伝えられていて、それは毎年春と秋に特別公開される。
鎌倉中期建築である多宝塔は業平忌が行われる5月28日に開扉される。

法華寺

地図 42P、案内 90P

大和三門跡に数えられる、品格ある尼寺。本堂に本尊十一面観音菩薩立像、乾漆維摩《ゆいま》居士坐像を安置。庭園も、奈良時代の遺構を伝える名園として知られ、春と秋に公開される。

横笛堂

海龍王寺（隅寺）

地図 42P、案内 82P

平城宮の隅にあるので隅寺《すみでら》、海龍王経《かいりゅうおうきょう》に因《ちな》み、隅寺の名が変わったとも。西金堂内にある薬師寺の三重塔とよく似ている「五重小塔」は奈良時代のもので、国宝。特別開扉が春と秋にある。

水上池

地図 42P

平城宮跡《へいじょうきゅうせき》には、冬はオオタカやコミミズクのように草地を好む猛禽《もうきん》類がやってくる。北にある大きな溜池《ためいけ》・水上池《みずがみいけ》では、水面も近く多くのカモやシジュウガラに出会える。

垂仁天皇陵

地図 4P、案内 85P

満々と水をたたえ、濠を巡らした前方後円墳《ぜんぽうこうえんふん》で全長227m。第10代崇神《すじん》天皇の皇子で、第11代垂仁天皇の陵墓とされる。水に浮かぶ陵山は清楚で俗界と別離した空間。車窓からの陵墓も美しい。

がんこ一徹長屋

地図 48P、案内 83P

六つの工房が長屋のように連なった建物が目印。とんぼ玉・ガラス工房はんど、一刀彫・志清、赤膚《あかはだ》焼・大塩恵旦、表具・法斎堂、茶筌・左京工房、うどん・心月亭。館内ではそれぞれの工房を見学できるほか、工芸品を購入することができる。体験などもあり、奈良の伝統工芸に触れることが出来る。8月1日～31日までは夏期休館。

奈良豆比古神社

地図 50P、案内 88P

奈良と京都を結ぶ旧街道に面した処にある「奈良阪の氏神さん」。祭神として光仁《こうにん》天皇の父である施基親王《しきしんのう》などを祀っている。10月8日夜に行われる翁舞《おきなまい》は、国の重要無形民俗文化財（平成12年）に指定されている。

平城宮跡《へいじょうきゅうせき》　地図 P44

　およそ1300年前、奈良時代の遺構である平城京は唐の都長安を模して造営され、南北4.8キロ・東西4.3キロ、更に東西1.6キロ・南北2.4キロの張り出し部（外京）があり、人口は約10万。100万人都市の長安には及ばないが、当時は世界的にも大きな都市のひとつであり、花の都と呼ばれていた。
　現在の平城宮跡は東西約1.3キロ、南北約1キロという敷地に様々な遺跡や復元された施設、展示・学習施設などがある。2010年の平城遷都1300年祭にあわせて新設・整備が行われ、さらに2018年に朱雀門ひろばを中心とした「平城宮跡歴史公園」が開園している。

平城宮いざない館　案内 P86
出土品や資料、復原模型（1/200）や映像などで平城宮の姿を今に伝えるガイダンス施設。奈良時代の役人の仕事だった木簡文書づくりや、瓦葺きなども体験できる。館内には図書コーナーも設けられており、楽しみながら学ぶことができる施設となっている。

平城宮跡大極殿正殿・前庭　地図 P44
平城京の政治・儀式の場となっていた建物。1300年祭にあわせて復元・公開された。建物内部も見学でき、天皇の玉座「高御座」の実物大模型が展示されている。
写真提供　平城歴史館
映像制作　凸版印刷株式会社

朱雀門ひろば　地図 P44　案内 P86
都を東西に分ける朱雀大路の北端には、平城宮の正門である朱雀門があった。周囲は外国施設の送迎や歌垣で賑わっていたであろう。
2018年に観光拠点ゾーンとして平城宮跡のガイダンス施設や、カフェ、レストラン、物販など施設がオープン。注目スポットとなっている。

平城宮跡東院庭園　地図 P44　案内 P90
1967年に平城宮跡の東端に庭園の遺跡が発見、復元され一般公開。汀線をもつ洲浜敷の池とその周辺に建物が配置されたこの庭で、奈良時代の天皇や貴族が儀式や宴会を行った。

平城宮跡遺構展示館　地図 P44　案内 P89
発掘調査で見つかった遺構のうえに建物を立て、遺構をそのまま見えるようにしてある珍しい施設。遺構の構造説明や第一次大極殿や内裏の復元模型も展示している。

平城宮跡資料館　地図 P44　案内 P89
掘り出された土器や瓦、木簡をはじめ、建物模型や航空写真、発掘のジオラマ模型、またビデオなどを通して、710年、藤原京から移されてきた平城宮をわかりやすく展示。

平城京左京三条二坊宮跡庭園
地図 P44　案内 P90
発掘調査に基づき平城京当時の庭園を再現したもので、後の日本庭園の原型ともいえるもの。復元された高床式の殿舎から庭を眺めて往時を偲ぶことができる。

佐保路《さほじ》

バス停名称

佐保小学校 ❼❽　一条高校前 ❿
不退寺口 ❾

東大寺の転害門（佐保路門、景清《かげきよ》門ともいう）から、西に伸び法華寺に至る道約 2.5 ㎞が佐保路で、平城京の南一条大路にあたります。ここからさらに西大寺に伸びるのが佐紀路です。古えの佐保路や万葉集に多く詠まれた佐保川、古い家並みを残す法蓮町などにも足を伸ばせばいっそう趣き深い散策になるでしょう。

コース内の古寺はいずれも「花の寺」で雪柳、椿、山吹、かきつばた、コスモスなどが咲き競います。また、佐保路は貴族・官吏たちが豪邸を連ねた天平《てんぴょう》の高級住宅街です。女性の哀感を歌にした、家持の叔母・坂上郎女《さかのうえのいらつめ》、華やかな恋愛を重ね、万葉集に多くの歌を載せた大伴家持《おおとものやかもち》（旅人《たびと》の長男）、家持への一途な恋に生きた笠郎《かさのいらつ》女《め》、坂上郎女などに女心をくすぐる歌を詠んだ藤原麻呂（不比等《ふひと》の四男）など、万葉集に鮮やかな感性を記した歌人たちも行き来した道でもあります。

またこのコースにゆかりの人はいずれもユニークなエピソードに彩られています。

狭岡神社

不退寺

主な物件　興福院　狭岡神社　不退寺

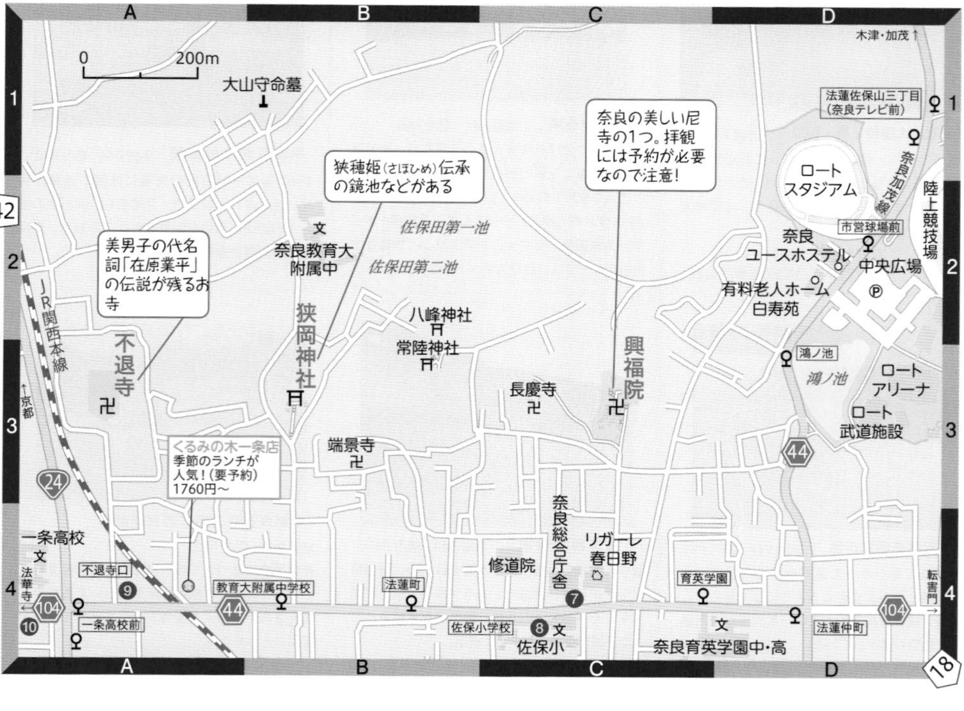

なごよみ 花暦　**桜**　興福院　4月上旬　参道は桜並木が100 mあまり続き山門までの佇まいも実に趣がある。5～6月のさつきもよい。

不退寺を創建した在原業平《ありわらのなりひら》（阿保《あぼ》親王の第五子）は、奔放な行状の美丈夫で知られ、『伊勢物語』の主人公あるいは作者といわれる人です。業平の祖父、平城《へいぜい》天皇（桓武《かんむ》天皇の第一皇子）は妻の母（藤原薬子《くすこ》）、つまり姑に激しい恋をしたといい、磐之媛命《いわのひめのみこと》（仁徳天皇の皇后）は嫉妬深さを正史にまで書かれた、苦しみながら天皇を愛した女性と言われています。

興福院

地域	目的地	参照ページ	のりば	アクセス（🚶‥🚶は乗換）	おりば	所要分	運賃（円）	乗換回数
			のりもの案内　(JR)JR線　(近)近鉄電車　(奈)奈良交通バス					
奈良公園界隈	近鉄奈良駅	18	❼・❾	(奈)12・13・14等	近鉄奈良駅	5・8	250	0
	JR奈良駅	22	❼・❾	(奈)12・13・14	JR奈良駅	11・14	250	0
	興福寺 奈良国立博物館	18 28		上記(近)近鉄奈良駅🚶‥🚶(奈)または徒歩（P19参照）				
	東大寺 春日大社	28		上記(近)近鉄奈良駅🚶‥🚶(奈)（P19参照）				
	志賀直哉旧居 奈良市写真美術館 新薬師寺	28・30		上記(近)近鉄奈良駅🚶‥🚶(奈)（P19参照）				
佐紀路	法華寺 海龍王寺	42	❽・❿	(奈)12・13・14等	法華寺、徒歩3分・法華寺北町すぐ（海龍王寺）	3～5	250	0
	平城宮跡東院庭園	44			法華寺、西へ徒歩10分	2～4	250	0
平城宮跡	ウワナベ古墳 コナベ古墳	42	❽・❿	(奈)13・14等	航空自衛隊、徒歩1分	5～8	250	0
	平城宮跡遺構展示館	42・44		(奈)12・14	平城宮跡・遺構展示館、すぐ	5～10	290	0
	平城宮跡資料館	44	❽・❿	(奈)12・14	二条町、すぐ	7～13	330・260	0
西大寺	西大寺	51	❽・❿	(奈)12・14	大和西大寺駅、徒歩3分	11～18	400・290	0
	秋篠寺	50		上記(奈)大和西大寺駅🚶‥🚶(奈)72	秋篠寺、すぐ	11～18+5	400+220	1
	垂仁天皇陵	4		上記(奈)大和西大寺駅下車、(近)大和西大寺駅🚶‥🚶(近)橿原線	(近)尼ヶ辻駅、徒歩5分	11～18+2	400+180	1
西ノ京	唐招提寺 薬師寺	48		上記(奈)大和西大寺駅下車、(近)大和西大寺駅🚶‥🚶(近)橿原線	(近)西ノ京駅（唐招提寺へは徒歩10分）	11～18+4	400+180	1
	がんこ一徹長屋	48		上記(奈)大和西大寺駅下車、(近)大和西大寺駅🚶‥🚶(近)橿原線	(近)西ノ京駅、徒歩5分	11～18+4	400+180	1
	喜光寺	51		上記(奈)大和西大寺駅下車、(近)大和西大寺駅🚶‥🚶(近)橿原線	(近)尼ヶ辻駅、北西へ徒歩10分	11～18+2	400+180	1
	菅原天満宮	51	❽・❿	(奈)12・14	大和西大寺駅、南へ徒歩13分	11～18	400・290	0
学園前	大和文華館 中野美術館	54		上記(奈)大和西大寺駅下車、(近)大和西大寺駅🚶‥🚶(近)奈良線	(近)学園前駅（徒歩8分大和文華館・10分中野美術館）	11～18+4	400+240	1
	松伯美術館	54		上記(近)学園前駅🚶‥🚶学園前北口より(奈)110・126～130・138等	大渕橋、徒歩3分	11～18+4+5	400+240+260	2
赤膚山	赤膚山	4		上記(近)学園前駅🚶‥🚶学園前南口より(奈)23	赤膚山	11～18+4+12	400+240+270	2
	霊山寺	54		上記(奈)西大寺駅下車、(近)大和西大寺駅🚶‥🚶(近)奈良線で富雄駅🚶‥🚶(奈)50	霊山寺、すぐ	11～18+6+7	400+240+260	2
	郡山城跡	4		上記(近)大和西大寺駅🚶‥🚶(近)橿原線急行	(近)近鉄郡山駅、徒歩7分	11～18+8	400+240	1
法隆寺	法隆寺	58		上記(近)大和西大寺駅🚶‥🚶(近)橿原線で筒井駅🚶‥🚶(奈)63・92	法隆寺前、徒歩7分	11～18+11+12	400+300+360	2
	今井町	78		上記(近)大和西大寺駅🚶‥🚶(近)橿原線急行	(近)八木西口駅、徒歩5分	11～18+24	400+490	1
橿原	橿原考古学研究所附属博物館	70・72		上記(近)大和西大寺駅🚶‥🚶(近)橿原線急行	(近)畝傍御陵前駅、徒歩5分	11～18+26	400+530	1
	橿原神宮 久米寺	70・72		上記(近)大和西大寺駅🚶‥🚶(近)橿原線急行	(近)橿原神宮前駅（いずれも徒歩5分）	11～18+29	400+530	1
	飛鳥	72・77		上記(近)橿原神宮前駅🚶‥🚶(奈)（P71参照）				
	高松塚壁画館	74・76		上記(近)大和西大寺駅🚶‥🚶(近)橿原線急行で橿原神宮前駅🚶‥🚶(近)吉野線急行	(近)飛鳥駅、徒歩15分	11～18+28+4	400+550	2

業平忌　不退寺　5月28日　業平画像を掛け、法要が行われる。多宝塔が特別開扉、本堂内では伊勢物語写本等の寺宝が公開。　行事

佐紀路《さきじ》

バス停名称

- 法華寺 ❶❷
- 航空自衛隊 ❸
- 平城宮跡・遺構展示館 ❹❺

平城宮跡の北方に分布する古墳群を佐紀楯列《さきたてなみ》古墳群といいます。奈良盆地の北に長々と横たわる平《な》城山《らやま》（東は佐保山、西を佐紀山という）には、大小あわせて約 50 基もの古墳が集中しており、大型古墳が多いのが特徴で、大和にある全長 200m を超す前方後円墳 19 基のうち 7 基までがこの地に築かれています。東方のウワナベ古墳（全長 254 m）、磐之媛陵（全長 219 m）など、古代のワニ氏の墓域ともいわれています。地図外西方は神功《じんぐう》皇后陵（全長 275 m）、成務《せいむ》天皇陵（全長 219 m）など、4 世紀の巨大な前方後円墳などが。また西に向かった日葉酢姫《ひばすひめ》陵（垂仁《すいにん》天皇の皇后）と成務天皇陵に挟まれた道は松並木が美しいところです。(P6 参照)

右／ウワナベ古墳
左／磐之媛陵

主な物件　磐之媛命陵（ヒシャゲ古墳）　海龍王寺　小奈辺陵墓参考地（コナベ古墳）　不退寺　平城宮遺跡構展示館　平城宮跡　法華寺

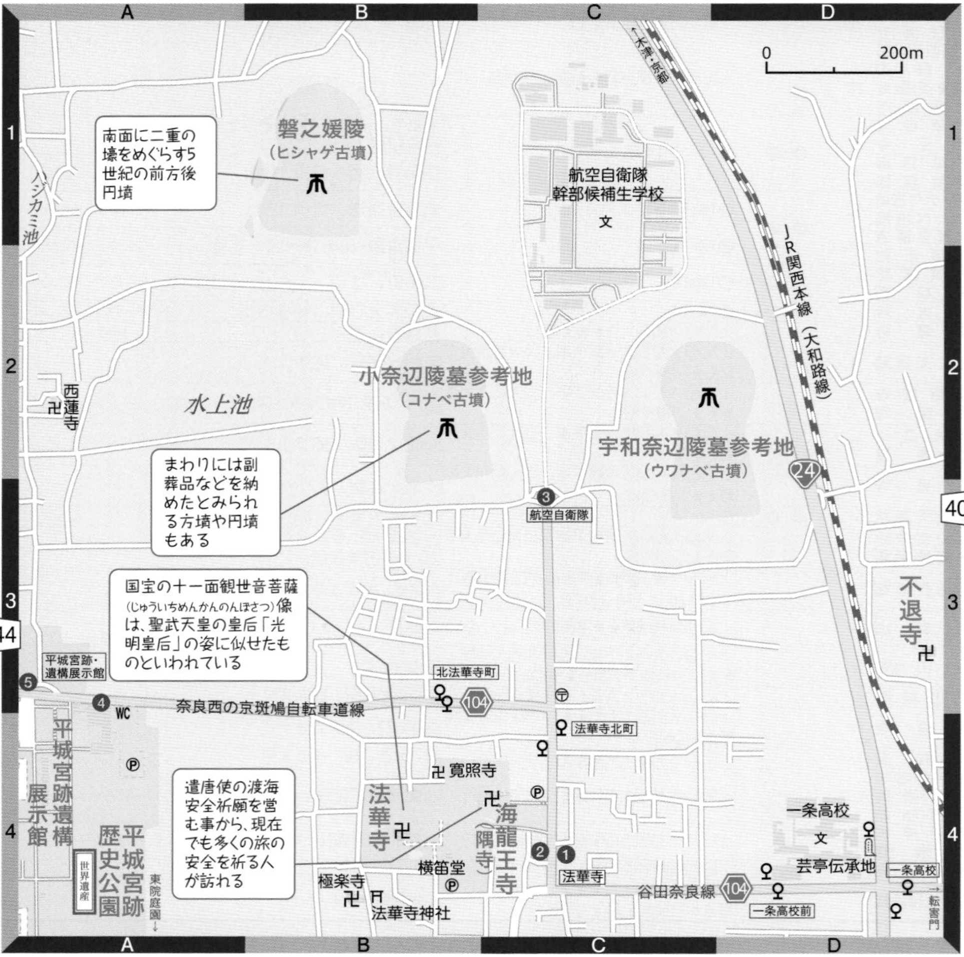

なごよみ 花暦 **杜若** 磐之媛命陵 5月 濃い紫の花が嫉妬の炎に見えるのは、一人きり他界した仁徳天皇皇后が眠るせい。

難読バス停・駅名

赤膚山（奈良交通バス）（あかはだやま）
斑鳩町役場前（奈良交通バス）（いかるがちょう）
石見駅（近鉄）（いわみ）
畝傍御陵前駅（近鉄）（うねびごりょうまえ）
大宇陀高校前（奈良交通バス）（おおうだ）
大渕橋（奈良交通バス）（おおぶちばし）
帯解駅（JR）（おびとけ）
小房（奈良交通バス）（おぶさ）
香芝駅（JR）（かしば）
橿原神宮前駅（近鉄）（かしはら）
上大北（奈良交通バス）（かみおぎた）
上長岡（奈良交通バス）（かみなんか）
北京終町（奈良交通バス）（きたきょうばてちょう）
州見台５丁目（奈良交通バス）（くにみだい）
御所駅（近鉄）（ごせ）
狛田駅（近鉄）（こまだ）
信貴大橋（奈良交通バス）（しぎおおはし）
下狛駅（JR）（しもこま）
新祝園駅（近鉄）（しんほうその）
大安寺（奈良交通バス）（だいあんじ）
当麻寺駅（近鉄）（たいまでら）
談山神社（コミバス）（たんざん）
多武峯（奈良交通バス）（とうのみね）
平城山駅（JR）（ならやま）
忍辱山（奈良交通バス）（にんにくせん）
東安堵（奈良交通バス）（ひがしあんど）
白毫寺（奈良交通バス）（びゃくごうじ）
平城駅（近鉄）（へいじょう）
法起寺前（奈良交通バス）（ほうきじまえ）
祝園駅（JR）（ほうその）
耳成駅（近鉄）（みみなし）
室生口大野駅（近鉄）（むろうぐちおおの）
霊山寺（奈良交通バス）（りょうせんじ）
破石町（奈良交通バス）（わりいしちょう）

のりもの案内 JR JR線　近 近鉄電車　奈 奈良交通バス

地域	目的地	参照ページ	のりば	アクセス（🚶🚶は乗換）	おりば	所要分	運賃（円）	乗換回数
奈良公園界隈	近鉄奈良駅 JR奈良駅	18 22	❶	奈12～14等	近鉄奈良駅・JR奈良駅	10・16	250	0
			❸	奈13・14等		12・18	250	0
			❺	奈12・14		15・21	290	0
	興福寺 奈良国立博物館	18 28	❶・❸・❺	上記近近鉄奈良駅🚶🚶奈または徒歩（P19参照）				
	東大寺 春日大社	28	❶・❸・❺	上記近近鉄奈良駅🚶🚶奈（P19参照）				
	志賀直哉旧居 奈良市写真美術館 新薬師寺	28・30 30 30	❶・❸・❺	上記近近鉄奈良駅🚶🚶奈（P19参照）				
佐保	不退寺 興福院	40・42	❶	奈12～14等	不退寺口・佐保小学校	2・5	250	0
			❸	奈13・14等		4・7	250	0
			❺	奈12・14		7・10	260・290	0
佐紀	平城宮跡東院庭園	44		法華寺前（地図中）、西南へ徒歩10分（P44参照）				
西大寺	西大寺	50	❷・❹	奈12・14	大和西大寺駅、徒歩3分	14・8	290・250	0
	秋篠寺	50		上記奈大和西大寺駅🚶🚶奈72	秋篠寺、すぐ	6～14+4	290+220	1
	垂仁天皇陵	4		上記奈大和西大寺駅下車、近大和西大寺駅🚶🚶近橿原線	近尼ヶ辻駅、徒歩5分	6～14+2	290+180	1
西ノ京	唐招提寺・薬師寺	48			近西ノ京駅（唐招提寺へは徒歩10分）	6～14+4	290+180	1
	がんこ一徹長屋	48			近西ノ京駅、徒歩5分	6～14+4	290+180	1
	喜光寺	51			近尼ヶ辻駅、北へ徒歩12分	6～14+2	290+180	1
	菅原天満宮	51	❷・❹	奈12・14	大和西大寺駅、南へ徒歩16分	6～14	290・250	0
学園前	大和文華館 中野美術館	54		上記奈大和西大寺駅下車、近大和西大寺駅🚶🚶近奈良線	近学園前駅（徒歩7分大和文華館・8分中野美術館）	6～14+4	290+240	1
	松伯美術館	54		上記近学園前駅🚶🚶学園前北口より奈110・126～130・138等	大渕橋、徒歩3分	6～14+4+5	290+240 +260	2
赤膚山	赤膚山	4		上記近学園前駅🚶🚶学園前南口より奈23	赤膚山	6～14+4+12	290+240+270	2
	霊山寺	54		上記奈大和西大寺駅下車、近大和西大寺駅🚶🚶近奈良線で富雄駅🚶🚶奈50	霊山寺、すぐ	6～14+6+7	290+240 +260	2
	宝山寺	55		上記奈大和西大寺下車、近大和西大寺駅🚶🚶近奈良線で生駒駅🚶🚶近鳥居前駅から近生駒ケーブル	ケーブル宝山寺駅、南西へ徒歩3分	6～14+17	290+590	3
	朝護孫子寺	55		上記奈大和西大寺下車、近大和西大寺駅🚶🚶近奈良線で生駒駅🚶🚶近生駒線で信貴山下駅🚶🚶奈32・42・43（便少）	信貴大橋、徒歩5分	6～14+ 30+10～12	290+490 +310	3
	郡山城跡	4		上記近大和西大寺駅🚶🚶近橿原線急行	近近鉄郡山駅、徒歩7分	6～14+8	290+240	1
	法隆寺	58		上記近大和西大寺駅🚶🚶近橿原線で筒井駅🚶🚶奈63・92（便少）	法隆寺前、徒歩7分	6～ 14+11+12	290+300 +360	2
橿原	今井町	78		上記近大和西大寺駅🚶🚶近橿原線急行	近八木西口駅、徒歩5分	6～14+24	290+490	1
	橿原考古学研究所附属博物館	70・72			近畝傍御陵前駅、徒歩5分	6～14+26	290+530	1
	橿原神宮・久米寺	70・72			近橿原神宮前駅（いずれも徒歩5分）	6～14+29	290+530	1
	飛鳥	72		上記近橿原神宮前駅🚶🚶奈（P71参照）				
	高松塚壁画館	74・76		上記近橿原神宮前駅🚶🚶近吉野線急行	近飛鳥駅、徒歩15分	6～ 14+28+4	290+550	2

雛会（ひなえ）式 法華寺 4月1日～7日 並ぶ50数体の善財童子像。本尊には花を供える。奈良時代から続く。 行事

平城宮跡《へいじょうきゅうせき》歴史公園

バス停名称

- 宮跡庭園・ミ・ナーラ前 ❶❷
- 二条大路南一丁目 ❸❹
- 朱雀門ひろば前 ❺❻
- 二条町 ❼
- 朱雀門ひろば ❽ (ぐるっとバス)
- 朱雀門ひろば前 (ぐるっとバス) ❾

大極殿

東院庭園

主な物件　宇奈多理坐高御魂神社　平城宮跡歴史公園（朱雀門　大極殿　東院庭園　平城宮跡遺構展示館　平城宮跡資料館）　平城京左京三条二坊宮跡庭園

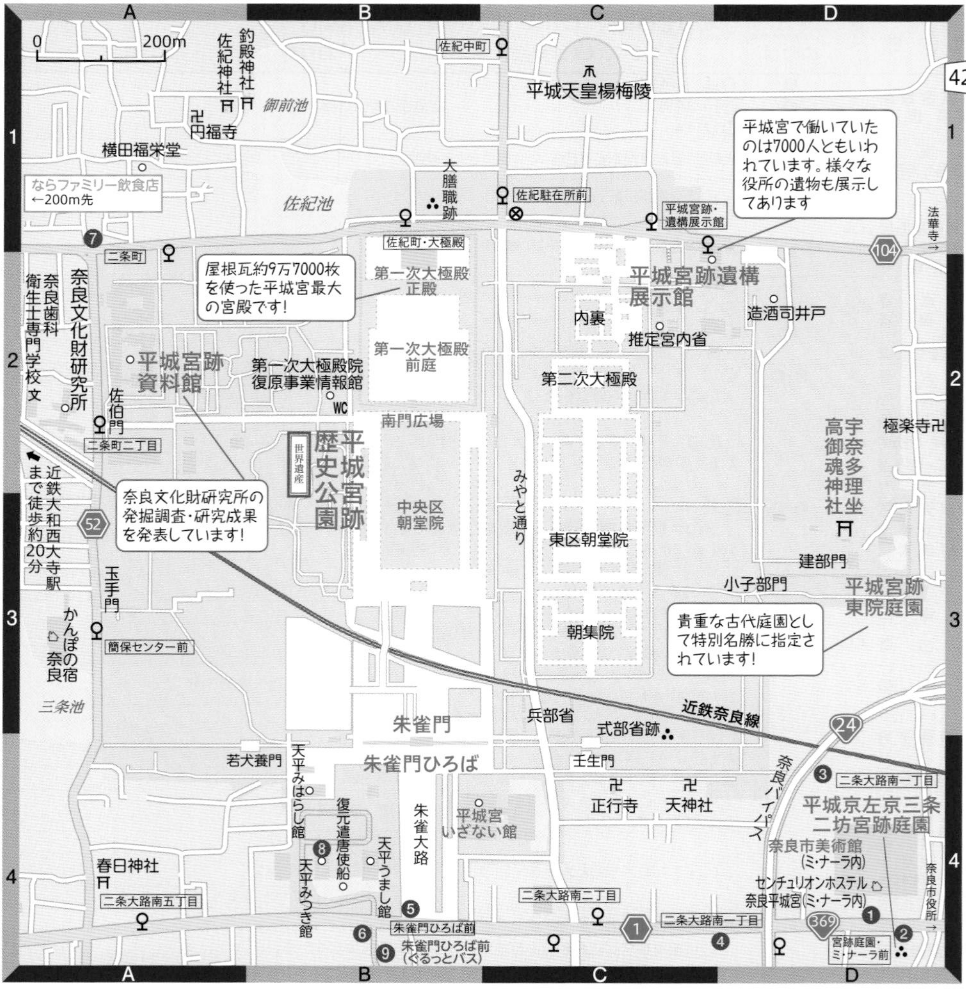

朱雀門ライトアップ 1月～6月、9月～12月は、毎日18時～22時、7月～8月は、毎日19時～22時。

わが国で初めて遺跡の分野で世界遺産に登録された平城宮跡。710年に遷都した奈良の都である平城京の遺跡であり、遺跡の分野ではわが国初の世界遺産に登録されました。

往時には周囲にめぐらされた大垣《おおがき》と朱雀門《すざくもん》をはじめとする12の門があり、内部には政治・儀式の場である大極殿《だいごくでん》・朝堂院《ちょうどういん》、天皇の住まい内裏《だいり》、役所の曹司《そうし》、宴会を行う庭園などがあったとされます。大極殿は、朱雀門の真北にあった第一次大極殿（奈良時代前半）と、東側の区画に建てなおされた第二次大極殿（奈良時代後半）があったとされています。

現在では、発掘され公開されている遺構や、復元された朱雀門などを見学することができます。約120ヘクタールという広い空間内は秋には萩が、春には第二次大極殿を囲うように約1000本の桜が咲き誇り、ゆったりとした散策が楽しめます。

2018年3月24日に平城宮での人々の営みを再現した映像プログラムや平城京の模型を展示する平城宮跡展示館「平城宮いざない館」のほか、お土産屋、食事、ガイダンス施設などが揃った「朱雀門ひろば」がオープン。奈良時代を今に感じる平城宮跡歴史公園として中央区朝堂院などのエリアも新たに開放されている。

平城天皇楊梅陵

水上池

※ぐるっとバスは、P12参照。春秋の一部シーズンの土日祝は、バス停大仏殿前駐車場折返しとなるので注意。

地域	目的地	参照ページ	のりもの案内 JR JR線 (近) 近鉄電車 (奈) 奈良交通バス			所要分	運賃(円)	乗換回数
			のりば	アクセス(🚶‥🚶は乗換)	おりば			
奈良公園界隈	近鉄奈良駅 JR奈良駅	18 22	❶	(奈)28・161等	JR奈良駅・近鉄奈良駅	7・16	250	0
			❽	ぐるっとバス(大宮通りルート)東行	近鉄奈良駅	16	100	0
			❺	(奈)161（1時間1便）		22	250	0
			❼	(奈)12・14	近鉄奈良駅・JR奈良駅	18・24	330	0
	興福寺	18	❶	(奈)27・160（便極少）	県庁前	19・18	250	0
			❽	ぐるっとバス(大宮通りルート)東行	県庁前・奈良公園バスターミナル	17	100	0
	吉城園 奈良国立博物館	28	❽	ぐるっとバス(大宮通りルート)東行	大仏殿前駐車場	20	100	0
	東大寺 春日大社	28	❽	ぐるっとバス(大宮通りルート)東行	大仏殿前駐車場、春日大社本殿	23、33	100	0
	志賀直哉旧居 奈良市写真美術館 新薬師寺	28・30	❽	ぐるっとバス(大宮通りルート)東行で大仏殿前駐車場🚶‥🚶ぐるっとバス(奈良公園ルート)※土日祝のみ運行	高畑駐車場・浮見堂、徒歩7分　奈良市写真美術館・新薬師寺までは徒歩12分	23+5	100+100	1
奈良坂	般若寺	50		上記近鉄奈良駅🚶‥🚶(P19参照)				
	奈良豆比古神社	50		上記近鉄奈良駅🚶‥🚶(P19参照)				
	佐保路・佐紀路			平城宮跡北側のバス停利用(P43参照)				
西ノ京	西大寺	50	❾	ぐるっとバス(大宮通りルート)西行	大和西大寺駅南口	10	100	0
	唐招提寺・薬師寺	48	❾	ぐるっとバス(大宮通りルート)西行で大和西大寺駅下車、(近)大和西大寺駅🚶‥🚶橿原線	(近)西ノ京駅	10+3	100+180	1
	菅原はにわ窯公園 菅原神社 喜光寺	51	❷・❻	(奈)160・161（1時間1便）	阪奈菅原	18・16	320・260	0
学園前	大和文華館 中野美術館	54	❷・❻	(奈)160・161（1時間1便）	学園前駅(徒歩7分大和文華館・徒歩8分中野美術館)	31・29	550・420	0
	生駒・信貴	55	❾	上記(近)大和西大寺駅🚶‥🚶奈良線(P20参照)				
	郡山城跡	4	❾	上記(近)大和西大寺駅🚶‥🚶(近)橿原線急行(P20参照)				
	法隆寺	58	❾	上記JR奈良駅🚶‥🚶(近)関西本線(P24参照)				
	今井町	78	❾	上記(近)大和西大寺駅🚶‥🚶(近)橿原線急行(P20参照)				
	橿原・飛鳥	72	❾	上記(近)大和西大寺駅🚶‥🚶(近)橿原線急行(P20参照)				
	高松塚壁画館	74・76	❾	上記(近)大和西大寺駅🚶‥🚶(近)橿原線急行で橿原神宮前駅🚶‥🚶(近)吉野線急行(P20参照)				

平城遷都祭 平城宮跡(朱雀大路を中心とした宮跡一帯)　4月後半　こども天平行列やコンサート、フリーマーケットなど。

唐招提寺《とうしょうだいじ》

地図 P48、案内 P87

講堂

日本に仏教が伝わってからおよそ 200 年、聖《しょう》武《む》天皇の時代である。都も飛鳥《あすか》から平城京《へいじょうきょう》へ遷《うつ》り、仏教は国づくりの中心的な教えとなっていた。しかし、正式な僧侶となるためには様々な戒律《かいりつ》を授けられねばならないのだが、当時の日本には戒を授けることができる僧侶（戒師《かいし》）がいなかった。

このため、聖武天皇は栄叡《ようえい》・普照《ふしょう》という二人の僧侶を天平《てんぴょう》 5 年（733）に遣唐使《けんとうし》として唐へ送り、優れた戒師を求めたのである。二人は無事唐にわたり苦労の末、**鑑真《がんじん》**という高名な僧と出会い、日本へ招くことに成功した。しかし鑑真ほどの名僧を異国に手放すとなると、妨害する者もでる。虚偽の密告・天候不備、さらには漂流などによって結局、第 1 回目の渡航失敗から 5 回目の渡航、12 年後の天平勝宝《てんぴょうしょうほう》6 年（754）、やっとの思いで日本にたどり着いた。その苦難の間に栄叡は亡くなり、鑑真は失明している。

鑑真一行は大歓迎を受け、東大寺《とうだいじ》には戒壇院《かいだんいん》が建てられ、聖武天皇以下 400 余人が受戒《じゅかい》している。

5 年後の天平宝字《てんぴょうほうじ》 3 年（759）、戒師としての鑑真の役目は一応終了し、故新田部親王《にたべしんのう》（天武《てんむ》天皇の第七皇子）の旧宅で僧尼の教育に余生をささげた。ここは「唐律招提《とうりつしょうだい》」と呼ばれ、支持者により居室や宿舎、倉庫、食堂、講堂、金堂、東塔、五重塔が建立されていき、平安時代初期には伽藍が完成され、改めて「唐招提寺」と呼ばれだした。

以降、盛衰はあったが、兵火に晒《さら》されることもなく静かに現在に至っている。残念ながら、五重塔は雷に焼かれて現存していないが、創建当初の遺構として、国宝の**金堂《こんどう》**、**講堂《こうどう》**、**宝蔵《ほうぞう》**、**経蔵《きょうぞう》**が残っている。

特に**金堂**は、奈良時代に建てられた金堂では唯一現存する建物だ。吹きはなしの正面には列柱が並ぶ。ギリシアの神殿のような姿は当時の国際性を思わせる。堂内には、本尊**盧舎那《るしゃな》仏**を中心に天平仏が 9 体並ぶ（いずれも国宝）。なお、本尊向かって左に並ぶ**千手観音菩薩《せんじゅかんのんぼさつ》像**は必見。普通の千手観音は 42 本の腕を持つが、ここは実際に千本を持つ数少ないの像である。（正確には大きな手が 42、小さい手は 911 本）。

講堂《こうどう》は平城宮《へいじょうきゅう》の東朝集殿《ひがしちょうしゅうでん》を移築・改造したもの。平城宮跡には遺跡や現代の復元しかなく、天平宮殿建築の唯一の遺構である。

他にも、鑑真請来の仏舎利《ぶっしゃり》がある**舎利殿《しゃりでん》**、隣の**礼堂《らいどう》**・**東室《ひがしむろ》**は鎌倉建築。東の**宝蔵《ほうぞう》**・**経蔵《きょうどう》**は天平。特に経蔵は唐招提寺創設以前からあったとも言われる。

境内北側には**御影堂《みえどう》**があり、**鑑真和上《わじょう》坐像**（国宝）が安置されている。鑑真が 76 歳で亡くなる直前に作られた等身大の坐像で、日本の肖像彫刻の最古作。鑑真和上の風雪を耐えて志しを貫いた強い意思と精神性がみなぎる有数の彫像である。年に 3 日間しか公開されないが、波濤《はとう》を描いた東山魁夷《ひがしやまかいい》の襖絵とともに必見である。

舎利殿

金堂

薬師寺《やくしじ》

地図 P48、案内 P91

金堂

「あおによし」とは、奈良にかかる枕詞《まくらことば》だ。青色の丹《に》（土・顔料）、または青色と丹（朱色）など意味は諸説あるが、平城京の色鮮やかな姿を髣《ほう》髴《ふつ》とさせる言葉である。

近年、**薬師寺**では堂宇《どうう》の復元工事が活発で、色鮮やかな青丹《あおに》に彩られた**金堂《こんどう》・西塔《さいとう》・中門《ちゅうもん》・回廊《かいろう》**を見ることができる。時代を経た寺院の美しさは言うまでもないが、色鮮やかな往古《おうこ》の復元も素晴らしいものである。

全国各地にある「薬師寺」とは本来病気平癒を願って建てられたお寺であり、本尊に薬師如来《やくしにょらい》を祀《まつ》る。日本最初の「薬師寺」が建てられたのは、天武《てんむ》天皇 9 年（680）。天武天皇が皇后（後の持《じ》統《とう》天皇）の病気平癒を祈願したもので、飛鳥《あすか》にあった。これが平城遷都（710）とともに養老《ようろう》2 年（718）、平城京の右京六条二坊《うきょうろくじょうにぼう》（現在の西ノ京）に移っている。これがここ薬師寺の始まりであり、造営は天平《てんぴょう》2 年（730）まで続いた。

移転当初は、金堂、東塔、西塔、講堂が立ち並び、中門と講堂つなぐ回廊も美しく、「竜宮造《りゅうぐうづく》り」と呼ばれるほどだったというが、残念ながら長い歴史の中、兵火に焼かれ、**東塔《とうとう》**（国宝）のみが創建当時の唯一の遺構である。高さ 33.6 mの三重塔だが、各層に裳階《もこし》がついているため六重塔に見える。上に行くほど小さくなる屋根のあいだで、裳階も形を変えつつ組まれていく様は、「凍《こお》れる音楽」（フェノロサ）とうたわれる格調だ。1200 年以上を耐え抜いたまさに古色蒼然《こしょくそうぜん》たる建物で、再建・復元された**西塔《さいとう》**などとの共存は素晴らしい景観を楽しませてくれる。東塔は初の全面解体修理を終え、令和 3 年（2021）に竣工した。

金堂《こんどう》に安置されるのが、**本尊金銅薬師三尊《こんどうやくしさんぞん》**（国宝）である。かつてはキラキラまばゆかったであろう金銅の肌も黒々と落ち着き、威厳そして静けさをもって鎮座する。全体的なプロポーションや脇侍《わきじ》とのつりあいも申し分なく、完成された美しさといえる。本尊の台座などには、ギリシャの葡萄唐草《ぶどうからくさ》やインドの小神像、中国の四方神《しほうしん》がレリーフされて、シルクロードによる交流が伺《うかが》える。この本尊の美しさ、脇侍の**日光《にっこう》・月光菩薩《がっこうぼさつ》**のやや動きを感じさせる優雅さ、**東院堂《とういんどう》**（国宝）に安置される**聖観音《しょうかんのん》立像**（国宝）の均整のとれた姿は、天平《てんぴょう》（または白鳳《はくほう》）の時代を嗅ぎ取れる貴重な資料といえるだろう。

西塔

大講堂

唐招提寺《とうしょうだいじ》・薬師寺《やくしじ》

バス停名称
唐招提寺 ❶
唐招提寺東口 ❷❸
薬師寺 ❹
薬師寺東口 ❺❻
西ノ京駅 ❼❽

唐招提寺の萩は、天平の伽藍を彩り、本坊前庭鉢植の蓮（約60種類）は、6月下旬〜7月。特に珍しい花として「けい花」は、毎年4月の終わりから5月のはじめにかけて咲きます。薬師寺は、玄奘三蔵院の萩のほか、白鳳伽藍北受付から続く参道の「梅」もおすすめです。

主な物件　がんこ一徹長屋　墨の資料館　唐招提寺　薬師寺

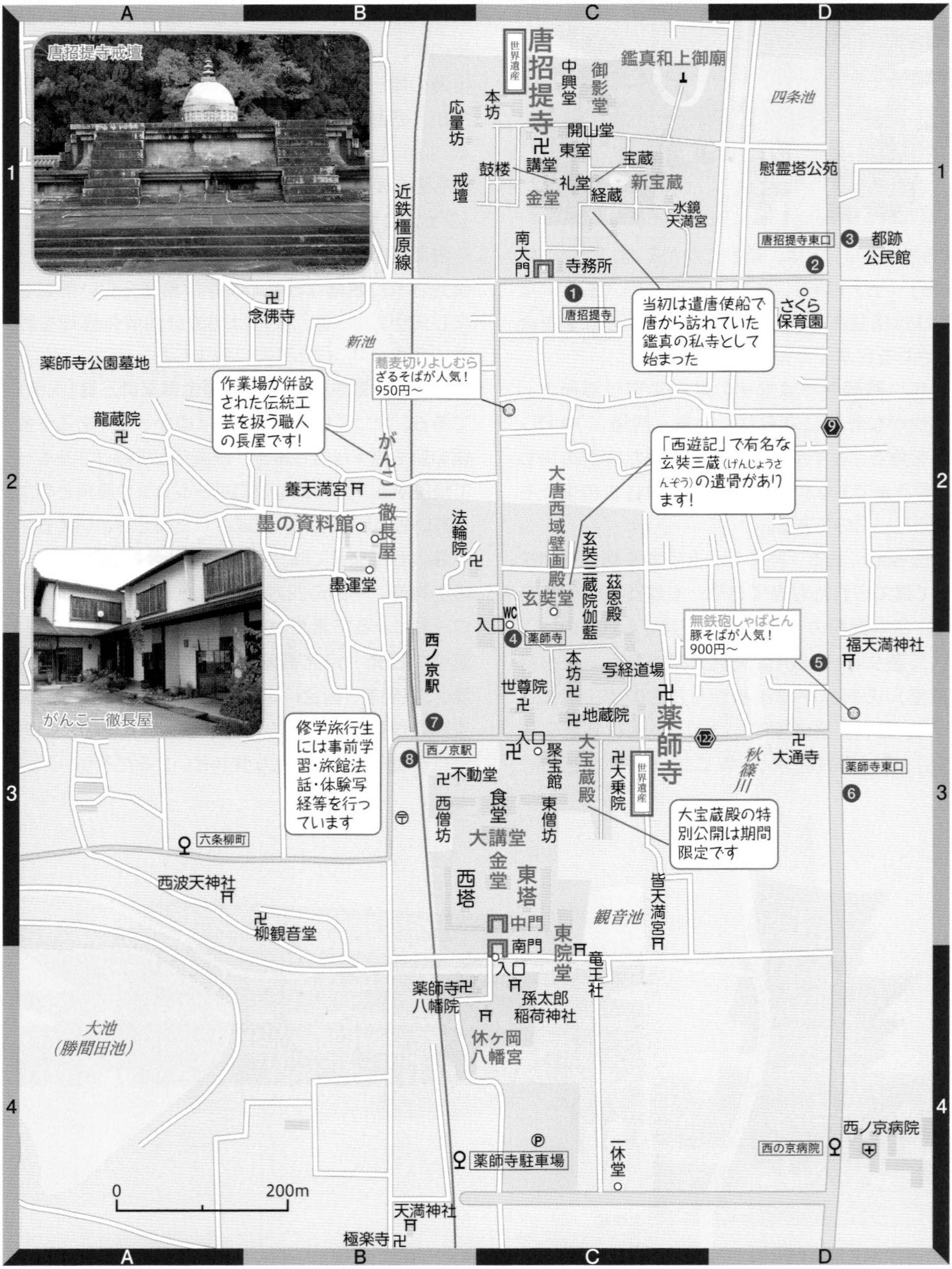

花暦 **野いばら** 西ノ京 6月下旬 ありふれた野生の薔薇だけれど、路傍や野原で芳香

目的地	参照ページ	のりもの案内 [JR]JR線 [近]近鉄電車 [奈]奈良交通バス のりば	アクセス(🚶🚶は乗換)	おりば	所要分	運賃(円)	乗換回数
近鉄奈良駅 JR奈良駅	18 22	❷·❺	[奈]72·77·97等	JR奈良駅·近鉄奈良駅	15〜·18〜	310	0
		❼	[奈]72·77等		20·25	310	0
		[近]西ノ京駅	[近]橿原線で大和西大寺駅🚶🚶[近]奈良線急行	[近]近鉄奈良駅	10	300	1
興福寺	18	❷·❺	[奈]72·77·97	県庁前	20〜·22〜	310	0
吉城園	28	❷·❺	[奈]72·77·97	県庁東、徒歩3分	21〜·23〜	310	0
依水園・寧楽美術館 奈良国立博物館	28	❷·❺	[奈]77·97	氷室神社·国立博物館	22〜·24〜	310	0
東大寺	28	❷·❺	[奈]72·77·97	東大寺大仏殿·春日大社前、徒歩5分	23〜·25〜	310	0
		❷·❺	[奈]77·97	東大寺大仏殿	23〜·25〜	310	0
春日大社	28	❷·❺	[奈]77·97	春日大社本殿	27〜·29〜	310	0
志賀直哉旧居・奈良市写真美術館・新薬師寺	28·30		上記[JR]奈良駅·[近]近鉄奈良駅🚶🚶[奈](P19·23参照)				
白毫寺	30		上記[JR]奈良駅·[近]近鉄奈良駅🚶🚶[奈](P19·23参照)				
帯解寺	35		上記[JR]奈良駅🚶🚶[JR]桜井線(P19·23参照)				
般若寺・奈良豆比古神社	50		上記[JR]奈良駅·[近]近鉄奈良駅🚶🚶[奈](P19·23参照)				
興福院	40	[近]西ノ京駅	近鉄橿原線で[近]大和西大寺駅🚶🚶[奈]12·14	佐保小学校、徒歩3分	4+12〜14	180+400	1
不退寺	40·42	[近]西ノ京駅	上記[近]大和西大寺駅🚶🚶[近]奈良線	[近]新大宮駅、北へ徒歩15分	4+3	240	1
		[近]西ノ京駅	上記[近]大和西大寺駅🚶🚶[奈]12·14	不退寺口	4+9〜11	180+290	1
海龍王寺・法華寺	42	[近]西ノ京駅	上記[近]大和西大寺駅🚶🚶[奈]12·14等	法華寺北町スグ(海龍王寺)。法華寺、徒歩3分。	4+6〜8	180+290	1
平城宮跡遺構展示館	42·44	[近]西ノ京駅	上記[近]大和西大寺駅🚶🚶[奈]12·14等	平城宮跡·遺構展示館、すぐ	4+4	180+250	1
平城宮跡資料館	44	[近]西ノ京駅	上記[近]大和西大寺駅🚶🚶[奈]12·14·73等	二条町、すぐ	4+1〜2	180+220	1
上記二館		[近]西ノ京駅	[近]橿原線	[近]大和西大寺駅、徒歩10〜15分	4	180	0
神功皇后陵・成務天皇陵	4	[近]西ノ京駅	上記[近]大和西大寺駅🚶🚶[近]京都線	[近]平城駅、徒歩5分(成務天皇陵歩9分)	4+1	240	1
秋篠寺	50	[近]西ノ京駅	上記[近]大和西大寺駅🚶🚶[奈]72	秋篠寺、すぐ	4+4	180+220	1
西大寺	50	[近]西ノ京駅	[近]橿原線	[近]大和西大寺駅、南口から徒歩3分	4	180	0
垂仁天皇陵	4	[近]西ノ京駅	[近]橿原線	[近]尼ヶ辻駅、徒歩5分	1	180	0
唐招提寺・薬師寺	48	❶	[奈]63·72·78	薬師寺	1	220	0
平城京左京三条二坊宮跡庭園	44		上記[近]近鉄奈良駅🚶🚶[奈]160·161(P19参照)				
喜光寺・菅原神社	51	[近]西ノ京駅	[近]橿原線	[近]尼ヶ辻駅、徒歩10〜12分	1	180	0
大和文華館・中野美術館	54	[近]西ノ京駅	上記[近]大和西大寺駅🚶🚶[近]奈良線	[近]学園前駅(徒歩7分大和文華館·8分中野美術館)	4+4	240	1
松伯美術館	54	[近]西ノ京駅	上記[近]学園前駅🚶🚶学園前北口バス停より[奈]110·126〜130·138等	大渕橋、徒歩3分	4+4+5	240+260	2
赤膚山	4	[近]西ノ京駅	上記[近]学園前駅🚶🚶学園前南口バス停より[奈]23	赤膚山	4+4+12	240+270	2
霊山寺	54	[近]西ノ京駅	上記[近]大和西大寺駅🚶🚶[近]富雄駅🚶🚶[奈]50	霊山寺、すぐ	4+7+7	300+260	2
宝山寺(生駒聖天)	55	[近]西ノ京駅	上記[近]大和西大寺駅🚶🚶[近]奈良線で生駒駅🚶🚶鳥居前駅から[近]生駒ケーブル	ケーブル宝山寺駅、西へ徒歩10分	4+9+5	360+290	2
郡山城跡	4	[近]西ノ京駅	[近]橿原線	[近]近鉄郡山駅、徒歩7分	4	180	0
大和民俗公園	60	[近]西ノ京駅	上記[近]近鉄郡山駅🚶🚶[奈]20·71·72	矢田東山、徒歩7分	4+17	180+320	1
矢田寺	60	[近]西ノ京駅	上記[近]近鉄郡山駅🚶🚶[奈]20(平日1日4便)	矢田寺前、徒歩10分	4+20	180+440	1
慈光院	61	[近]西ノ京駅	上記[近]近鉄郡山駅🚶🚶[奈]24·98	片桐西小学校、徒歩6分	4+11〜17	180+450	1
法隆寺	58	[近]西ノ京駅	[近]橿原線で筒井駅🚶🚶[奈]63·92	法隆寺前、徒歩7分	7+12	240+360	1
		❸·❻	[奈]98(平日1日7便)		47·45	700·650	0
中宮寺	58	❸·❻	[奈]98(同上)	中宮寺前、徒歩5分	42·40	700·650	0
		[近]西ノ京駅	[近]橿原線で筒井駅🚶🚶[奈]63·92		7+9	240+360	1
法起寺 法輪寺	58	❸·❻	[奈]98(平日1日7便)	法起寺前、すぐ。徒歩10分で法輪寺	38·36	600·580	0
		[近]西ノ京駅	[近]橿原線で筒井駅🚶🚶[奈]63·92	法起寺口、徒歩10分	7+7	240+360	1
吉田寺(ぽっくりでら)	58	[近]西ノ京駅	[近]橿原線で筒井駅🚶🚶[奈]63·92	竜田神社、南へ徒歩8分	7+14	240+460	1
石上神宮	62	[近]西ノ京駅	[近]橿原線で平端駅🚶🚶[近]天理線	[近]天理駅、徒歩30分	15	360	1
長岳寺	62	[近]西ノ京駅	上記[近]天理駅🚶🚶[奈]61·62·64(便少)	上長岡、徒歩7分	13+14	360+440	1
大神神社	63	[近]西ノ京駅	上記[近]天理駅🚶🚶[JR]桜井線	[JR]三輪駅、徒歩7分	16+14	360+210	1
安倍文殊院	64	[近]西ノ京駅	[近]橿原線急行で大和八木駅🚶🚶[近]大阪線急行で桜井駅🚶🚶[奈]36(便極少)·SB(便少)	安倍文殊院、徒歩5分	26+4+7	580+270·190	2
聖林寺	64	[近]西ノ京駅	上記[近]大和八木駅🚶🚶[近]大阪線準急で桜井駅🚶🚶[奈]SA	聖林寺、南へ徒歩3分	26+4+8	580+240	2
談山神社	65	[近]西ノ京駅	上記[近]大和八木駅🚶🚶[近]大阪線準急で桜井駅🚶🚶[奈]SA	談山神社、北へ徒歩3分	26+4+24	580+500	2
長谷寺	66	[近]西ノ京駅	上記[近]大和八木駅🚶🚶[近]大阪線急行	[近]長谷寺駅、徒歩20分	26+10	590	1
大野寺	67	[近]西ノ京駅	上記[近]大和八木駅🚶🚶[近]大阪線急行	[近]室生口大野駅、南へ徒歩10分	26+21	830	1
室生寺	67	[近]西ノ京駅	上記[近]室生口大野駅🚶🚶[奈]44(平日1日7便)	室生寺、徒歩5分	26+21+14	830+500	2
今井町	78	[近]西ノ京駅	[近]橿原線急行	[近]八木西口駅、徒歩5分	22	430	0
橿原考古学研究所附属博物館	70·72	[近]西ノ京駅	[近]橿原線急行	[近]畝傍御陵前駅、徒歩5分	25	490	0
橿原神宮・久米寺	70·72	[近]西ノ京駅	[近]橿原線急行	[近]橿原神宮前駅(いずれも徒歩5分)	27	490	0
飛鳥	72·77	[近]西ノ京駅	上記[近]橿原神宮前駅🚶🚶[奈](P71参照)				
天武・持統天皇陵・高松塚壁画館	74·76	[近]西ノ京駅	上記[近]橿原神宮前駅🚶🚶[近]吉野線急行	[近]飛鳥駅、徒歩15分	27+4	550	1
壷阪寺	74	[近]西ノ京駅	上記[近]橿原神宮前駅🚶🚶[近]吉野線急行で壺阪山駅🚶🚶[奈]20(便極少)	壷阪寺前、徒歩3分	27+7+11	550+380	2

うちわまき(梵網会(ぼんもうえ)) 唐招提寺 5月19日 鼓楼の上から古式ゆかしい可憐なハート形の宝扇をまく。厄よけや虫よけの御利益がある。 行事

十三重石塔をもつコスモス寺

般若寺《はんにゃじ》 案内 89P

交通　JR 奈良駅西口⓫から、近鉄（近鉄奈良駅）❷から奈良交通バス 27・81・118・153、で般若寺（所要 11 ～ 12 分・6 分）下車、徒歩 5 分

京都と奈良を結ぶ道、奈良阪の旧街道にあたる路に、入母屋造《いりもやづくり》、本瓦葺の**楼門《ろうもん》（国宝）**が立っている。鎌倉建築である。この寺の起源は、飛鳥時代に高麗《こうらい》からの渡来《とらい》僧《そう》によって開かれたところまでさかのぼるが、治承《じしょう》の乱をはじめ、度重なる兵火で堂塔《どうとう》から昔日の姿は消えてしまった。治承の南都《なんと》焼討の時には、礎石《そせき》のみが草むらに散らばっていたという。その荒廃の中に、十三重の大きな石塔《せきとう》が建てられ、次々と堂《どう》宇《う》が復興されていった。

十三重石塔は、高さ 14.2 m、建長《けんちょう》5 年（1253）中国の宋《そう》の人、伊行末《いのゆきすえ》によって建てられたと伝えられる。材質は花崗岩《かこうがん》。塔の基壇近くの四面に、線刻《せんこく》で薬師《やくし》（東）・釈迦《しゃか》（南）・阿弥陀《あみだ》（西）・弥勒《みろく》（北）の四方仏《しほうぶつ》が彫られている。伊行末は陳和卿《ちんなけい》に協力して東大寺復興のために働いた石工《いしく》。**経蔵《きょうぞう》**も鎌倉時代の復興期の遺構である。経蔵は高い床の建物である。

本堂は江戸期に建立されたが、老朽化し、昭和 57 年に大規模な修復工事が行われた。本尊は文殊菩薩騎獅像《もんじゅぼさつきしぞう》で、木造。仏師康俊《ぶっしこうしゅん》・康成《こうせい》らがつくったと台座に銘記されているから、同じ文殊騎獅像でも、安倍《あべ》の文殊院の文殊より一時代あとの作ということになる。規模や作風に鎌倉全盛期を過ぎた気配を感じさせる。

春と秋に公開される宝蔵堂《ほうぞうどう》には、十三重石塔に納められていた秘仏や秘宝が展示されている。

また、四季を通じて花の美しい寺としても知られる。ことに春の山吹、秋のコスモスが名高い。この寺は、奈良阪の高所にあり境内からは若草山、春日山の山なみが一望できる。なお、般若寺という名前は、聖武《しょうむ》天皇が天平《てんぴょう》18 年（746）、般若経を奉納して卒塔《そと》婆《ば》を建てたところから由来する。その卒塔婆が、伊行末によって十三重石塔として再建されたのである。

あの伎芸天に会う

秋篠寺《あきしのでら》 案内 81P

交通　近鉄大和西大寺駅北口❷から奈良交通バス 72 で秋篠寺（所要 4 分）下車、すぐ

西大寺の北、民家の間をぬうようにたどると秋篠寺である。

光仁《こうにん》天皇の勅願《ちょくがん》によって建立され、宝亀《ほうき》11 年（780）に善珠《ぜんじゅ》僧正によって開基《かいき》されたというから、奈良時代も末期のお寺である。そのせいか、境内は、どことなく飛鳥・大和のお寺と違う雰囲気《ふんいき》をかもし出している。平安時代末期に戦火のため多くを焼失した伽藍《がらん》もその威容《いよう》はなく、むしろ庭の中に落ち着くやさしさを印象づけるかのようである。

本堂に入ると須弥壇《しゅみだん》の上に、**薬師如来《やくしにょらい》**（平安中期・寄木造）を本尊として 9 躯の仏像がずらりと並ぶ。中でも眼をとらえるのが**伎《ぎ》芸天《げいてん》立像**である。頭部のみが天平末期の乾漆《かんしつ》で、それが鎌倉時代の木彫彩色された体躯《たいく》に載せられている。しかし、まるでそうとは思えない、よく調和のとれた姿である。

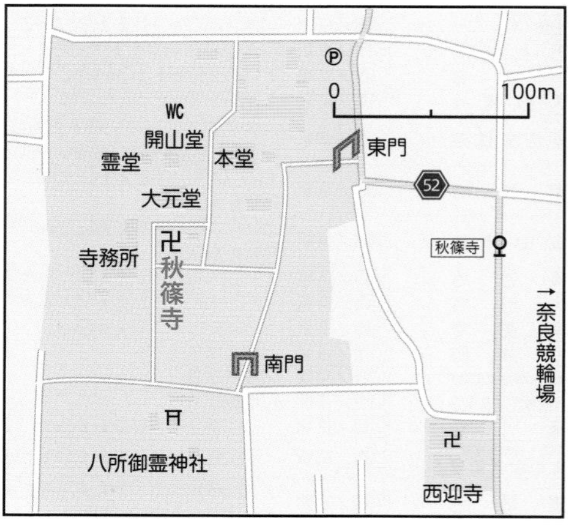

ちょっと首をかしげ、右手を胸のあたりまで持ち上げるしぐさが、いかにもやさしげである。伏《ふ》し目に見おろすお顔の唇からは、いまにも声が洩《も》れてきそうである。

伎芸天のもつやさしさが、そのまま、秋篠寺の魅力であるといってもいいだろう。

そのほか、伎芸天のちょうど反対側にある**帝釈天《たいしゃくてん》立像**も、頭部が天平の乾漆、胴が鎌倉の木彫像、伎芸天と対照的な印象を与えてくれる。

このあたり、古くから秋篠の里と呼ばれたところで、お寺の近くを秋篠川が流れる。

菅原道真の出生地という

菅原天満宮《すがわらてんまんぐう》

案内 86P

交通　近鉄学園前駅南口❷から奈良交通バス36で菅原天満宮（所要14分）下車、すぐ
近鉄大和西大寺駅、南へ徒歩15分

天満宮は、道真《みちざね》の母の故郷で、祭神に同じく土師《はじ》氏の遠い祖先・天穂日《あまのほひの》命《みこと》、野見宿彌《のみのすくね》、菅原道真を祀っている。京都や福岡の天満宮などと比べると小ぶりであるが、拝殿横の枝垂《しだ》れ梅に花が咲き、「盆梅展」が開かれる2月中旬になると、梅見客で賑やかとなり、境内が華やぐ。

天満宮から東、近鉄橿原《かしはら》線の脇に「菅原はにわ公園」がある。公園は、菅原東遺跡「埴輪《はにわ》窯跡群」で、今から約1500年前(6世紀)ここで埴輪を焼いていたのだ。

試みの大仏殿とハスの寺

喜光寺《きこうじ》

案内 83P

交通　JR奈良駅西口⓭から奈良交通バス160・161で阪奈菅原（所要26分・便少）下車、徒歩2分
近鉄尼ヶ辻駅、北西へ徒歩12分

元明《げんめい》天皇の勅願で養老5年(721)、行基《ぎょうき》が創建したと伝えられる。菅原の里にあることから菅原寺《すがわらでら》とも呼ばれた。聖武《しょうむ》天皇参詣の際、本尊より不思議な光明が放たれ、それを喜んだ天皇が喜光寺と命名した。当初の伽藍は戦火などでほとんど失われ今は室町時代の再建された**本堂**(金堂・重文)が町はずれに淋しげに建つのみ。本堂は東大寺大仏殿の創建時の10分の1のサイズで造られたという伝承から「試みの大仏殿」とも呼ばれ、現存は室町時代に再建されたもの。単層、寄棟造り、裳階《もこし》つき、小ぶりながら風格のあるたたずまいだ。堂内には、**阿弥陀如来《あみだにょらい》坐像**(藤原時代・重文)が祀られている。極楽浄《ごくらくじょう》土《ど》の花として蓮を栽培しており、6月下旬～8月上旬には、多種の鉢植えの花が並べられ境内を美しく彩る。

叡尊が始めた「大茶盛」の寺

西大寺《さいだいじ》

案内 84P

交通　近鉄大和西大寺駅、南口から徒歩3分

かつては、南都七大寺のひとつとして東大寺と並ぶ威容を誇っていたが、いまは歴史の波に洗われて、創建当時の天平の面影を残すのは金堂前の東塔の基壇《きだん》跡や四王堂《しおうどう》にある邪鬼《じゃき》ばかりになってしまった。四王堂も金堂・愛《あい》染堂《ぜんどう》と呼ばれる建物も、江戸期の再建である。**金堂**には、鎌倉時代に京都嵯峨《さが》の清涼寺《せいりょうじ》にある釈迦如来《しゃかにょらい》を模刻《もこく》した**如来像**が本尊として祀られており、そのほか**文殊菩薩騎獅《もんじゅぼさつきし》像**や弥勒菩《みろくぼ》薩《さつ》坐像、弘法大師《こうぼうだいし》像など幾つかの鎌倉彫刻が安置されている。秘仏**愛染明王像**は、春秋の一定期間の特別開扉で。聚宝館《しゅうほうかん》は寺宝の収蔵庫だが、その一部は常に展示されている。2016年には鎌倉時代に再興を果たした叡尊《えいそん》上人の像が国宝に指定されている。

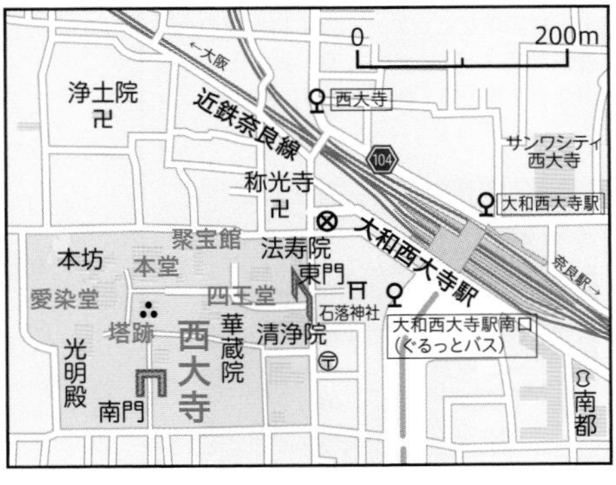

大日如来像の美しさにファンは多い

円成寺《えんじょうじ》 案内 82P

交通　JR 奈良駅西口⑯・近鉄（近鉄奈良駅）❹から奈良交通バス 94・100・102（便極少）で忍辱山（所要 34 分～ 35 分・27 分）下車、徒歩 3 分。

柳生街道随一の名刹《めいさつ》で木立の中、石垣の上に堂宇が配され、名勝の**浄土式**

舟遊式庭園が現れる。境内の東の入口に珍しいかんじょう縄が木と木をつないで掛けられている。ここは忍辱山集《にんにくせん》落の入口にあたるため悪霊を祓い五穀《ごこく》豊穣《ほうじょう》を祈る古くからのおまじないと。桧皮《ひわだ》葺《ぶ》きの**楼門**、雅な舞台付寝殿造りの**阿弥陀堂**（本堂）はいずれも重文。本堂には本尊**阿弥陀如来坐像**、**四天王立像**（共に重文）などを安置する。阿弥陀堂右手には、現存最古の春日造り社殿として名高い、国宝の小さな**春日**《かすが》**堂**《どう》・**白山堂**《はくさんどう》が立っている。平成 2 年（1990）に再建された朱色あざやかな多宝塔《たほうとう》には、日本国彫刻史上最高の仏師・運慶《うんけい》が若い頃に刻んだ、若々しく叡智《えいち》の富んだ表情で静かに坐す**大日如来像**《だいにちにょらい》（国宝）が祀られている。

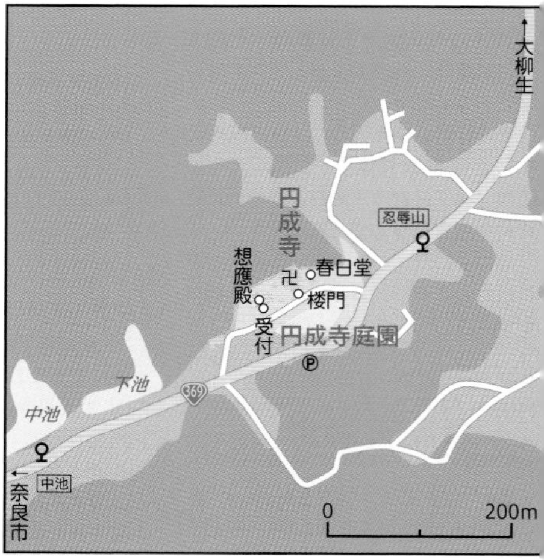

平安時代の様式をよく伝える仏像

南明寺《なんみょうじ》 案内 89P

交通　JR 奈良駅西口⑯・近鉄（近鉄奈良駅）❹から奈良交通バス 94・100・102（便極少）で阪原（所要 42 分～ 45 分・35 分～ 37 分）下車、徒歩 7 分。

宝亀 2 年（771）の創建といわれる古寺。どっしりと力強い感じのする**本堂**〔重文〕は鎌倉時代の一重寄棟《よせむね》造り、本瓦葺で、本尊**薬師如来**《やくしにょらい》・**釈迦**《しゃか》**如来**・**阿弥陀**《あみだ》**如来**の藤原三仏〔いずれも重文の座像〕が安置されている。境内には鎌倉時代の宝篋印塔《ほうきょういんとう》、室町時代の十三重石塔などがあり、近くに家康《いえやす》の兵法師範・柳生宗矩《やぎゅうむねのり》と妻・お藤との出会いを伝える「お藤の井戸」がある。

柳生家代々の菩提所

芳徳寺《ほうとくじ》 案内 90P

交通　JR 奈良駅西口⑯・近鉄（近鉄奈良駅）❹から奈良交通バス 94・100・102（便極少）で柳生（所要 47 分～ 55 分・40 分～ 48 分）下車、徒歩 15 分。

柳生家は、12 世紀中頃から春日神社（現在の春日大社）の荘園管理者として柳生に土着した豪族であった。芳徳寺は、柳生宗矩《やぎゅうむねのり》が父の石舟斎《せきしゅうさい》の菩提《ぼだい》を弔《とむら》うために建立した寺で、柳生の里を一望する山王台《さんじょうだい》に位置し、以後、江戸時代の兵法指南役であった柳生家代々の菩提所となった。寺の名も石舟斎の法名に由来している。本堂には、本尊釈迦如来坐像の左右に開基の柳生宗矩像や開山の沢庵《たくあん》和尚像が安置され、柳生十兵衛が書いた秘伝書の『月の抄』が展示される。本堂裏手の墓所には石舟斎、宗矩や十兵衛の墓がある。

（地図 P53）

国宝の九体阿弥陀仏で名高い

浄瑠璃寺《じょうるりじ》

案内 85P

JR 加茂駅東口からコミュニティバス（平日１日８便）で浄瑠璃寺（所要 22 分）下車、徒歩３分。

平安初期、浄土信仰《じょうどしんこう》が盛んになった時期に建立されたお寺で、池をめぐる**庭園**が美しい。

本堂には、９躯の**阿弥陀像**（檜寄木造）が居並ぶ。九体寺《くたいじ》という別名はここから由来した。阿弥陀堂に九体の阿弥陀を並べるというのは、藤原時代に流行した形式だが、現在、こうして９体を残しているのは、浄瑠璃寺だけだ。阿弥陀仏といっしょに祀られている**吉祥天《きっしょうてん》立像**（鎌倉時代・寄木造）は、正月と春秋の一時期しか開扉《かいひ》されない。艶麗《えんれい》な天女《てんにょ》像で、この像を容《い》れている厨子《ずし》の扉絵も有名なもの。**四天王像**（堂内には持国天と増長天のみ）も藤原時代の味わいを見せ、**不動明王三尊像**（鎌倉時代）の、とりわけ傍らの**二童子《にどうじ》像**のあどけない表情も忘れられない。**三重塔**には九体阿弥陀仏より造像が古いという**薬師如来像**を祀っている。平安時代、京都にはこのような堂が数多くあったというが、当時のまま現存するのはここだけという。境内は新緑と紅葉が美しい。

どっしりとした丈六仏

岩船寺《がんせんじ》

案内 83P

建立は天平元年（729）といわれるこのお寺は、初夏には紫陽花《あじさい》の花が美しいお寺である。山門《さんもん》を入ると、寺名の由来となった石船が置かれており、その奥、小高いところに**三重塔**がそびえる。三重塔は室町時代の建立、高さ約 20m、ひきしまった造りが美しい。本堂の本尊は、胎内《たいない》に書かれた記録から天慶《てんぎょう》9年（946）の作と推定されている**阿弥陀如来坐像**である。一木造の丈六仏。どっしりとした像で、大きな螺髪《らほつ》や、体躯を包む衣文に見られる翻波《ほんぱ》式の名残りなどに、貞観《じょうがん》期から藤原期にかけてつくられた様子が読みとれる。白毫《びゃくごう》は水晶《すいしょう》でできている。本堂には、ほかに、藤原時代につくられた**普賢菩薩《ふげんぼさつ》像**、鎌倉期の四天王や十一面観音菩薩像、室町時代の十二神将像なども安置されている。山寺の趣《おもむ》き深い寺である。岩船寺から浄瑠璃寺へと下る参道に沿って、かつて、このあたりに隠れ住んだ僧たちが彫り上げたであろう石仏群が随所に残されている。あるいは磨崖仏《まがいぶつ》であったり、石地蔵であったり、あるいは燈籠《とうろう》であったりする。

交通　JR 加茂駅東口からコミュニティバス（平日１日８便）で岩船寺（所要 16 分）下車、すぐ。

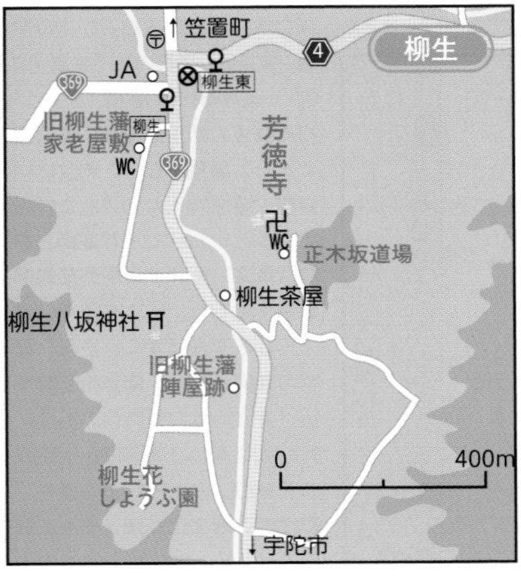

東洋の古代美術の粋を集めた美術館

大和文華館《やまとぶんかかん》 案内 91P

交通　近鉄学園前駅、南口から徒歩 7 分

昭和 35 年、近畿日本鉄道の創立 50 周年を記念して設立された。コレクションは、**「寝覚物語絵巻《ねざめものがたりえまき》」「婦女遊楽図屏風《ふじょゆうらくずびょうぶ》」**（ともに国宝）、**「青磁九竜浄瓶《せいじきゅうりゅうじょうびん》」「伊万里染付山水文大皿《いまりそめつけさんすいもんおおざら》」、「沃懸地青貝金貝蒔絵群鹿文笛筒《いかけじあおがいかながいまきえぐんろくもんふえづつ》」**等に代表されるが、書画・彫刻・陶磁・漆工・染織・書籍など、国宝4件、重文 31 件を含む、洗練された質の高いものをもつ。所蔵品をテーマ毎に展示する平常展を年に7回、特定の主題のもとに館内外の美術品を展示する特別展を年１回開催。また毎週土曜日には展示室において学芸員による陳列品の解説を行うとともに、日曜美術講座などの講座を展覧会毎に開催している。施設周辺は蛙股《かえるまた》池畔の閑静な立地で緑に恵まれ、海鼠壁《なまこかべ》が印象的な館の周りには四季の草花が美しい庭園もあって、ゆったりした気分で美術鑑賞が楽しめる。

近代絵画のコレクション

中野美術館《なかのびじゅつかん》 案内 88P

交通　近鉄学園前駅、南口から徒歩 8 分

蛙股《かえるまた》池を隔てて大和文華館と向かい合う、吉野産の赤杉を使った建物の中野美術館は、日本の近代絵画のコレクションで知られている。内装は、迎賓館のデザインも手がけた彦谷邦一氏によるもの。日本画の村上華岳《むらかみかがく》・土田麦僊《つちだばくせん》・小野竹喬《おのちっきょう》らをはじめ、洋画家では独自の重厚な画風で知られる須田国太郎《すだくにたろう》、岸田劉生《きしだりゅうせい》・小出楢重《こいでならしげ》・梅原龍三郎《うめはらりゅうざぶろう》・藤田嗣治《ふじたつぐはる》・青木繁《あおきしげる》など、明治・大正・昭和と近代絵画史を彩る巨匠たちの作品を数多く収蔵している。なかでも浪漫主義的な作風から、晩年には宗教画や山水画に独自の足跡を残した村上華岳の作品は作品数も多く、代表作のひとつ「中国列仙傳《ちゅうごくれっせんでん》」など名作が多い。

上村親子３代の作品美術館

松伯美術館《しょうはくびじゅつかん》 案内 85P

交通　近鉄学園前駅北口❺・❻から奈良交通バス 110・126 ～ 130・138 等で大渕橋（所要４～５分）下車、すぐ

近代日本画を代表する画家のひとりで、美人画で名高い上村松園《うえむらしょうえん》と松篁《しょうこう》、敦之《あつし》の親子３代の作品を中心に収蔵展示する美術館。1994 年に開館。特定作家の作品を集めた日本画のコレクションは県内でも珍しく、「花鳥画」など特定テーマを設けた企画展も随時開催されている。施設のある大渕池周辺は、緑豊かな自然公園として市民の憩いの場となっており、池の畔《ほとり》に立つ美術館の建物は格好のランドマークとなっている。

1200 坪のバラ庭園

霊山寺《りょうせんじ》 案内 91P

交通　近鉄富雄駅❶から奈良交通バス 50（便少）で霊山寺（所要 7 分）下車、すぐ

200 種、2000 株のバラを植えた近代洋風バラ園、ゴルフ練習場などを併設するため一風変わった印象を与えるが、聖武《しょうむ》天皇勅願、印度《いんど》バラモン僧上（菩提僊那《ぼだいせんな》）と行基《ぎょうき》が開いたといわれる真言宗の寺で、多くの寺宝を有する天平の古刹である。深い木立に分け入ると、入母屋造、本瓦葺の風格のある**本堂**（国宝）、室町時代の**鐘楼《しょうろう》**（重文）、桧皮葺きの端正な**三重塔《さんじゅうのとう》**（重文）と古建築が佇む。本堂には貞観～藤原時代の過渡的な特徴をもつといわれる本尊**薬師三尊《やくしさんぞん》像**（重文）をはじめ**阿弥陀如来坐像**（重文）、**十二神将《じゅうにしんしょう》像**（重文）などを安置する。正月、秋季の開扉。珍しい**阿弥陀三尊塼仏**（重文）は白鳳時代のもの。弁財天《べんざいてん》を祀った昭和 36 年完成の黄金殿、白金殿なども建ち、現代の芸術文化も楽しめる。庭園をはじめ、地獄堂や建立の由来となる薬師湯《やくしゆ》などもある。

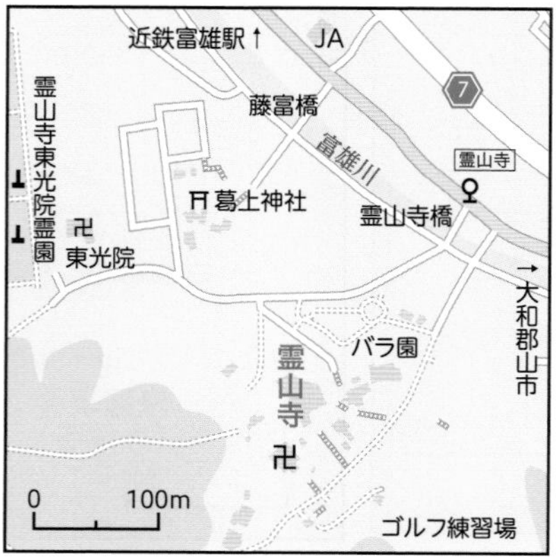

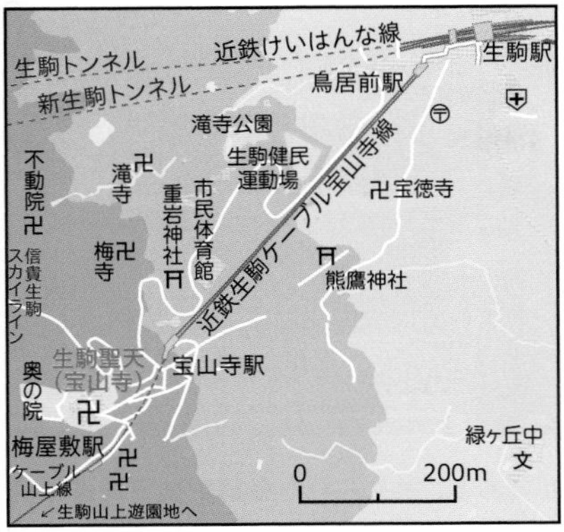

カップルに評判の夜景

生駒山上遊園地《いこまさんじょうゆうえんち》

案内 86P

生駒山上にある遊園地であらゆる場所で夜景鑑賞（宝石箱を散りばめたような河内平野の夜景が素晴らしい）可能。おすすめは駐車場から遊園地と向かう階段途中踊り場。大阪梅田方面の夜景を中心に大阪平野北部の夜景と、さらには神戸、天気がよければ明石海峡大橋も見られる。また遊園地が夜間営業している夏季は、園内施設のサイクルモノレールや高さ 30m でぐるぐる回る遊戯機など園内各所の場所からも夜景が見られる。入園は無料（乗り物有料）。冬期は休園なので注意。

交通　近鉄生駒駅から徒歩 5 分の近鉄生駒ケーブル線で鳥居前駅より宝山寺駅乗換同ケーブル線で生駒山上駅（所要 5 分 + 7 分）下車

商売の神様　聖天さま

生駒聖天《いこましょうてん》(宝山寺《ほうさんじ》)

案内 81P

交通　近鉄生駒駅から徒歩 5 分の近鉄生駒ケーブル線で鳥居前駅より宝山寺駅（所要 5 分）下車、徒歩 10 分

生駒山の中腹に位置する宝山寺は、延宝《えんぽう》6年 (1678) に宝山湛海律師《たんかいりっし》が開いたもの。古社寺の多い大和路では比較的歴史が新しいが、江戸時代から現在に至るまで、現世《げんせ》利益《りやく》・諸願成就《しょがんじょうじゅ》の「生駒の聖天さん」として広く信仰されている。ちなみに「聖天」は仏法を守護する護法天《ごほうてん》のひとつで、歓喜自在天《かんぎじざいてん》・大聖歓喜天《だいしょうかんぎてん》のこと。当寺では大聖歓喜自在天と呼ばれて秘仏とされている。開山の湛海律師は仏師としても一流で、本尊の不動明王《ふどうみょうおう》坐像や**厨子入五大明王像**（毎月16日公開）等の木造仏はいずれも律師の自刻とされ、参詣者を圧倒する力強い迫力に満ちている。境内には、諸堂伽藍のほか、弘法大師《こうぼうだいし》修行地の伝説を残し弥勒菩薩を祀る般若窟《はんにゃくつ》、明治時代に迎賓館《げいひんかん》として建築された珍しい洋風建築「**獅子閣**《しかく》」など、見所も多い。（春と秋に内部公開）

国宝「信貴山縁起絵巻」で知られる

信貴山《しぎさん》（朝護孫子寺《ちょうごそんしじ》）

案内 85P

朝護孫子寺のある信貴山は生駒山地の南端にあたる。寺伝によれば、6 世紀の用明《ようめい》天皇の頃、排仏《はいぶつ》派の物部守屋《もののべもりや》討伐に向かう聖徳太子が山上で毘沙門天《びしゃもんてん》を感得《かんとく》し、勝利を得たことから、この地に毘沙門天像を祀り、「信ずべき山、貴ぶべき山」、「信貴山」と号するようになったという。現在も当寺の本尊は「信貴山の毘沙門さん」として親しまれており、寺名も信貴山の方が通りがよい。寺宝には、聖徳太子ゆかりの**金銅鉢**や楠木正成《くすのきまさしげ》ゆかりの**兜**《かぶと》など、国宝クラスの貴重なものが多いが、信貴山の名を全国に知らしめているのが、当寺に伝わる国宝「**信貴山縁起絵巻**《えんぎえまき》」（3 巻）。平安末の成立と考えられ、中興の祖・命蓮《みょうれん》上人の奇跡や毘沙門天の霊験《れいけん》を説くものだが、物語の展開や筆致《ひっち》・描写に優れ、我が国を代表する絵巻物として高く評価されている。精密な模写が霊宝館《れいほうかん》に展示されているので、じっくり観賞してみるとよい。境内の大きな張り子の虎は、寅《とら》の年・寅の月・寅の日に毘沙門天が現われたという伝説に因むもので、虎の縁起物が名物となっている。本堂で真っ暗闇の中を一巡する「戒壇めぐり」や、四国八十八ヵ所霊場の砂が埋められており、くぐるだけで霊場を巡ったことになるという参道の「寅の胎内くぐり」なども楽しめる。

交通　近鉄生駒駅から近鉄生駒線で信貴山下駅（所要 23 分）下車、❶から奈良交通バス 32・42・43（便少）で信貴大橋（所要 10 ～ 12 分）下車、徒歩 10 分

法隆寺《ほうりゅうじ》

地図 P58、案内 P90

生駒山《いこまやま》の東麓に斑鳩《いかるが》という場所がある。聖徳太子《しょうとくたいし》やその一族が住んだ里で、飛鳥《あすか》と並ぶ日本仏教にとって最初期の中心地である。聖徳太子は様々な業績を残したとされ、そのひとつに仏教の興隆《こうりゅう》がある。現在でも、全国各地に太子が建てたという寺が伝わっている。

法隆寺もそうした寺の一つで、推古《すいこ》15年(607)、聖徳太子と推古天皇が、用明《ようめい》天皇の遺願を継いで薬師《やくし》像を祀《まつ》ったことが始まりとされる。しかし残念なことに、日本書紀《にほんしょき》によれば天智《てんち》天皇の9年(670)に焼失しているようで、現在の伽藍《がらん》はその後の再建という。しかし、法隆寺が世界最古の木造建造物であることは変わりない。古代の姿がそのままに保存され、膨大な寺宝もよく守られてきた。建造物・美術工芸品ともに国宝、重要文化財の数は極めて多く、古代から中世の美術史を学ぶのに欠かすことができない逸品ばかりだ。

広い境内には金堂や五重塔をはじめとした建造物が軒を並べ、まさに「天平《てんぴょう》の甍《いらか》」を思わせる。国宝・重要文化財の建築物だけでも55棟が集まったこの寺は驚異というほかにない。

法隆寺は**西院《さいいん》**と**東院《とういん》**に分かれ、全体を大垣（重要文化財）と呼ばれる築地塀《ちきじべい》が囲んでいる。

西院から見ていく。**南大門《なんだいもん》**から入り、向かって正面に**中門《ちゅうもん》**と**廻廊《かいろう》**が見える。廻廊の内側には**金《こん》堂《どう》・五重塔《ごじゅうのとう》**があり、その奥には**大講堂《だいこうどう》**が伺える。ここまで全て国宝。中門や回廊はじめいたる所で見られる胴の中ほどが膨らむエンタシス形式の柱や、金堂の軒《のき》の出や反りの鋭さに現れる白鳳《はくほう》の美はさすがである。納められた**金銅釈迦三尊像《こんどうしゃかさんぞん》**は飛《あす》鳥仏《かぶつ》の代表であり、面長な風貌に杏仁形《きょうにんけい》の目と仰月形《ぎょうげつけい》の唇という異国風の顔立ちで止利仏師《とりぶっし》の作。釈迦三尊像の右と左には**金銅薬師如来《やくしにょらい》坐像**と金銅阿弥陀三尊像があり、一つのお堂に3組の本尊が祀られる珍しい形式である。金堂の隣、木造としては我が国最古の**五重塔**には仏舎利《ぶっしゃり》が納められている。ガラスの瓶に納められ、金・銀・銅の容器が覆《おおわ》われている。塔の初層4面には塑像《そぞう》の群像が飾られ、特に北面の釈迦涅槃《しゃかねはん》の場面は、その造形の生々しさがすさまじい。

西院の**東大門《とうだいもん》**を出ると**東院**である。聖徳太子の斑鳩宮の跡地とされ、行信僧都《ぎょうしんそうず》が太子の冥福を祈り、八角円堂の**夢殿《ゆめどの》**（東院本堂）が建てたのは、天平《てんぴょう》時代のことである。聖徳太子の死後、太子の一族は斑鳩宮に住んだとされるが、蘇我入鹿《そがのいるか》により皆殺しにされたという。皇極《こうぎょく》2年（643）のことである。祀《まつ》られる本尊は**救世観音《ぐぜかんのん》像**という飛鳥仏であり、秘仏である（春秋特別開帳)。聖徳太子の等身像という言伝えもあり、均整の取れた等身に神秘的な表情など時代の精粋を見せてくれる。

※太字は全て国宝

中門

金堂

夢殿

法隆寺iセンター　地図 58P、案内 90P

斑鳩《いかるが》町観光協会の案内センター。法隆寺《ほうりゅうじ》や中宮寺《ちゅうぐうじ》、藤《ふじ》ノ木《き》古墳など、有名寺院や古墳などの観光情報収集に便利。斑鳩の里の民家をイメージさせる瓦葺き《かわらぶき》が特徴的。

中宮寺　地図 58P、案内 87P

法隆寺東院の隣りにある中宮寺は、弥勒菩薩《みろくぼさつ》と天寿国繍帳《てんじゅこくしゅうちょう》で有名である。寺伝では如意《にょい》輪観音《りんかんのん》と呼ばれている、かの飛鳥仏《あすかぶつ》・弥勒菩薩半跏思惟像《はんかしゆいぞう》の静かに微笑《ほほえ》む表情は必見。

吉田寺　地図 58P、案内 83P

別名「ぽっくり寺」で名高い。阿弥陀如来《あみだにょらい》像は金色に輝く堂々たる丈六《じょうろく》仏。木造で奈良県下最大。本尊前で肌着などに祈祷《きとう》してもらうと腰から下の病気にかからぬといわれる。

法起寺　地図 58P、案内 90P

伽藍《がらん》配置は、塔を東に金堂を西に配したもので、法隆寺西院や法輪寺《ほうりんじ》とは位置が逆転しており、法起寺《ほうきじ》式と呼ばれている。収蔵庫には、十一面観音菩薩立像が安置されている。

龍田神社　地図 58P、案内 86P

竜田《たつた》は神代《かみよ》の竜田、楓《かえで》の竜田として古来の紅葉の景勝地。聖徳太子《しょうとくたいし》が法隆寺《ほうりゅうじ》建立の地を示した龍田大明神を法隆寺の鎮守《ちんじゅ》として法隆寺建立と同時にこの地に移ったという。

藤ノ木古墳

地図 58P、案内 89P

直径約 48 m、高さ約 9 mの円墳。石室内からは鎧《よろい》や鉄鏃《てつぞく》などの武器・武具、金銅装の馬具、土器類が出土。石棺《せっかん》内の副葬品は豊富で、各種の金属製の玉類、1 万数千点を超えるガラス玉などの装身具、冠・履・大帯などの金属製品、四面の銅鏡、玉纏大刀《たままきのたち》、剣。その他繊維製品など。

6 世紀後半の埋葬儀礼を解明、当時の文化の国際性をも示す重要な古墳。

法輪寺　地図 58P、案内 90P

講堂内にずらりと飛鳥・藤原期の仏像が並んでいる。中央本尊は、十一面観音菩薩で像高 3.58m、台座まですべて一本の神代杉《じんだいすぎ》でつくったといわれている藤原仏。

大和民俗公園　地図 60P、案内 91P

なだらかな丘陵地に広がる公園は、奈良県立民俗博物館を中心に整備された自然文化公園。奈良県内の特色ある実物の民家や付属施設が、地域ごとに移築展示されている。

郡山城跡　地図 4P、案内 84P

4 月に入ると本丸一帯や城濠の約 800 本の桜が満開となり、恒例の「お城まつり」が盛大に行われる。夕方からはぼんぼりに照らされて堀の水面に映る夜桜が幻想的で美しい。

売太神社　地図 4P、案内 90P

都に出入りする人々の穢《けが》れを祓《はら》い、また、交通安全の祈願をする神事の場所でもあったという。古事記《こじき》を語った稗田阿礼《ひえだのあれ》を祀っており「語り部の里」としても有名。

法《ほう》隆《りゅう》寺《じ》

バス停名称

法隆寺前	❶❷❸	法起寺口	❾❿
中宮寺前	❺❻	法隆寺駅	⓫
法起寺前	❼❽	法隆寺参道	⓭

春には若草伽藍跡や上御堂付近に水仙の花が咲き、４月初旬には夢殿の東北の隅にあるしだれ桜の老木が満開となります。なかでも、西院廻廊の東出口や大講堂の西にある桜がもっとも美しく、また近年、東大門付近の桜並木が名所となり、参詣者が記念写真を撮る姿が多くなりました。隠れた名所は西円堂付近です。やがて、９月も半ばになると食堂の前庭に彼岸花が咲き始め、９月も末になると、若草伽藍跡にすすきの穂が見え始めます。11月には境内の紅葉が一層美しくなり、とくに西円堂の石段近くにある紅葉が見ごろとなります。モチの木は、東大門から夢殿に向かう参道北側の土塀の中にあります。

主な物件　龍田神社　中宮寺　法起寺　法隆寺　法輪寺　三井瓦窯跡　吉田寺（ぽっくり寺）

のりもの案内　[JR]JR線　[近]近鉄電車　(奈)奈良交通バス

地域	目的地	参照ページ	のりば	アクセス(🚶🚶は乗換)	おりば	所要分	運賃(円)	乗換回数
奈良公園界隈	近鉄奈良駅 JR奈良駅	18	❼・❺・❷	(奈)97(便少)	JR奈良駅・近鉄奈良駅	54〜61	800〜880	0
		22	⓭	(奈)72で法隆寺駅🚶🚶[JR]大和路快速	[JR]奈良駅	7+11	220+230	1
			❸・❺・❾	(奈)63・92(便少)で[近]筒井駅🚶🚶[近]橿原線で大和西大寺駅🚶🚶[近]奈良線急行	[近]近鉄奈良駅	9〜12+17	360+360	2
	興福寺	18	❼・❺・❷	(奈)97(便少)	県庁前	59〜63	800〜880	0
	吉城園	28	❼・❺・❷	(奈)97(便少)	県庁東、徒歩3分	60〜64	800〜880	0
	依水園寧楽美術館 奈良国立博物館	28	❼・❺・❷	(奈)97(便少)	氷室神社・国立博物館	61〜65	800〜880	0
	東大寺	28	❼・❺・❷	(奈)97(便少)	東大寺大仏殿	62〜66	800〜880	0
	春日大社	28	❼・❺・❷	(奈)97(便少)	春日大社本殿	66〜70	800〜880	0
	志賀直哉旧居 奈良市写真美術館 新薬師寺	28・30 30 30		上記[JR]奈良駅・[近]近鉄奈良駅🚶🚶(P19・23参照)				
	白毫寺	30		上記[JR]奈良駅・[近]近鉄奈良駅🚶🚶(P19・23参照)				
	奈良町	32		上記[JR]奈良駅・[近]近鉄奈良駅🚶🚶(P19・23参照)				
	帯解寺	35	⓭	(奈)72で[JR]法隆寺駅🚶🚶[JR]関西本線で奈良駅🚶🚶[JR]桜井線	[JR]帯解駅(北へ徒歩5分)	7+11+6	220+330	2
奈良坂	般若寺 奈良豆比古神社	50		上記[JR]奈良駅・[近]近鉄奈良駅🚶🚶(P19・23参照)				
佐保・佐紀	佐保路・佐紀路	40・42		[近]近鉄奈良駅🚶🚶(P19参照)				
			⓭	(奈)72で[JR]法隆寺駅🚶🚶[JR]関西本線で奈良駅🚶🚶(奈)(P23参照)				
	平城宮跡遺構展示館 平城宮跡資料館	42・44 44	❸・❺・❾	(奈)63・92(便少)で[近]筒井駅🚶🚶[近]橿原線	[近]大和西大寺駅、徒歩10〜15分	9〜12+11	360+300	1
	朱雀門	44		上記[近]近鉄奈良駅🚶🚶(奈)(P19参照)				
西大寺	神功皇后陵 成務天皇陵	4	❸・❺・❾	上記[近]大和西大寺駅🚶🚶[近]京都線	[近]平城駅、徒歩5分(成務天皇陵歩9分)	9〜12+11+1	360+180	2
	秋篠寺	50	❸・❺・❾	上記[近]大和西大寺駅🚶🚶(奈)72	秋篠寺、すぐ	9〜12+4	360+220	2
	西大寺	50	❸・❺・❾	(奈)63・92(便少)で[近]筒井駅🚶🚶[近]橿原線	[近]大和西大寺駅、南口から徒歩3分	9〜12+11	360+300	1
	垂仁天皇陵	4	❸・❺・❾	(奈)63・92(便少)で[近]筒井駅🚶🚶[近]橿原線	[近]尼ヶ辻駅、徒歩5分	9〜12+8	360+300	1
西ノ京	唐招提寺 薬師寺	48	❷・❺・❼	(奈)97(便少)	薬師寺東口・唐招提寺東口(いずれも徒歩5分)	37〜43	580〜700	0
			❶・❺・❾	(奈)63・92(便少)で[近]筒井駅🚶🚶[近]橿原線	[近]西ノ京駅(唐招提寺へは徒歩10分)	9〜12+6	360+240	1
	がんこ一徹長屋	48	❶・❺・❾	(奈)63・92(便少)で[近]筒井駅🚶🚶[近]橿原線	[近]西ノ京駅、徒歩5分	9〜12+6	360+240	1
平城宮跡	平城京左京三条 二坊宮跡庭園	44		上記[JR]奈良駅・[近]近鉄奈良駅🚶🚶(P19・23参照)				
	喜光寺・ 菅原神社	51	❶・❺・❾	(奈)63・92(便少)で[近]筒井駅🚶🚶[近]橿原線	[近]尼ヶ辻駅	9〜12+8	360+300	1
	大和文華館 中野美術館	54	❸・❺・❾	(奈)63・92(便少)で[近]筒井駅🚶🚶[近]橿原線[近]大和西大寺駅🚶🚶[近]奈良線	[近]学園前駅(徒歩7分大和文華館・8分中野美術館)	9〜12+11+4	360+360	2
	郡山城跡	4	❷・❺・❼	(奈)97(便少)	[近]近鉄郡山駅、徒歩7分	23〜27	470〜570	0
	売太神社	4	⓭	(奈)72で[JR]法隆寺駅🚶🚶[JR]大和路快速	[JR]郡山駅、徒歩15分	7+7	220+190	1
	大和民俗公園	60	❷・❺・❼	上記[近]近鉄郡山駅🚶🚶(奈)20・71・72	矢田東山、徒歩7分	23〜27+17	470〜570+320	1
	矢田寺	60	❷・❺・❼	上記[近]近鉄郡山駅🚶🚶(奈)20(平日1日4便)	矢田寺前、徒歩10分	23〜27+20	470〜570+440	1
	慈光院	61	❷・❺・❼	(奈)97(便少)	片桐西小学校、徒歩5分	3〜7	220〜390	0
法隆寺	法隆寺	58	⓫	(奈)72	法隆寺参道	8	220	0
	法起寺	58	❷	(奈)97(便少)	法起寺前❼、すぐ	4	220	0
	法輪寺	58	❷	(奈)97(便少)	法起寺前❼、徒歩10分	4	220	0
	吉田寺(ぽっくりでら)	58	❶	(奈)62・63・92	竜田神社、南へ徒歩8分	2	220	0
八木	今井町	78	⓭	(奈)72で[JR]法隆寺駅🚶🚶[JR]関西本線(大和路線)快速で郡山駅下車、徒歩15分の[近]郡山駅から[近]橿原線急行	[近]八木西口駅、徒歩5分	7+7+16	220+190+430	2
橿原	橿原考古学研究所附属博物館	70・72	⓭	上記[JR]法隆寺駅🚶🚶[JR]関西本線(大和路線)快速で郡山駅下車、徒歩15分の[近]近鉄郡山駅から[近]橿原線急行	[近]畝傍御陵前駅、徒歩5分	7+7+20	220+190+430	2
	橿原神宮 久米寺	70・72	⓭	上記[JR]法隆寺駅🚶🚶[JR]関西本線(大和路線)快速で郡山駅下車、徒歩15分の[近]近鉄郡山駅から[近]橿原線急行	[近]橿原神宮前駅(いずれも徒歩5分)	7+7+22	220+190+490	2
飛鳥	飛鳥	72・77		上記[近]橿原神宮前駅🚶🚶(奈)(P71参照)				3
	天武・持統天皇陵 高松塚壁画館	74・76	⓭	上記[近]橿原神宮前駅🚶🚶[近]吉野線急行	[近]飛鳥駅、徒歩15分	7+7+22+4	220+190+510	3

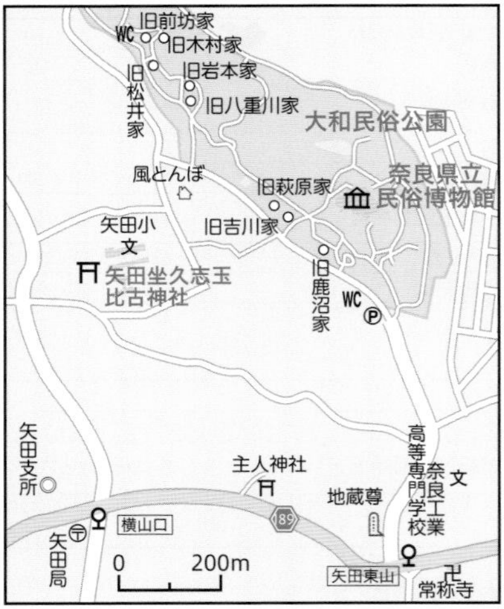

奈良（大和）の民具のアーカイブ

奈良県立民俗博物館《ならけんりつみんぞくはくぶつかん》

案内 88P

交通　近鉄郡山駅❶から奈良交通バス20・71・72で矢田東山（所要10分～17分）下車、徒歩10分

なだらかな丘陵地に広がる大和民俗公園内の奈良県立民俗博物館（ならみんぱく）は、昭和49年（1974）に開館。奈良（大和）に暮らす人々が、その風土の中で育み、改良工夫をかさねながら維持してきた生活用具や民具を収集し、これらを保存、展示公開する博物館だ。常設展示は、稲作（奈良盆地）、大和のお茶（大和高原）、山の仕事（吉野山地）の各コーナーに分かれ、それぞれの地域の気候風土から生まれた仕事ぶりや道具を、模型などを使ってわかりやすく紹介している。また、館内のビデオ学習室には、祭りや芸能、伝承技術など、無形民俗文化財に関する貴重な映像資料が集められており、公園内の自由に見られる民家展示とともに、奈良の風土や暮らしを系統的に学べる格好の施設となっている。

大和民俗公園《やまとみんぞくこうえん》内の「みんぱく梅林」「みんぱくしょうぶ園」ほか四季折々の草花や、森林浴も楽しみたい。

別名「あじさい寺」

矢田寺《やたでら》（金剛山寺《こんごうせんじ》）

案内 91P

交通　近鉄（近鉄郡山駅）❶から奈良交通バス 20（便極少）で矢田寺前（所要 20 分）下車、徒歩 7 分

矢田丘陵の中腹に位置する金剛山寺は、古くから矢田寺の名で親しまれ、「矢田の地蔵さん」として広く信仰されている。本尊の**地蔵菩薩立像**は藤原初期の木造仏とされ、「矢田地蔵縁起」によれば、小野篁《たかむら》と共に地獄に赴《おもむ》いた矢田寺の僧が、衆生《しゅじょう》を救済する地蔵菩薩に出会って造仏を志し、春日明神の助けを借りて彫り上げたものという。眺めのよい境内は花の名所としても有名で、5月中旬に咲き始めるツルアジサイから、9月頃に咲く中国のアジサイまでさまざまな種類があり、長い期間楽しめる。伽藍《がらん》を彩る色とりどりの紫陽花は、山紫陽花から西洋紫陽花まで 60 種 1 万本を数えるという。

日本最古の厄除け寺

松尾寺《まつおでら》

案内 90P

交通　近鉄（近鉄郡山駅）❶から奈良交通バス 71・72 で松尾寺口（所要 27・21 分）下車、徒歩 30 分　JR 大和小泉駅東口❶から奈良交通バス 71 ～ 73 で松尾寺口（所要 7 分）下車、徒歩 30 分

松尾寺のある松尾山は、矢田丘陵の南端にあたり、境内からは斑鳩《いかるが》の里や大和盆地が一望できる。8 世紀初めの養老《ようろう》年間に、舎人親王《とねりしんのう》が『日本書紀《にほんしょき》』

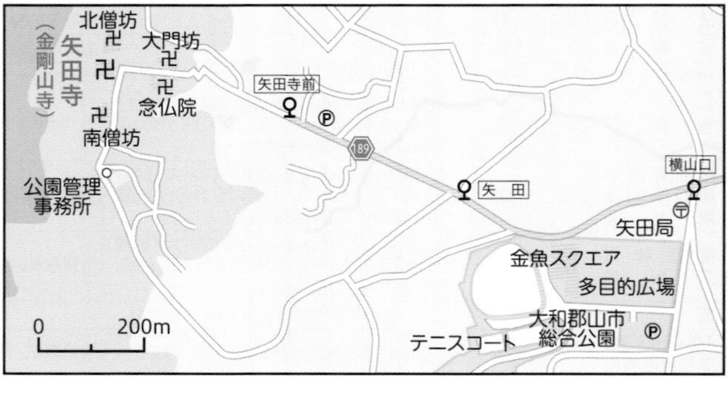

編纂《へんさん》の成功と自らの厄除《やくよ》けを祈願して建立されたと伝えられ、本尊の千手千《せん》眼《がん》観音菩薩は「厄除け観音」として信仰されている。特に２月の初午の日には多くの人々が訪れ賑わう。また，修験道との関係も深く，山伏に関連する資料も数多く残されているという。**大黒天立像**（重文）は鎌倉時代の作で、本来は仏教を守護する武神だったことを伺わせる厳しい人相が珍しい。重文の**本堂**は朱塗りで建武《けんむ》４年（1337）の再建。正面側面ともに５間の単層、入母屋造《いりもやづくり》、本瓦葺《ほんかわらぶき》である。寺院には珍しく、当寺の境内には本格的なバラ園があり、シーズン（一般公開は例年５月中旬～６月上旬）には参詣者の目を楽しませてくれる。

茶の湯（石州流）の寺

慈光院《じこういん》

案内 85P

交通　JR大和小泉駅下車、徒歩18分（1.4㎞）　近鉄（近鉄郡山駅）❷から奈良交通バス24・98（便少）で片桐西小学校（所要11分～17分）下車、すぐ

法隆寺の東北に位置する 慈光院は、古代の甍《いらか》が多い大和《やまと》の中でも、比較的新しい時代の創建に属する。しかし、さつき一種類の丸い刈り込みと、数十種類の木々の寄せ植えによる刈り込みで構成された庭は、奈良には珍しい禅寺のものであり、一見に値する。斑鳩の里の散策に、時間が許せば、是非とも足を延ばしてみたいお寺である。当寺は、小泉《こいずみ》藩主片桐貞昌《かたぎりさだまさ》が、その父の菩提《ぼだい》を弔《とむら》うために建立したものだという（寛文《かんぶん》３年・1663年）。貞昌は、石《せき》州《しゅう》流茶道の祖でもあり、徳川４代将軍・家綱に茶道を指南した茶人でもあり、茶室・書院・庭園などに、彼の好みがよく示されている。**茶室**は二畳台目《だいめ》と呼ばれ、柿葺《こけらぶき》。別棟に三畳の閑《かん》茶室もある。**書院**は、茅葺《かやぶ》きの農家風の外観で、とくに、上の間からの眺めはすばらしい。書院の**庭園**は、高台を利用してつくられ、大和平野を借景《しゃっけい》とする優れた枯山水借景庭園である。このお寺の拝観料は少し高いが、書院席での抹《まっ》茶《ちゃ》付。前日までに予約すれば、奥の座敷で石州料理（精進《しょうじん》料理）いただける。

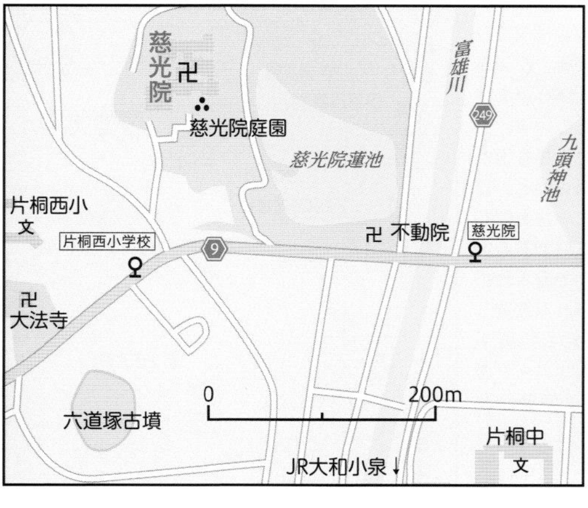

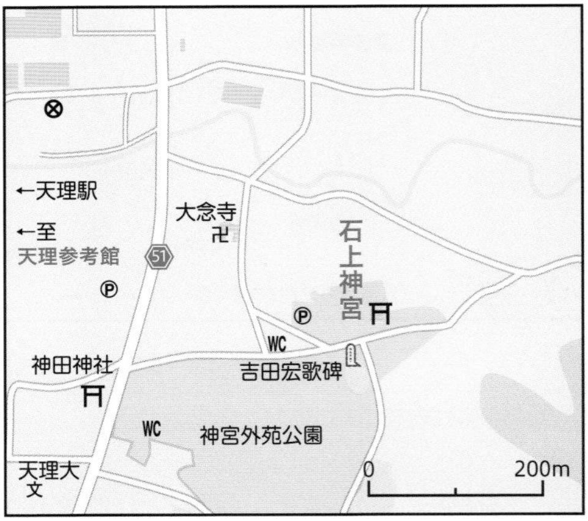

古代朝廷の武器庫

石上神宮《いそのかみじんぐう》

案内 81P

交通　JR・近鉄天理駅から徒歩 30 分、タクシーで 10 分

崇神《すじん》天皇の頃に祠《ほこら》が建てられたというから、西暦に換算することはむつかしい。神武東征《じんむとうせい》のとき、熊野《くまの》にいた邪神《じゃしん》を征伐《せいばつ》した、その剣が神剣となって祀《まつ》られたのが始まりと伝える日本最古の神社の一つ。明治７年（1874）に本殿が建てられるまで本殿はなかった。神奈備山《かんなびやま》の一部を禁制地とし、垣で囲んで「高庭《たかにわ》」と呼んでいただけである。垣の中に石窟《せっくつ》がつくられ、神体や神宝を納め、その上に杉の木が植えられていた。最近発掘され、銅鏡や勾玉なども出土している。神宝中とりわけ重要なのは、「**七支刀**《ななつさやのたち》」で、全長約 75cm の鉄製の剣の刀身左右に三つずつ枝刀が出ている。そして刀身の表裏に 60 余字の銘文《めいぶん》が象嵌《ぞうがん》されているのである。その銘文を解読すると、泰和《たいわ》４年（369）、倭王《わおう》のために百済《くだら》でつくるという意味になる。これは『日本書紀』に記された、神功《じんぐう》52（253）年百済より献上された七支刀というのとほぼ一致する。時代検証はともかく、文献と遺品が一致しえた稀有《けう》な例である。石上神宮の建物のなかでは、檜皮葺《ひわだぶき》、切妻造《きりづまづくり》の出雲《いずも》建雄《たけお》神社の**拝殿（国宝）**がよい。

海外民族資料が名高い

天理大学附属天理参考館《てんりだいがくふぞくてんりさんこうかん》

案内 87P

交通　JR・近鉄天理駅から徒歩 20 分、タクシーで５分

天理教は江戸末期天保《てんぽう》９年（1838）に開かれた神道《しんとう》のひとつだが、この地を本拠にして、一都市を形成するに至った。市中には、教会本部や全国から集《つど》う信者詰所の数多くの建物の他、天理大学や附属図書館（日本の古文書類をはじめ世界的に貴重な文献を数多く集めている）、天理参考館などがある。天理参考館は約 30 万点にも及ぶ資料を収蔵する博物館となっており、「世界の生活文化」と「世界の考古美術」の２部門に分けて、約 3,000 点を常設展示して公開している。その多くは文字通り世界各国から収集された民俗資料と、日本・オリエント・中国を中心とする考古美術資料である。特に人物埴輪の中でもきわめて優れた作品とされる武装《ぶそう》した武人埴輪《ぶじんはにわ》など珍しい展示が多い。企画展もユニークなテーマで年３～４回開かれている。

花と文化財の寺

長岳寺《ちょうがくじ》

案内 87P

交通　JR柳本駅、徒歩20分　JR・近鉄天理駅❶から奈良交通バス61・62・64で（便少・所要14分）又はJR・近鉄桜井駅北口❷から奈良交通バス61・62・64（便少）で（所要15分）で上長岡下車、徒歩10分

山門近くに「根上《ねあが》りの松」がある。盛り上った根の下の方に小さな石仏が１基あり、これも山の辺の道の名物のひとつといえよう。この付近には、鎌倉から室町期にかけての石仏・石塔が多数残されている。長岳寺は、天長《てんちょう》元年（824）空海が開いたと伝えられるが、かつての盛大さは今はない。しかし、鐘撞《かねつき》堂と楼門《ろうもん》を兼ね備えた**鐘楼**《しょうろう》**門**（重層柿葺《じゅうそうこけらぶき》、平安時代）は、当時の面影を伝える。その他の建物は、桃山から江戸期にかけての再建である。また

本堂に安置される**阿弥陀如来**《あみだにょらい》と脇侍《きょうじ》2躯《く》（**観音**《かんのん》**・勢至**《せいし》**両菩薩半跏像**《ぼさつはんかぞう》）は、藤原時代末期の仁平《にんぺい》元年（1151）につくられたという銘をもつ。藤原期から鎌倉へかけての過渡的な姿を見せる、木造漆箔《しっぱく》の、力のこもった仏像である。張りのある頬《ほお》に玉眼《ぎょくがん》の瞳《ひとみ》が涼しげで、玉眼を使った最も古い作例でもある。他の文化財、特に狩野山楽筆の大地獄絵は圧巻である。全9幅構成（合計 縦3.5m、横11m）。この極楽地獄絵は毎年10月23日から11月30日に本堂で特別開帳され、住職の現代風絵解き説法「閻魔の嘆き」、「六道思想を現代に問う」も行われる。飛地境内だが、寺の西方、バス通りをはさんで離れたところに、**五智堂**《ごちどう》という宝形造《ほうぎょうづくり》の建物がある。中心に柱を立てた堂で、まめん堂、傘堂《かさどう》とも呼ばれる。鎌倉時代の建立。長岳寺の境内は、12,000坪を誇り、四季折々の花が咲き美しい。殊に4月下旬から5月上旬に咲く平戸つつじ（約1,000株）は圧巻である。庫裏で名物三輪そうめんがいただける、夏は冷やして、冬場はにゅうめんで。

三輪山そのものが御神体

大神神社《おおみわじんじゃ》

案内 82P

交通　JR三輪駅、徒歩10分　毎週土・日・祝は、シャトルバスが運行

大神神社は、日本の神社のなかでも最も古い起源をもつ神社のひとつである。神殿はなく、神社の背後にある三輪山そのものが御神体《ごしんたい》なのである。だから、この三輪山は最近まで入山禁止になっていたし、今でも、奥の方は入ることはできない。入山申し込みは狭井神社で。三輪山を神体とする信仰も、きわめて古いもので、当初は大和の一地方に信仰されていた神であったのだろうが、大和朝廷の勢力拡大とともに、三輪山信仰もその圏域《けんいき》を広げていき、『古事《こじ》記《き》』や『日本書紀』にもさかんに記載されている。山頂近くには磐座《いわくら》という神霊の宿る石組があり、それは、奥津《おくつ》磐座、中津《なかつ》磐座・辺津《へづ》磐座の3段から成る。周辺には巨石が点在し、古代信仰の雰囲気を醸《かも》しだすこの山からは、数多くの土器や祭器が出土している。宝物は、**宝物収蔵庫**に収蔵され、そこで一般に公開されている。その展示品は大きく、古代祭祀関係の出土品・伝世の神宝類・神宮寺関係文書・神宮下賜の神宝・近現代の美術品の5種類に分けられている。大神神社自体は素朴な神社である。鳥居があって、厚い樹林に囲われた参道が続く。拝殿の奥は御神体の三輪山なのである。山自体が神体であるというのは、いかにも、古い信仰形態をよく残しているといえよう。前述の石上神宮も、もとは神殿を持たなかった。これらのことは、古代の日本の信仰が<自然>を素朴に拝《おが》むところから始まったことを教えてくれているようである。酒の神でもある三輪の神は、<自然>が神体であることにふさわしいようにも思える。古く、酒は人の心を浄《きよ》め、神の姿を清らかにするための聖水でもあった。ここにも素朴な信仰の姿が見える。大神神社はいまも人々の信心に深く支えられている。

三輪山信仰登山道

狭井神社《さいじんじゃ》

案内 84P

交通　JR三輪駅、徒歩15分

通称、花鎮社と呼ばれる大神神社の摂社《せっしゃ》。名の由来である薬井戸の水「狭井の御神水」は、諸病を免れるとされており、持ち帰ることもできる。多くの人々がこの水を求めて参拝する。毎年4月18日に催される鎮花祭（例祭）は2000年の歴史をもち有名。境内は奇麗《きれい》に掃き清められていて、三輪山登山口がある。信仰登山道へは、狭井神社社務所に申し込み、住所・氏名を登録、登拝料（300円）を納め、三輪山参拝証と書かれた襷《たすき》を借りて入山する。三輪山は標高467.1m、整備された登山路を登り、いくつかの磐座を過ぎ、山頂の社まで40～50分程の道のり。登拝中はカメラ、ビデオの撮影が出来ないので注意。

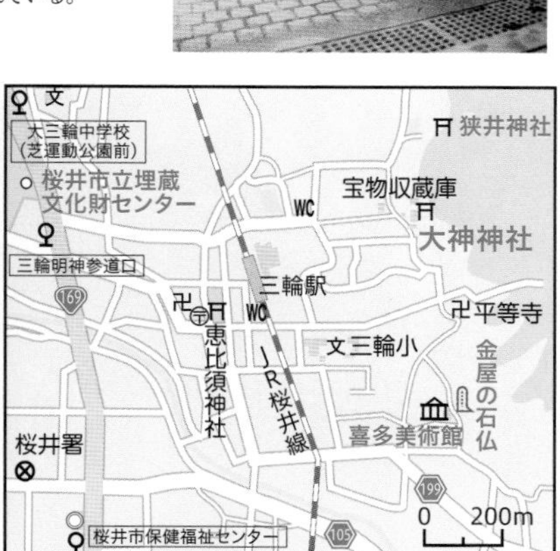

大和安倍の文殊さん

安倍文殊院《あべもんじゅいん》 案内 81P

交通　JR・近鉄桜井駅南口❷から奈良交通バス 36・SB（便極少）で安倍文殊院（所要 7 分）下車、すぐ

このあたり、安倍仲麻呂《あべのなかまろ》を生んだ豪族安倍氏の地であったところ。むかしは安倍氏の氏寺《うじでら》である安倍寺があった。平安時代の陰陽師・安倍晴明の誕生地とも。それはいま史跡となって発掘跡が公園になっており、現在の文殊院は鎌倉時代に入ってつくられたものである。京都の天の橋立切戸の文殊、山形の奥州亀岡の文殊に並ぶ、日本三文殊の第一霊場として名高い。文殊院の名の通り、本堂には文殊菩薩が安置されている。児童学生達に知恵を授けると、受験生が数多く合格祈願に訪れる寺だ。**獅子《しし》に乗る文殊**（木造・玉眼、文殊の大きさ2m、光背《こうはい》から台座での総高7m）を中心に、獅子の手綱《たづな》を取る**優《う》填王《てんおう》**が向かって右に、そのかたわらには**善財童子《ぜんざいどうじ》**、左側に**須菩提《すぼだい》**と**維摩居士《ゆいまこじ》**が置かれ、**渡海文殊《とかいもんじゅ》**の形式がとられている。すべて鎌倉時代の作で、快慶の作だと伝えられる（5体全てが国宝）。善財童子は、いかにも幼い姿で掌《たなごころ》を合わせ顔を振り向けた、可愛い像である。境内や周辺には古墳も多く、とくに安倍寺の創建者である安倍倉梯麻呂《あべのくらはしまろ》の墓と伝わる。西古墳は、羨道《せんどう》の幅が2.3m長さが8mあり、玄室《げんしつ》の広さは5.1×3m、その高さは2.6mある。天井には大きな1枚の花崗岩《かこうがん》を用い、その天井の中央にはアーチ状の凹《くぼ》みをつけている。また周囲の壁に積み上げた切石《きりいし》の細工《さいく》もていねいで、ひとつの切石の真ん中に縦線を入れて2枚に見せているものが3ヵ所もあり、古墳技術の粋を見せてくれる。

金閣浮御堂（秘仏安倍仲麻呂公像などを安置している）

国宝・十一面観音菩薩で有名

聖林寺《しょうりんじ》 案内 85P

交通　JR・近鉄桜井駅南口❶からコミュニティバス（SA）で聖林寺（所要 8 分）下車、3 分

藤原家の氏寺、妙楽寺（現、談山神社）の別院として創建された古刹。小高い所にあるだけに、門前から北を望む眺めはよい。美しい三輪山の山稜、それに箸墓など古代大和の古墳が散在する盆地の東半分が絵巻物のように展がる。奈良時代の名作、国宝・**十一面観音菩薩**で有名な寺である。明治初期の神仏分離令《しんぶつぶんりれい》によって大神神社《おおみわじんじゃ》の神宮《じんぐう》寺《じ》（大御輪寺《だいごりんじ》）にあったものがこの寺

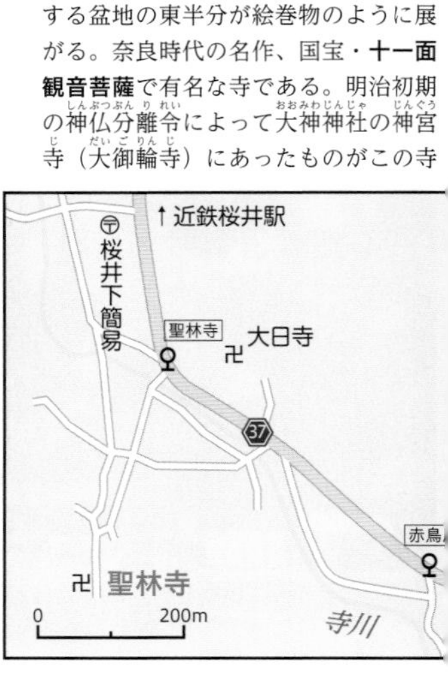

国宝・十一面観音菩薩

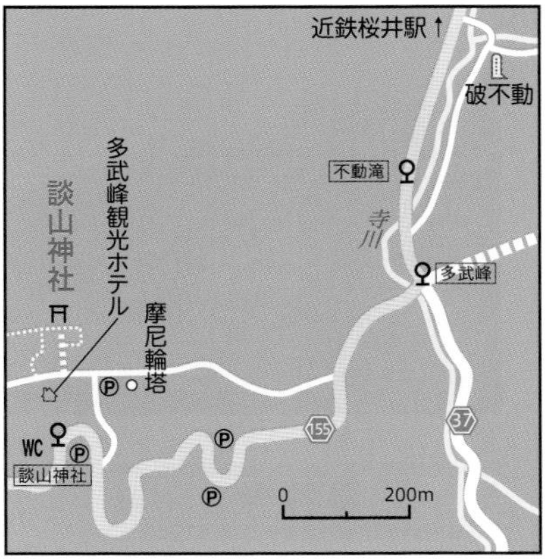

に移され、安置されたのだという。天平時代の最高傑作として、和辻哲郎《わつじてつろう》の『古寺巡礼《こじじゅんれい》』などにも賞讃《しょうさん》されてきた。乾漆像《かんしつぞう》で、高さ2.1m。左手に水瓶《すいびょう》を持ち、垂《た》れた右手の指先がしなやかに反《そ》り上っている。顔だちも豊かで、落ち着きがあり、身体全体もよく均整がとれている。ギリシァの彫刻と比肩《ひけん》しうる美しい彫像だというのである。乾漆造であるから衣文《えもん》の襞《ひだ》の動きも流麗《りゅうれい》である。なお、寺の門前からは大和王権の中心地、古代大和と卑弥呼《ひみこ》の墓ともいわれる箸墓《はしはか》などの古墳や、三輪山を一望のもとにできる。本尊は**丈六《じょうろく》の石仏**、子授け地蔵で客殿に安置されている。11月には寺の秘仏とされている曼荼羅も公開されている。

木造の十三重塔

談山神社《たんざんじんじゃ》

案内87P

交通　JR・近鉄桜井駅南口❶からコミュニティバス（SA）で談山神社（所要24～26分）下車、3分

多武峯《とうのみね》の山中に立つ藤原鎌足《ふじわらのかまたり》を祀《まつ》る神社。昔、中臣鎌足《なかとみのかまたり》と中大兄皇子《なかのおおえのおうじ》（後の天智《てんち》天皇）がここで大化改新《たいかのかいしん》の計画を練ったとか、蘇我入鹿《そがのいるか》を攻める謀議を語ったところと伝えられ、「談《かたら》い山」「談所ヶ森」からこの名が生まれた。神仏分離令によって多武峯寺が廃されることになるが、それまで比叡山《ひえいざん》の末寺であったので、しばしば興福寺《こうふくじ》の僧兵たちと戦いを交えた。そのため、社《やしろ》の建て方が城郭《じょうかく》風になっている。天智天皇8年（669）、国政に尽くした鎌足の病が重いことを知った天智天皇は、病床を見舞い、大織冠《たいしょくかん》を授けて内大臣に任じ、藤原の姓を賜った。藤原の姓はここに始まる。藤原鎌足の没後、長男の定慧《じょうえ》和尚と次男不比等《ふひと》は、父の由縁深い多武峰に墓を移し、天武《てんむ》7年（678）に木造の**十三重塔**を建立した。享禄《きょうろく》5年（1532）にも修理が施されたというが、十三重塔で木造なのは、この塔だけであろう。高さは約17mあり、檜皮葺《ひわだぶき》。神仏混淆《しんぶつこんこう》時代の名残であると同時に、談山神社のシンボル的な存在で、気品のある美しい塔である。毎年、4月29日（みどりの日）と11月3日（文化の日）には、「十三重の塔」の下で蹴鞠《けまり》祭が行われる。春の桜、夏の蝉時雨《せみしぐれ》、秋の紅葉、冬の雪景色など四季通じて楽しめるところ。

ひとあし延ばして行ってみたい
オススメ名所

8 長谷・大宇陀・室生

桜、牡丹、アジサイ、そして紅葉の花の寺

長谷寺《はせでら》

案内 89P

交通　近鉄長谷寺駅、徒歩 15 分

初瀬山《はつせやま》の中腹に大きな伽藍《がらん》を繰り広げる長谷寺は、古代から人々の心をとらえてきた寺である。境内《けいだい》のあちこちに咲き競う約 150 種、7000 株の牡丹《ぼたん》や 7000 本の桜、伽藍を朱に映しだす秋の紅葉も昔から名高く、「花の寺」とも呼びならわされてきた。長い**回廊**は、**仁王門**《におうもん》から 2 度折れて本堂まで続いているが、その石段の数は 400 段もあるという。天井には吊燈籠《つりどうろう》が吊り下げられており、回廊の側柱《そくちゅう》と石段と天井が織りなす建築美も、さすがにこの回廊ならではと感じ入らせる。上りつめたところに、荘大な建物の**本堂**がある。裳階《もこし》のついた入母屋造《いりもやづくり》、本瓦葺《ほんかわらぶき》で礼堂《らいどう》につながっている。慶安《けいあん》3 年（1650）の再建である。慶安といえば江戸初期だが、建物には桃山時代のスケールの大きい力感が充実している。京都の清水寺《きよみずでら》と同じように舞台が崖の上にせり出していて、眺《なが》めも実にすばらしい。この舞台の欄干《らんかん》の擬宝珠《ぎぼし》に「慶安 3 年」の銘が見える。本堂に掛けられた「大悲閣《だいひかく》」という扁額《へんがく》の書体も雄壮だが、この堂内に安置されている**十一面観音菩薩立像**は、10m の高さに及ぶ大きな像である。左手に蓮の花の入った水瓶を持ち、右手は数珠《じゅず》を掛けて錫杖《しゃくじょう》を持つ。これは観音と地蔵《じぞう》の両菩薩の持物《じぶつ》を合わせもった形で、長谷寺十一面観音独特の姿である。本堂から少し離れたところにある能満院《のうまんいん》という塔頭《たっちゅう》には、日限《ひぎり》地蔵（室町時代）というお地蔵さんが祀られている。日を限って祈願すると、願いが叶えられるという。長谷寺の宝物は、仁王門《におうもん》近くの宗《しゅう》宝蔵《ほうぞう》に数多く納められている。室町時代につくられた「長谷寺縁起絵巻《えんぎえまき》」や、鎌倉時代の「金銅《こんどう》十一面観音菩薩」、また藤原期の木彫仏などもあるが、とくに重要なのは銅板でつくられた「**法華説相図**《ほっけせっそうず》」（レプリカ）である。長谷寺の創建については、あまり確かな記録は残っていないのだが、飛鳥にあった川原寺《かわらでら》の僧道明《どうみょう》が、この初瀬山の西の岡に千仏多宝塔《せんぶつたほうとう》銅板を安置したのが始まりとも伝えられている。その説を裏付ける銘文がこの銅板説相図にみえる。縦 83.3cm、横 74.2cm、厚さ約 3cm の銅板に、釈迦《しゃか》が法華経《ほけきょう》を説いたときに現われたという多宝塔を中央に配して、上の方には小さな千体仏がぎっしりと、下辺には仁王や仏・菩薩のレリーフが貼りつけられている。銘文には、僧道明が飛鳥《あすか》浄御原《きよみがはら》天皇のために、戌《いぬ》年の 7 月にこの銅板を作って長谷寺に納めたとある。この戌年がいつの年に当たるのか議論の別れるところだが、レリーフの像は白鳳《はくほう》時代の雰囲気を漂わせている。

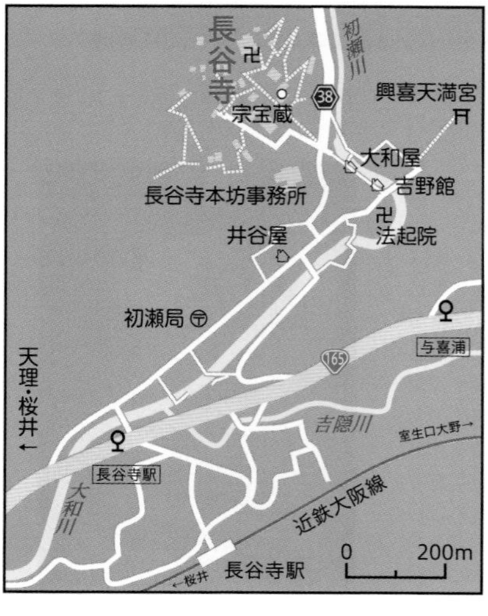

古代の狩場（薬猟）

阿騎野《あきの》・人麻呂《ひとまろ》公園《こうえん》

案内 81P

交通　近鉄榛原駅南口❷から奈良交通バス 1・2（便少）で大宇陀追間（所要 16 分）下車、徒歩 5 分

この地に古代の狩場（薬猟《くすりがり》）であった「阿騎野」の中心施設があった。現在遺跡公園として保存されており、復元された掘立柱《ほったてばしら》建物 2 棟、竪穴式《たてあなしき》住居 1 棟や、中山正實画伯の壁画「阿騎野の朝」をもとに作られた、馬にまたがる柿本人麻呂《かきのもとのひとまろ》像がある。

江戸中後期の建造物

宇陀市歴史文化館「薬《くすり》の館《やかた》」

案内 83P

交通　近鉄榛原駅南口❷から奈良交通バス1・2（便少）で大宇陀追間（所要16分）下車、徒歩10分

薬の館は、大宇陀《おおうだ》町の古い家並みに残る江戸中後期の建造物で、薬問屋を

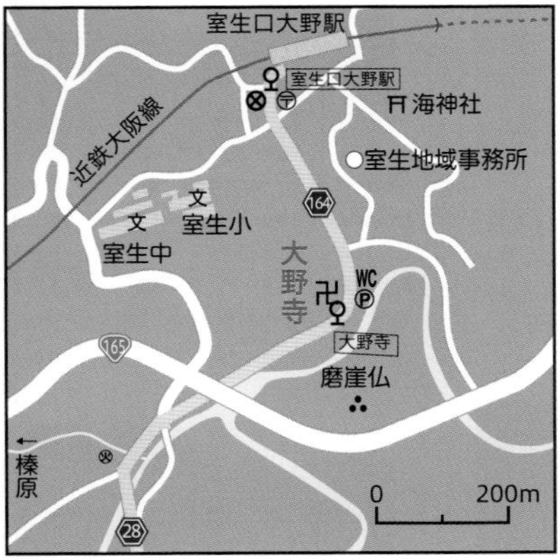

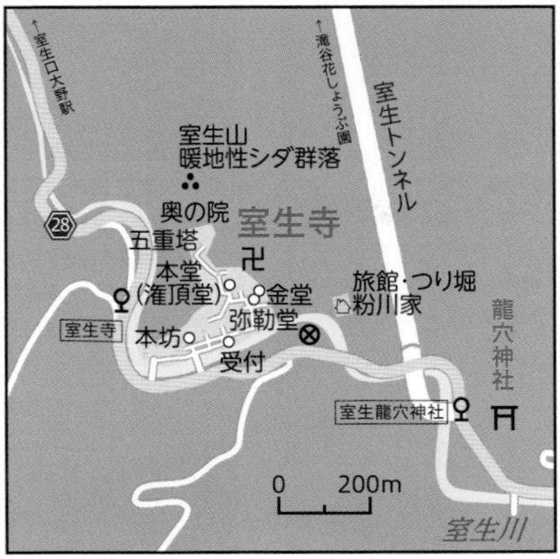

商っていた旧細川邸を修復し、現在の宇陀市歴史文化館として開館したもの。銅版葺唐破風付《どうばんぶきからはふつ》きという立派な看板が屋根にかかっている。細川家は天保７年（1835）に販売した腹薬「天寿丸」「人参五臓圓」などで人気を得た豪商。部屋がいくつあるか、わからないほど広い家には、薬に関する品々、町の歴史、文化に関するものなどを展示している。ちなみに藤沢薬品工業創業者の母親の実家という。

有名な磨崖仏を拝む

大野寺《おおのでら》

案内 82P

交通　近鉄室生口大野駅、徒歩６分

古くから室生寺の末寺として「室生寺の西の大門」とよばれてきた。そこには、奈良や京都では珍しい磨崖仏《まがいぶつ》がある。鎌倉時代に後鳥羽上皇《ごとばじょうこう》の勅願で造立され、総高約14mもある。礼拝所という祠《ほこら》を通して川向こうの磨崖仏を拝む。山壁を削って刻まれた像はもうろうとしているが、鎌倉末期の名作である。本堂の重文の**地蔵菩薩立**

像は「身代わり地蔵」と呼ばれ、無実の娘を火あぶりの刑から救ったという伝説が残っている。境内の樹齢200年ともいわれる枝ぶりも見事な枝垂桜が咲き乱れる春はおすすめ（2017年に枝が病気になり切ったため花は少なめ）。

初期密教の宝物に満ちた寺院

室生寺《むろうじ》

案内 90P

交通　近鉄室生口大野駅から奈良交通バス44（1日7便）で室生寺（所要14分）下車、徒歩5分

「女人高野《にょにんこうや》」の名で知られる室生寺は、山奥深く、室生川の川岸に建てられている。けわしい山地を利用して建てられ、密教《みっきょう》のお寺らしい気風のある伽藍《がらん》である。高野山が女人禁《きん》制《せい》の道場であったのに対し、女人たちの救いも受け入れる道場として開かれ、「女人高野」の名で親しまれてきた。山崖《さんがい》の険しい傾斜地に数多くの石段が組まれ、石段の網目に伽藍が配置されている。**弥勒堂**《みろくどう》（鎌倉期）には平安初期の檀像《だんぞう》・**弥勒菩薩像**が安置されている。**金堂**《こんどう》（平安初期）は、単層寄棟造《たんそうよせむねづくり》 柿葺《こけらぶき》の建物。この金堂の内部には、多くの平安初期の仏像が安置されている。中尊の**釈迦如来立像**（国宝）も堂々としている**十一面観音菩薩立像**（国宝）や**釈迦如来坐像**（国宝）は宝物殿に安置されている。台風損傷から平成12年（2000）、修復されたシンボル・**五重塔**（国宝）は、さらに石段を上りつめた奥にある。戸外に立つ五重塔としては最も小さい（16.7m）塔だが、高い杉木立の中に囲まれて隠れるように立っている。奥の院は、さらに険しい石段を上ったところに立つ。

弥勒堂

藤原宮跡　地図 72P、案内 89P

藤原京は、7 世紀末の持統《じとう》天皇から文武《もんむ》、元明《げんめい》3 代にわたって都の置かれたところ。東西 8 坊（約 2.1km）・南北 12 条（約 3.2km）の条坊《じょうぼう》制は唐の都・長安《ちょうあん》がモデルといわれる。

橿原考古学研究所附属博物館

地図 72P、案内 82P　研究所の発掘成果を中心に、考古学の基礎知識を幅広く展示する博物館。常設展「大和の考古学」では、考古学の基準資料を基に日本の歴史が概説されている。春秋に特別展。

橿原神宮　地図 70P、案内 82P

桧皮葺《ひわだぶき》の外拝殿、内拝殿、本殿が一直線に並び、白砂とのコントラストも美しい。社殿の東側に約 500 種、15 万本の樹木が茂る森林遊苑、南に鳥たちが羽を休める深田池がある。

久米寺

地図 70P

案内 84P

久米《くめ》仙人の伝説が有名な寺で、つつじ・紫陽花《あじさい》の名所。金堂、観音堂、多宝塔などが木立に包まれて古寺らしい雰囲気を醸《かも》し出している。本尊薬師如来は中風《ちゅうふう》等に霊験《れいけん》あらたか。

橿原市昆虫館　地図 72P、案内 82P

パネルや標本・映像などを楽しめる標本展示室、生息している環境や自然を再現した生態展示室、蝶が舞い、世界一小さな鳥・ハチドリが飛び交う放蝶温室からなる。

山田寺跡　地図 72P　案内 91P

興福寺国宝館に所蔵される国宝の丈六《じょうろく》仏の仏頭は、もと山田寺の金堂《こんどう》の本尊の仏頭であったという。現状は全くの廃寺であって、塔跡、金堂跡、講堂跡の土壇や礎石《そせき》が残る。

飛鳥資料館　地図 72P、案内 81P

奈良文化財研究所の一般向け展示施設。内容は、宮跡、石造遺物、寺院、古墳、高松塚古墳、飛鳥と万葉などのコーナーに分かれ、考古資料や模型、写真などで飛鳥の歴史を解説。

飛鳥坐神社　地図 72P、案内 81P

ユニークで迫真的なおんだ祭りで知られる神社で、宮司《ぐうじ》の飛鳥家は 90 代程も続いた名家という。民俗学者であり、偉大な国文学者でもあった折口信夫《おりぐちしのぶ》のお父さんの家でもある。

飛鳥寺（安居院）　地図 72P、案内 81P

日本で最初の本格的な寺院で、「日本書紀《にほんしょき》」では法興寺《ほうこうじ》と呼ばれている。その伽藍《がらん》配置は、東・中・西金堂と三つの金堂が塔を取り囲む珍しい形式。日本最古の仏像・飛鳥大仏を安置。

甘樫丘　地図 72P、案内 81P

日本書紀《にほんしょき》に登場するこの丘は標高 148m の丘。万葉展望台があり、大和三山《やまとさんざん》を望み、明《あ》日香《すか》地域が一望できる。一帯は桜、桃、すすきなど万葉ゆかりの花木を植えた歴史公園。

奈良県立万葉文化館　地図 72P、案内 90P

「万葉集《まんようしゅう》」をテーマにしたミュージアム。万葉の時代が体感できる空間や、万葉歌人を紹介する万葉劇場を備え、他に日本画展示室、万葉庭園、さやけしルームなどで構成。

亀形石造物

地図 72P

案内 83P

湧水《ゆうすい》を受け流水・排水する不思議な石造施設遺構。祭祀《さいし》の場では、とも。花崗岩《かこうがん》の石塊を成形して亀の形を彫ったもので、甲羅部分を水槽《すいそう》状に加工している。小判型石造物もある。

酒船石

地図 72P
案内 84P

飛鳥寺の南東の小高い丘の上にあり、長さ 5.3 m、幅は一番広いところで 2.27 m という花崗岩《かこうがん》でつくられた不思議な石造物。飛鳥時代につくられたものといい、今だに定説はない。

岡寺（龍蓋寺）

地図 72P
案内 82P

西国第 7 番札所。本堂に安置されている塑像《そぞう》、如意輪《にょいりん》観音菩薩坐像は巨大で、塑像としては日本で最も大きい。銅造如意輪観音菩薩半跏像を胎《たい》内仏《ないぶつ》として弘法大師《こうぼうだいし》がつくったと。

犬養万葉記念館　地図 72P、案内 81P

「万葉は青春のいのち」万葉研究の第一人者で独特の朗唱「犬養節」で知られる犬養孝《いぬかいたかし》の記念館。万葉集《まんようしゅう》を学ぶための図書が充実しており、明日香《あすか》の風景のビデオなどもある。

石舞台古墳　地図 72P、案内 81P

岡寺の南の方にある巨大な石が積み重ねられた横穴式石室の古墳である。飛鳥文化の壮大さと底深さを考えさせられる。この古墳はまた蘇我馬子《うまこ》の墓だともいわれている。

橘寺　地図 72P、案内 86P

聖徳太子《しょうとくたいし》の誕生の地といわれ、天平時代には 66 の堂宇《どうう》が立ち並び、食堂には 48 体の小金銅仏が祀られていたという。宝物で最も古いものは、平安初期の一木造・日羅《にちら》上人像。

弘福寺（川原寺跡）　地図 72P、案内 84P

古代の伽藍配置の中で重要なひとこまを占める壮大な川原寺の遺構が、くっきりと残されている。堂内には本尊十一面観音のほか、四天王の持国天《じこくてん》、多聞天《たもん》が安置されている。

亀石　地図 72P、案内 83P

岡寺の西方、橘寺の西にある。亀のうずくまったような形をした巨岩だが、平安時代の頃から亀石と呼ばれているという。何に使ったものかよくわからない。条理《じょうり》の境界標だとも。

鬼の俎

鬼の雪隠

鬼の俎・鬼の雪隠　地図 72P、案内 82P

俎《まないた》は最大長さ 4.4m、最大幅 2.65m、厚さ約 1m。雪隠《せっちん》は内幅 1.53m、高さ 1.30m で花崗岩をくり抜いて造った石室。何のために使われたのかわからなく、飛鳥古代人の文化の謎だ。

高松塚壁画館

高松塚古墳

地図 74P、
案内 86P

昭和 47 年に発掘された古墳は、石室内に描かれた極彩色の壁画によって一躍全国的なブームとなった。隣接する高松塚壁画館で、その精密な複製をじっくり鑑賞することができる。

壷阪寺（南法華寺）　地図 74P、案内 87P

人形浄瑠璃《にんぎょうじゅうるり》「壺坂霊験記《れいげんき》」で有名な千手観音が祀られる、西国三十三ヵ所の６番札所。境内の巨大な石造大観音像や釈迦《しゃか》の一生を描いたレリーフが参拝者の目を見張らせる。

原寸大石室

キトラ古墳壁画体験館「四神の館」

地図 74P、案内 83P

キトラ古墳や壁画について学ぶ体感型施設。実物大のキトラ古墳の石室や壁画の精巧なレプリカ、壁画の映像、飛鳥時代の生活をあらわしたジオラマ、シアターなどによる解説を楽しむことができる。有料・要予約で体験プログラムなどもある。

水落遺跡　地図 72P、案内 90P

日本書紀に後の天智《てんち》天皇・中大兄《なかのおおえの》皇子が初めて漏れ剋（水時計）を作ったという記述がある。この漏れ剋を据えた時計台の遺跡で、飛鳥資料館に復元模型が展示されている。

橿原《かしはら》の杜《もり》

バス停名称　橿原神宮前駅東口　❷

主な物件　橿原考古学研究所附属博物館　橿原神宮　久米寺　市立こども科学館　歴史に憩う橿原市博物館　真弓鑵子塚古墳　牽牛子塚古墳

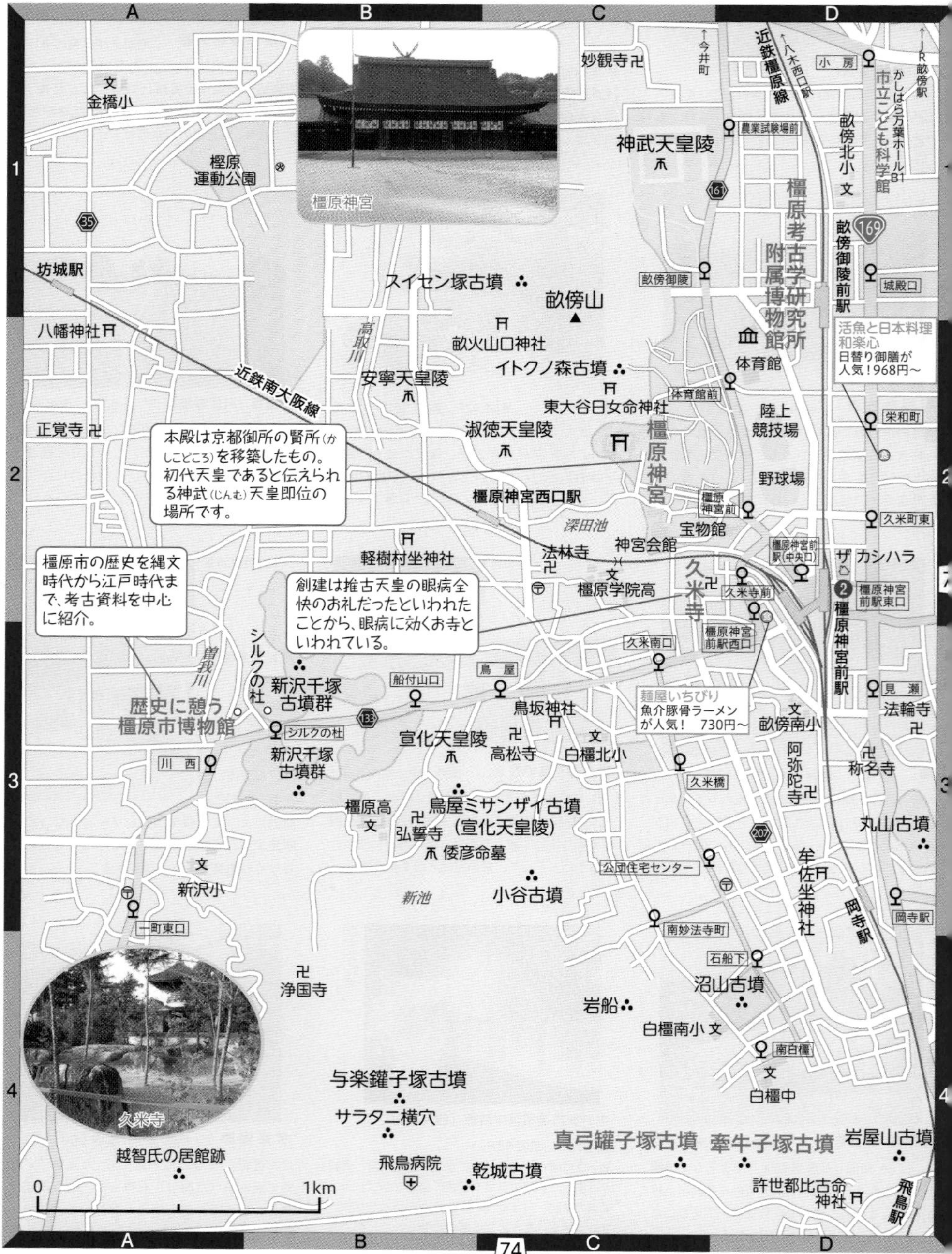

地域	目的地	参照ページ	のりもの案内 JR JR線 近 近鉄電車 奈 奈良交通バス			所要分	運賃(円)	乗換回数
			のりば	アクセス(🚶🚶は乗換)	おりば			
	近近鉄奈良駅 興福寺	18	近橿原神宮前駅	近橿原線急行で大和西大寺駅🚶🚶近奈良線急行	近近鉄奈良駅(徒歩 10 分でJR奈良駅)	34	590	1
	JR奈良駅	22	近橿原神宮前駅	近橿原線急行で近鉄郡山駅下車徒歩 15 分のJR郡山駅からJR関西本線	JR奈良駅	22+5	490+170	1
奈良公園界隈	東大寺 春日大社	28	近橿原神宮前駅	上記近近鉄奈良駅🚶🚶奈2･6･72･77･97 等	東大寺大仏殿･春日大社前	34+4〜5	590+250	2
				上記近近鉄奈良駅🚶🚶奈7･77･97	東大寺大仏殿、春日大社本殿	34+7〜9	590+250	2
				上記近近鉄奈良駅🚶🚶奈2･6･160 等	東大寺大仏殿･春日大社前、春日大社表参道	34+4〜5	590+250	2
	志賀直哉旧居 奈良市写真美術館 新薬師寺	28･30	近橿原神宮前駅	上記近近鉄奈良駅🚶🚶奈2･6･55〜58･61･62･122･160 等	破石町	34+5〜7	590+250	2
	白毫寺	30	近橿原神宮前駅	上記近近鉄奈良駅🚶🚶奈122〜124 (便極少)	白毫寺、徒歩 7 分	34+9	590+250	2
	名勝大乗院庭園文化館 元興寺(極楽坊)	28･32	近橿原神宮前駅	上記近近鉄奈良駅🚶🚶奈50･51･53･92 等	福智院町、徒歩 1〜3 分 福智院町、徒歩 5 分	34+4	590+250	2
	不退寺	40･42	近橿原神宮前駅	近 橿原線急行で大和西大寺駅🚶🚶近奈良線急行	近新大宮駅、北へ徒歩 15 分	28+3	590	1
	平城宮跡遺構展示館 平城宮跡資料館	42･44	近橿原神宮前駅	近橿原線急行	近大和西大寺駅、徒歩 10〜15 分	28	530	0
西大寺	秋篠寺	50		上記近大和西大寺駅🚶🚶奈72	秋篠寺、すぐ	28+4	530+220	1
	西大寺	50	近橿原神宮前駅	近橿原線急行	近大和西大寺駅、南口から徒歩 3 分	28	530	0
西ノ京	唐招提寺 薬師寺	48		近橿原線急行	近西ノ京駅(唐招提寺へは徒歩 10 分)	23	490	0
平城宮跡	平城京左京三条二坊宮跡庭園	44	近橿原神宮前駅	上記近近鉄奈良駅🚶🚶奈27･28･161 等	宮跡庭園･ミ･ナーラ、徒歩すぐ	34+14〜16	590+250	2
	大和文華館 中野美術館	54	近橿原神宮前駅	上記近大和西大寺駅🚶🚶近奈良線	近学園前駅(徒歩 7 分大和文華館･8 分中野美術館)	28+3	590	1
郡山・矢田	郡山城跡	4	近橿原神宮前駅	近橿原線急行	近近鉄郡山駅、徒歩 7 分	20	490	0
	大和民俗公園	60		上記近近鉄郡山駅🚶🚶奈20･71･72	矢田東山、徒歩 7 分	20+10〜17	490+320	1
	矢田寺	60		上記近近鉄郡山駅🚶🚶奈20(平日 1 日 4 便)	矢田寺前、徒歩 10 分	20+20	490+440	1
	慈光院	61		上記近近鉄郡山駅🚶🚶奈24･98	片桐西小学校、徒歩すぐ	20+11〜17	490+450	1
法隆寺	法隆寺	58	近橿原神宮前駅	近橿原線で筒井駅🚶🚶奈63･92	法隆寺前、徒歩 7 分	24+12	430+360	1
	中宮寺			上記近筒井駅🚶🚶奈63･92	中宮寺前、徒歩 5 分	24+9	430+360	1
	法起寺			上記近筒井駅🚶🚶奈63･92	法起寺口、徒歩 10 分	24+7	430+360	1
	法輪寺			上記近近鉄郡山駅🚶🚶奈98 (一日 7 便)	法起寺前、徒歩 10 分	20+19	490+470	1
	吉田寺(ぽっくりでら)			上記近筒井駅🚶🚶奈63･92	竜田神社、南へ徒歩 8 分	24+14	430+460	1
山の辺	石上神宮	62	近橿原神宮前駅	近橿原線急行で平端駅🚶🚶近天理線で天理駅	近天理駅、徒歩 30 分	15+6	490	1
	長岳寺	62		上記近天理駅🚶🚶奈61･62･64 (便少)	上長岡、徒歩 7 分	15+6+14	490+440	2
	大神神社	63	近橿原神宮前駅	近橿原線で八木西口駅下車、徒歩 6 分のJR畝傍駅🚶🚶JR桜井線	JR三輪駅、徒歩 7 分	4+9	240+210	1
安倍・多武峯	安倍文殊院	64	近橿原神宮前駅	近橿原線で大和八木駅🚶🚶近大阪線急行で桜井駅🚶🚶奈36 (便極少)･SBバス(便少)	安倍文殊院、徒歩 5 分	5+4+7	300+270･190	2
	聖林寺	64		上記近桜井駅🚶🚶奈SAバス	聖林寺、南へ徒歩 3 分	5+4+8	300+240	2
	談山神社	65		上記近桜井駅🚶🚶奈SAバス	談山神社、北へ徒歩 3 分	5+4+24	300+500	2
長谷・大宇陀・室生	長谷寺	66	近橿原神宮前駅	近橿原線で大和八木駅🚶🚶近大阪線準急	近長谷寺駅、徒歩 20 分	5+10	430	1
	大宇陀	66	近橿原神宮前駅	近橿原線で大和八木駅🚶🚶近大阪線準急で近榛原駅🚶🚶奈1･2	大宇陀(大願寺徒歩 3 分、森野旧薬園徒歩 5 分)	5+15+20	490+500	2
	大野寺	67	近橿原神宮前駅	近橿原線で大和八木駅🚶🚶近大阪線急行	近室生口大野駅、南へ徒歩 10 分	5+21	530	1
	室生寺	67		上記近室生口大野駅🚶🚶奈44 (平日一日 7 便)	室生寺前、徒歩 5 分	5+21+14	530+500	2
	今井町	78	近橿原神宮前駅	近橿原線	近大和八木駅、徒歩 5 分	5	240	0
橿原	橿原考古学研究所附属博物館	70･72	近橿原神宮前駅	近橿原線	近畝傍御陵前駅、徒歩 5 分	1	180	0
飛鳥	飛鳥資料館	72	❷	奈15〜17･23 等(便少)	明日香奥山･飛鳥資料館西、徒歩 5 分	10〜14	320	0
	飛鳥寺	72	❷	奈15〜19･23 等(便少)	飛鳥大仏前(飛鳥寺徒歩 1 分、飛鳥坐神社徒歩 5 分)	14〜18	290	0
	万葉文化館	72	❷	奈15〜19･23 等(便少)	万葉文化館西口、すぐ	15〜19	310	0
	橘寺　弘福寺(川原寺跡)	72･74	❷	奈15〜19･23 等(便少)	岡橋本(弘福寺(川原寺跡)スグ、橘寺徒歩 3 分)	12〜22	370	0
	岡寺	72	❷	奈15〜19･23 等(便少)	岡寺前、徒歩 10 分	14〜28	370	0
	石舞台古墳	72･74	❷	奈15〜17･23 等(便少)	石舞台、徒歩 3 分	21〜25	440	0
	天武持統天皇陵 高松塚壁画館	72･74	近橿原神宮前駅	近吉野線	近飛鳥駅、徒歩 5 分。天皇陵･壁画館は、徒歩 15 分	4	200	0
	壷阪寺	74	近橿原神宮前駅	近吉野線急行で壺阪山駅🚶🚶奈20 (1 日 4 便+3 月季節運行)	壷阪寺前、徒歩 2 分	7+11	260+380	1
	當麻寺	79	近橿原神宮前駅	近南大阪線普通	近当麻寺駅、徒歩 15 分	15	300	0
	吉野山(金峯山寺蔵王堂)	79	近橿原神宮前駅	近吉野線急行で吉野駅🚶🚶吉野千本口駅から吉野ロープウェイ	ロープウェイ吉野山駅、徒歩 15 分 ＊吉野･大峯ケーブル自動車㈱HP参照	48+3	560+450	1

藤原宮跡《ふじわらきゅうせき》・甘樫丘《あまかしのおか》

甘樫丘園路の一部（約 2.3 ｋｍ）は、万葉の植物園路として万葉集、古事記、日本書紀にうたわれた 40 種類の万葉植物や桜やスモモの花を観察しながら楽しめます。丘陵と田園が広がる飛鳥の里、秋のコスモスが風に揺れると絵本の１ページのような風景です。

主な物件　飛鳥資料館　甘樫丘　石舞台古墳　岡寺　亀石　弘福寺（川原寺跡）　酒船石　橘寺　藤原宮跡

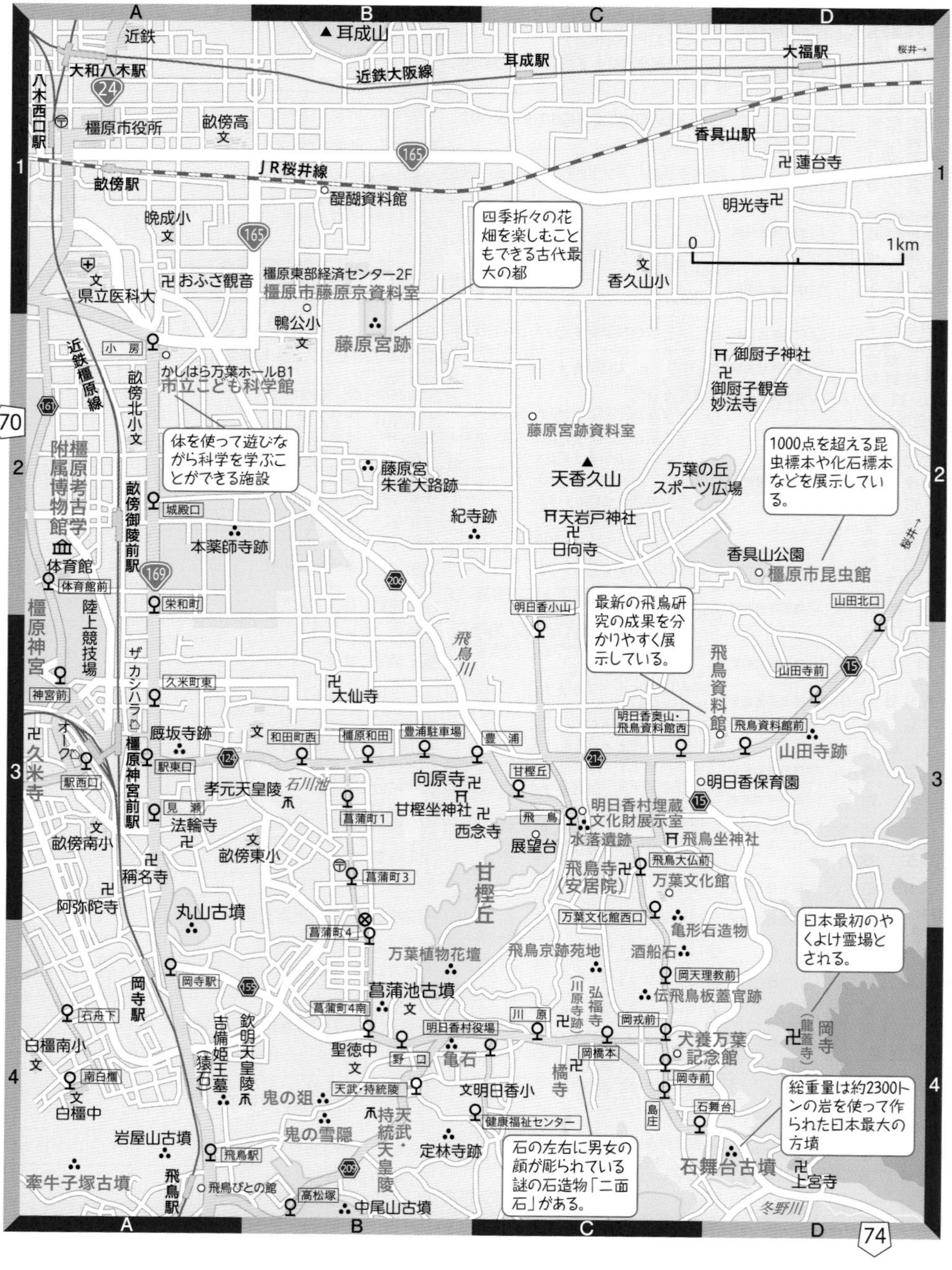

かめバスの利用

日香周遊バス(赤かめ)
かめは、橿原神宮駅東口から明日香村内を周遊して、飛鳥駅までの区間を往復運行。

「明日香周遊バス(1日・2日)フリー乗車券」がお得で便利

日香周遊バス(赤かめ)が乗り放題となります。

金　大人　750円　小人380円　(1日フリー乗車券)
　　大人　1,100円　小人550円　(2日フリー乗車券)

車券販売窓口

橿原神宮前駅(東改札口)
飛鳥びとの館(飛鳥駅前)　0744-54-3240
石舞台駐車場料金所0744-54-4577
奈良交通八木案内所
セブンイレブンハートインJR桜井駅南口店
キトラ古墳壁画館体験館 四神の館　0744-54-5105
かしはら観光インフォメーションセンター神宮前　0744-27-2070
バス車内では販売していません。

赤かめについての問合せ先

奈良交通テレホンセンター　0742-20-3100
奈15～16、23は赤かめ。

明日香周遊バス（赤かめ）

主なバス停と所要分

橿原神宮駅東口
↓↑（所要 10 分）
明日香奥山・飛鳥資料館西
↓↑（所要 4 分）
飛鳥大仏前
↓↑（所要 8 分）
石舞台
↓↑（所要 2 分）
岡寺前
↓↑（所要 6 分）
健康福祉センター
↓↑（所要 11 分）
飛鳥駅

※月～金曜は約 60 分間隔での運行ですが、4/1～5/31・9 月第 3 土曜日～ 11 月第 3 日曜日は約 30 分間隔にて増発運行されます。

P75 の路線図も参照

のりもの案内　JR JR線　近 近鉄電車　奈 奈良交通バス

地域	目的地	参照ページ	のりば	アクセス(🚶…🚶は乗換) ※奈15～16、23は赤かめ	おりば	所要分	運賃(円)	乗換回数
橿原	近 橿原神宮前駅	70·72	甘樫丘	奈2·16～18·23（便少）	橿原神宮前駅東口	7～9	290	0
			明日香奥山・飛鳥資料館西	奈16·17·23	橿原神宮前駅東口	10～15	320	0
			飛鳥大仏(飛鳥寺、飛鳥坐神社)	奈2·16～19·23	橿原神宮前駅東口	10～20	290	0
			万葉文化館西口	奈2·16～19·23	橿原神宮前駅東口	11～20	310	0
			岡天理教前(酒船石)	奈2·16～19·23	橿原神宮前駅東口	12～21	370	0
			岡寺前	奈2·5·16～19·23	橿原神宮前駅東口	14～23	370	0
			石舞台	奈16·17·23（便少）	橿原神宮前駅東口	20～25	440	0
			岡橋本(弘福寺(川原寺跡)、橘寺)	奈5·16·18·19·23	橿原神宮前駅東口	12～29	370	0
			川原(弘福寺(川原寺跡))	奈5·16·18·19·23	橿原神宮前駅東口	11～30	370	0
			近 飛鳥駅	近 吉野線急行	近 橿原神宮前駅	4	200	0
飛鳥	近 飛　鳥　駅	72·74	高松塚	奈15·16·23（便少、以下同様）	飛鳥駅	3～5	220	0
			天武・持統陵	奈15·16·23	飛鳥駅	5～7	220	0
			川原(弘福寺(川原寺跡))	奈15·16·23	飛鳥駅	12～14	260	0
			岡橋本	奈15·16·23	飛鳥駅	13～15	260	0
			石舞台	奈15·16·23	飛鳥駅	17～19	320	0
			明日香奥山・飛鳥資料館西	奈15·16·23	飛鳥駅	29～31	410	0
			飛鳥大仏	奈15·16·23	飛鳥駅	25～27	360	0
桜井	JR・近 桜井駅	3·72	飛鳥資料館	奈36（1 日 3 便）	桜井駅南口	14	400	0
	近 壺 阪 山 駅	74	近 飛鳥駅	近 吉野線	近 壺阪山駅	3	200	0
	近 近鉄奈良駅	18		上記 近 橿原神宮前駅🚶…🚶 近 橿原線急行で大和西大寺駅🚶…🚶 近 奈良線	近 近鉄奈良駅	7～30+28+6	290～440+590	3
	JR 奈　良　駅	22		上記 近 近鉄奈良駅から徒歩 15 分				
	当　麻　寺	74		上記 近 橿原神宮前駅🚶…🚶 近 南大阪線	当麻寺、徒歩 15 分	7～30+19	290～440+300	2
	長 谷 寺 駅	66		上記 近 橿原神宮前駅🚶…🚶 近 橿原線で大和八木駅🚶…🚶 近 大阪線急行	近 長谷寺駅、徒歩 20 分	7～30+5+10	290～440+430	3
	大　野　寺 室　生　寺	67		上記 近 橿原神宮前駅🚶…🚶 近 橿原線で大和八木駅🚶…🚶 近 大阪線急行	近 室生口大野駅、徒歩 6 分	7～30+5+11	290～440+530	3
				上記 近 室生寺大野駅🚶…🚶 奈44（1 日 3 便）	室生寺、徒歩 5 分	7～30+5+11+14	290～440+530+500	4

高松塚《たかまつづか》・壺阪寺《つぼさかでら》

春の大仏桜も名高いが、６月下旬～７月下旬の壺阪寺は、時折吹く風に、ラベンダー（約 3500 株）のさわやかな香りが運ばれてきて、境内を独特の香りで包みます。多宝塔、大講堂など千三百年の時を越えて復興された伽藍は、秋、紅葉に染まると美しさが際立ちます。

主な物件　キトラ古墳壁画体験館「四神の館」　高松塚古墳　高松塚壁画館　橘寺
壺阪寺（南法華寺）　天武・持統天皇陵

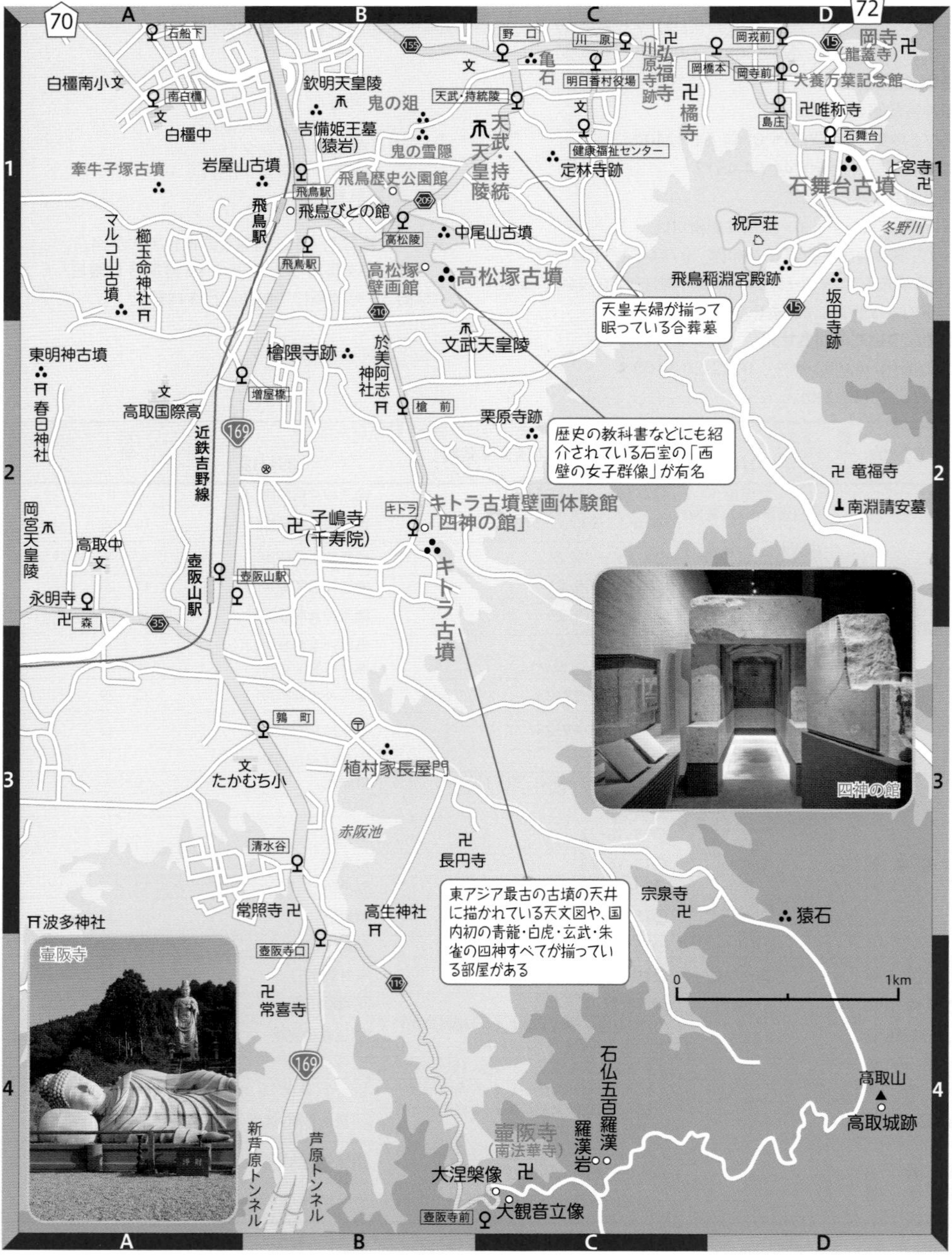

赤かめバス路線図

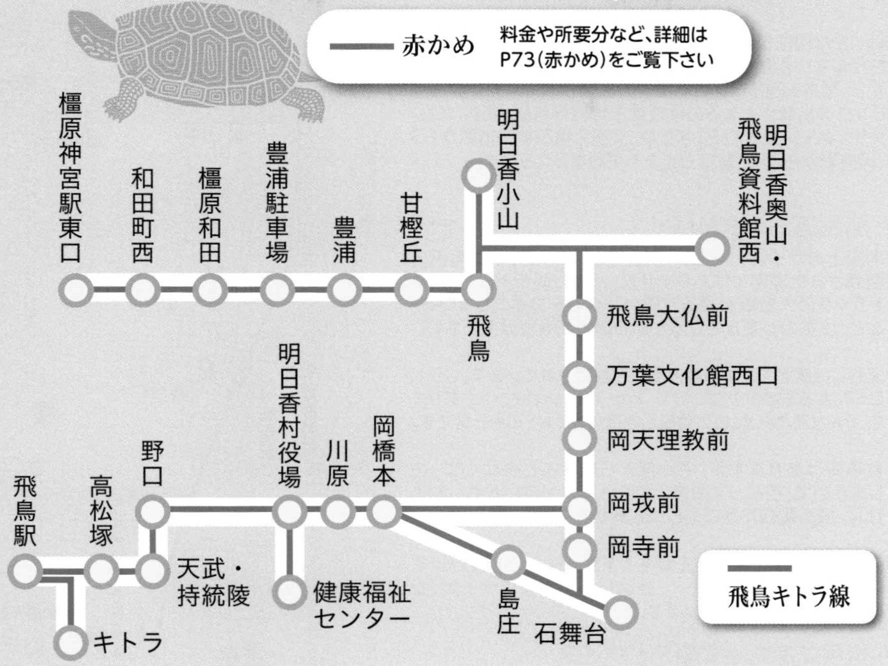

地域	目的地	参照ページ	のりもの案内 JR JR線 近 近鉄電車 奈 奈良交通バス のりば	アクセス（🚶…🚶は乗換）	おりば	所要分	運賃（円）	乗換回数
奈良公園界隈	近 近鉄奈良駅 東大寺 興福寺	18	近 壺阪山駅	近 吉野線急行で橿原神宮前駅🚶…🚶 近 橿原線急行で大和西大寺駅🚶…🚶 近 奈良線	近 近鉄奈良駅（徒歩10分で JR 奈良駅）	7+36+6	700	2
	JR 奈良駅	22	近 壺阪山駅	近 吉野線で橿原神宮前駅🚶…🚶 近 橿原線で近鉄郡山駅下車、徒歩15分の JR 郡山駅から JR 関西本線	JR 奈良駅	7+27+4	550+170	2
佐保路	不退寺	40・42	近 壺阪山駅	近 吉野線で橿原神宮前駅🚶…🚶 近 橿原線で大和西大寺駅🚶…🚶 近 奈良線急行	近 新大宮駅、北へ徒歩15分	7+36+2	700	2
	平城宮跡遺構展示館 平城宮跡資料館	4	近 壺阪山駅	近 吉野線で橿原神宮前駅🚶…🚶 近 橿原線	近 大和西大寺駅、徒歩10～15分	7+36	610	1
西大寺	西大寺	51	近 壺阪山駅	同上	近 大和西大寺駅、南口から徒歩3分	7+36	610	1
西ノ京	唐招提寺 薬師寺	48	近 壺阪山駅	近 吉野線で橿原神宮前駅🚶…🚶 近 橿原線	近 西ノ京駅（唐招提寺へは徒歩10分）	7+31	550	1
法隆寺	法隆寺	58	近 壺阪山駅	近 吉野線で橿原神宮前駅🚶…🚶 近 橿原線で近鉄郡山駅下車、徒歩15分の JR 郡山駅から JR 関西本線	JR 法隆寺駅	7+27+7	550+190	2
	長谷寺	66	近 壺阪山駅	近 吉野線で橿原神宮前駅🚶…🚶 近 橿原線で大和八木駅🚶…🚶 近 大阪線急行	近 長谷寺駅、徒歩20分	7+5+10	450	2
	大野寺	67	近 壺阪山駅	近 吉野線で橿原神宮前駅🚶…🚶 近 橿原線で大和八木駅🚶…🚶 近 大阪線急行	近 室生口大野駅、南へ徒歩10分	7+5+22	610	2
	今井町	78	近 壺阪山駅	近 吉野線で橿原神宮前駅🚶…🚶 近 橿原線	近 八木西口駅、徒歩5分	7+4	320	1
飛鳥	飛鳥歴史公園館 天武・持統天皇陵 高松塚壁画館	72・74	近 壺阪山駅	近 吉野線	近 飛鳥駅、徒歩5分。天皇陵・壁画館は、徒歩15分	2	200	0
	壷阪寺	74	奈 壺阪山駅	奈 20（1日4便+3月季節運行）	壷阪寺前、徒歩2分	11	380	0
	當麻寺	79	近 壺阪山駅	近 吉野線急行で橿原神宮前駅🚶…🚶 近 南大阪線	近 当麻寺駅、徒歩15分	7+15	380	1
	吉野山（金峯山寺蔵王堂）	79	近 壺阪山駅	近 吉野線で吉野駅🚶…🚶吉野千本口駅から吉野ロープウェイ	ロープウェイ吉野山駅、徒歩15分 ＊吉野・大峯ケーブル自動車㈱HP参照	41+3	520+450	1

※のりもの案内
P72、74参照

飛鳥サイクリングマップ

のどかな田園風景が広がる飛鳥、そこには古墳や石造物など古代ロマンを偲ばせる史跡があちらこちらに眠っています。だから、飛鳥を巡るには自転車での散策がオススメです。サイクリングの出発点となるのは近鉄吉野線飛鳥駅。駅前にはレンタサイクルショップが立ち並び、交通も橿原神宮前駅から3分、岡寺駅から2分と急行も止まる便利なところです。

◆ 飛鳥巡りのアドバイス

○地図上のサイクリングロード全てが、サイクリング専用の整備された道路ではありません。そのため所々に**“バスやトラックの大型車が通る”“狭い”“少しデコボコしている”**など、注意の必要なところがあるので気をつけて下さい。

○道路には観光のための案内標識が設置されています。しかし目印になるものが少ないので、わかりにくいポイントもあります。そんな時のために、方位磁石を用意しておくのも一策です。

○食事処はありますが、中心部から離れると少なくなってしまうので、前もって準備しておいた方が良いかもしれません。飛鳥駅前にはコンビニもあります。

○スケジュールを組んで史跡をくまなく巡るのも良いですが、見学ポイントを絞って、後は自由気ままにサイクリングを楽しむのもオススメです。

◆ 利用にあたってのアドバイス

レンタサイクルショップは、飛鳥駅前や主要なポイントの周辺にあります。一般的に料金は平日1日900円（休日1000円）、営業時間は9時～17時、定休日は無いところがほとんどです。中でも営業所を持つお店は、相互乗り捨てができます（要別料金）。また、シーズン中は大変混み合うので、修学旅行のグループ行動などで利用する場合は、事前予約をしておいた方が良いでしょう。

◆主なレンタサイクルショップガイド

（市外局番は0744）

・明日香レンタサイクル（観光明日香公共事業株式会社）
連絡先54-3919
〈近鉄飛鳥駅前／本社〉

・レンタサイクル万葉
連絡先54-3500
〈近鉄飛鳥駅前〉

※その他

・堂ノ前レンタサイクル〈川原寺西隣〉54-2395

・橋本サイクルセンター〈岡寺駅前〉27-4663

・レンタサイクルひまわり〈近鉄飛鳥駅前〉54-5800

スポット情報は変更になる場合があり、事前確認をおススメします。

料金、営業時間等の詳細については各レンタサイクルショップにてお問い合わせ下さい。

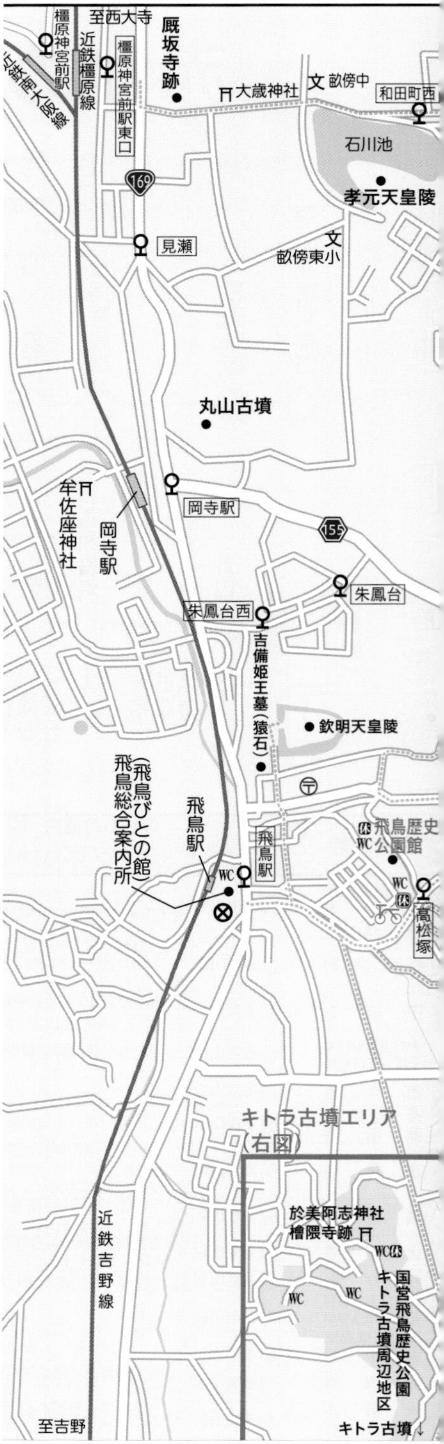

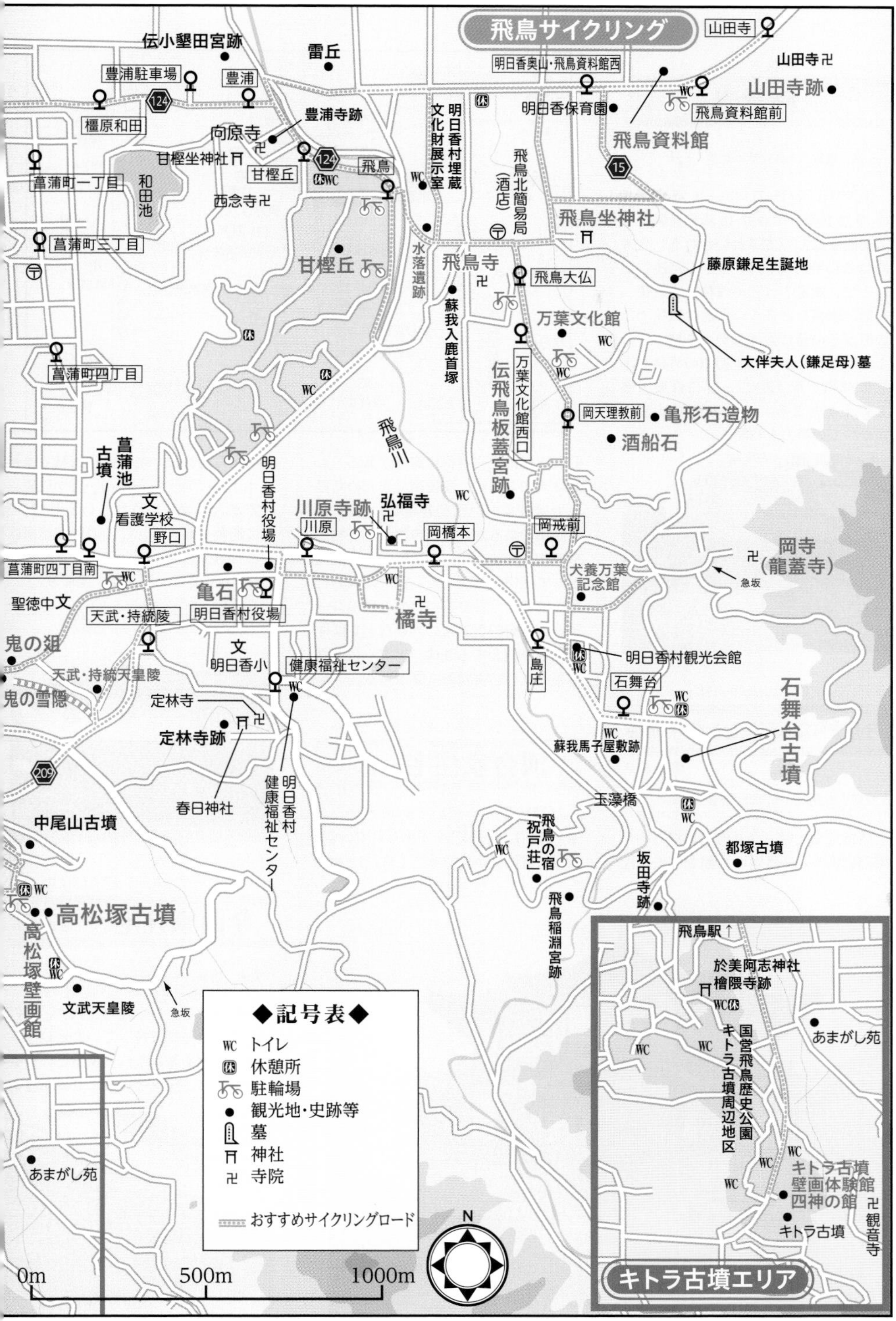

飛鳥サイクリング
山田寺
山田寺
山田寺跡
明日香奥山・飛鳥資料館西
飛鳥資料館前
飛鳥資料館
明日香保育園
15
伝小墾田宮跡
雷丘
豊浦駐車場
豊浦
124
橿原和田
向原寺
豊浦寺跡
甘樫坐神社
甘樫丘
飛鳥
明日香村埋蔵文化財展示室
飛鳥北簡易局（酒店）
飛鳥坐神社
藤原鎌足生誕地
菖蒲町一丁目
和田池
西念寺
菖蒲町三丁目
甘樫丘
水落遺跡
飛鳥寺
飛鳥大仏
蘇我入鹿首塚
万葉文化館
大伴夫人（鎌足母）墓
菖蒲町四丁目
万葉文化館西口
伝飛鳥板蓋宮跡
岡天理教前
亀形石造物
酒船石
飛鳥川
菖蒲池古墳
明日香村役場
看護学校
川原寺跡
弘福寺
川原
野口
岡橋本
岡戒前
岡寺（龍蓋寺）
急坂
菖蒲町四丁目南
犬養万葉記念館
聖徳中
亀石
明日香村役場
天武・持統陵
橘寺
鬼の俎
天武・持統天皇陵
鬼の雪隠
明日香小
健康福祉センター
島庄
明日香村観光会館
石舞台
定林寺
定林寺跡
春日神社
明日香村健康福祉センター
石舞台古墳
蘇我馬子屋敷跡
209
玉藻橋
中尾山古墳
飛鳥の宿「祝戸荘」
坂田寺跡
都塚古墳
高松塚古墳
高松塚壁画館
飛鳥稲淵宮跡
文武天皇陵
急坂
あまがし苑
◆記号表◆
WC トイレ
休 休憩所
駐輪場
観光地・史跡等
墓
神社
寺院
おすすめサイクリングロード
0m
500m
1000m
N
飛鳥駅↑
於美阿志神社
檜隈寺跡
国営飛鳥歴史公園キトラ古墳周辺地区
あまがし苑
キトラ古墳壁画体験館四神の館
観音寺
キトラ古墳
キトラ古墳エリア

ひとあし延ばして行ってみたい オススメ名所 9 今井町

豪壮な伽藍

称念寺《しょうねんじ》 案内 85P

交通　近鉄八木西口駅、徒歩 12 分

天文《てんぶん》10 年 (1541) に一向宗《いっこうしゅう》（現在の浄土真宗《じょうどしんしゅう》）の今井兵部《いまいひょうぶ》の道場として建立されたのではといわれる。今井町はこの寺の寺内町《じないちょう》として発達したもので、**本堂**をはじめ鐘楼、太鼓楼、客殿、庫裏など多くの伽藍は豪壮でこの町がその昔に大きな勢力を持っていたことが伺える。近世初頭の再建の本堂は令和４年（2022）春に修復工事を終えたところ。入母屋造《いりもやづくり》の大屋根がかつての勢力を物語る。

今井町の町並み紹介

今井《いまい》まちなみ交流《こうりゅう》センター・華甍《はないらか》

案内 81P

交通　近鉄八木西口駅、徒歩 10 分

県指定文化財。今井町旧環濠《かんごう》外の東南部にあり、2 階建の本館を中央に配し、両側に左右対称に翼廊《よくろう》がある。外観は大和らしく、和風調にまとめた県下では数少ない明治建築物。明治 36 年建築であるが、旧高市郡教育博物館や昭和元年より約 30 年間今井町役場として使用されていた。江戸時代の町並みを残す今井町についての展示コーナー、伝統的な町家の外観などを鮮明な画像で紹介する映像シアター、また情報提供の図書閲覧室等がある。

18 世紀後半から続く造り酒屋

河合家住宅《かわいけじゅうたく》 案内 83P

江戸中期から続いているという名家。軒下には「杉玉《すぎだま》」が吊られていて、酒蔵の雰囲気が伝わってくる。18 世紀後半から現在まで続く造り酒屋で屋号は「上品寺屋《じょうぼんじや》」。屋根の一方が切妻《きりづま》、一方が入母屋《いりもや》という珍しい造りで、2 階に座敷を備える。ここの代表銘柄は「出世男」ということで、立身出世を願う人はいかが。見学は 1 階のみ。

交通　近鉄八木西口駅、徒歩 8 分

今井まちなみ交流センター・華甍

八ツ棟造という豪壮な家屋

今西家住宅《いまにしけじゅうたく》 案内 81P

交通　近鉄八木西口駅、徒歩 15 分

今井町で最も古い建物で代々、町の惣年寄《そうどしより》で自治権を持っていたという。いくつも棟を重ねた八ツ棟造という豪壮な家屋は、民家というより城郭建築

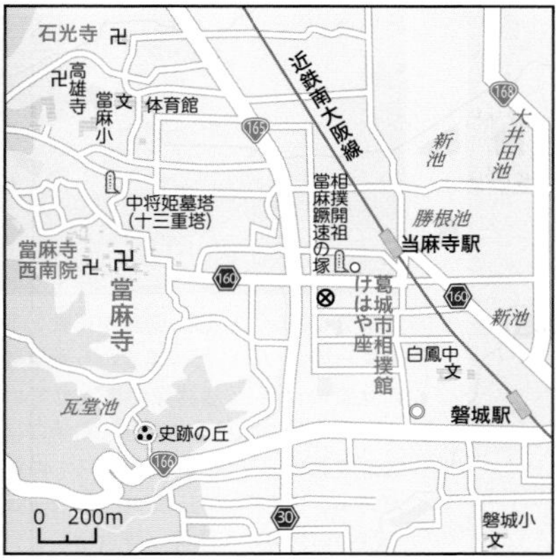

を思わせる。中には「裁き場」や「いぶし牢」などが残っており、広い土間が特徴的。

1300年の伝統を伝える寺

當麻寺《たいまでら》

案内 86P

交通　近鉄当麻寺駅、徒歩15分

當麻寺《たいまでら》創建の由来は定かではない。かつては壮大な伽藍《がらん》を誇ったであろうこの寺も、いまは、草創期の姿からはだいぶん変貌している。しかし、**三重塔**は東と西に草創期の面影そのままに立ち、伽藍域に両塔がこうして古代の姿のまま残っている寺は、もう當麻寺しかないのである。二塔のがっしりとした構えは天平《てんぴょう》時代の風格をもって目を奪う。梵鐘《ぼんしょう》を過ぎた左手、**中《なか》之坊《のぼう》**は、中将姫《ちゅうじょうひめ》の守り本尊「導き観音」を祀る。**庭園**のボタン園は有名だ。金堂は鎌倉時代の末に再建された。堂内には、本尊である白鳳期の塑像《そぞう》・**弥勒仏**を中心に、役《えん》の行者《ぎょうじゃ》ゆかりの**四天王像**（乾漆造《かんしつぞう》・白鳳期）が四隅に威容を誇っている。**講堂**も鎌倉時代の建物だが、中には、丈六の**阿弥陀如来**など藤原時代の仏像がたくさん安置されている。**曼荼羅《まんだら》堂**と呼ばれる本堂は、金堂や講堂の西の方にある。當麻寺は中将姫の伝説で有名なお寺である。堂内には、木造来迎仏《らいごうぶつ》や木造中将姫29歳像、藤原時代の迫力のある木造十一面観音菩薩などが安置されている。

尾根道の高台に突き出たシンボル

金峯山寺《きんぷせんじ》(蔵王堂《ざおうどう》)

案内 84P

交通　近鉄吉野駅から徒歩5分の千本口駅より吉野ロープウェイで吉野山駅（所要3分）下車、徒歩10分

東大寺《とうだいじ》の大仏を鋳《い》た銅の余りでつくられたという**銅《かね》の鳥居**（康正《こうしょう》元年＝1455再建）を通って寺に入る。大きな石で築かれた石垣の上に**仁王門《におうもん》**がそびえている。両わきには、仏師康成《こうせい》がつくったという仁王が立つ。このあたりから、吉野川の方を見下ろす眺めもすばらしい。修験道は平安時代から盛んに信仰されだすが、護摩《ごま》を焚《た》いて祈《き》祷《とう》し、山中で苦行を重ねて神験《しんけん》（仏教でいう悟り）を得る。こういう修験者のことを山伏《やまぶし》という。この修験道の本尊は蔵王権現《ざおうごんげん》である。仏教と神道の合体から生まれた、垂迹《すいじゃく》思想の産物である。伝説では、役行者《えんのぎょうじゃ》が金峯山で参籠《さんろう》中に現われたといわれているが、やはり密教の発展のなかから産み出されたと考えたほうがよい。ふつう一面《いちめん》三眼二臂《さんがんにひ》で忿怒《ふんぬ》の形相《ぎょうそう》をしている。金峯山寺の本堂にはこの蔵王権現が祀られていて、**蔵王堂**（国宝）と呼ばれている。この堂の内陣《ないじん》の柱は、神代杉《じんだいすぎ》やツツジの自然木をそのままに使っている。金峯山寺には、さきの仁王をはじめ、藤原時代の**千手観音像図**や、**廻《かい》船入港《せんにゅうこう》図額**（板絵《いたえ》着色・江戸時代）など寺宝も多い。

銅の鳥居

當麻寺

蔵王堂

9 吉野

日本住宅建築史上最古の書院

吉水神社《よしみず》 案内 91P

交通　近鉄吉野駅から徒歩 5 分の千本口駅より吉野ロープウェイで吉野山駅（所要 3 分）下車、徒歩 20 分

かつて義経《よしつね》が静御前《しずかごぜん》や弁慶たちと逃げのびて隠れ住んだところ、また後醍醐天皇が行宮《あんぐう》としたところでもあり、のちには、太閤秀吉が吉野山花見のときの本陣としたところ。単層入母屋造、檜皮葺《ひわだぶき》の書院には、義経潜居《せんきょ》の間や後醍醐天皇玉座《ぎょくざ》の間、太閤花見の間などが保存されている。また、室町初期の遺構を残し、日本最古の書院造の様子を見せてくれる。花見の間から吉野の谷を見る眺めは流石《さすが》である。

秀吉が花見の時使ったという青磁《せいじ》の花瓶や、義経が着用していたという鎧《よろい》や鞍・鐙《あぶみ》、静御前がつけていた鎧、弁慶の籠手《こて》、後醍醐天皇の遺品（硯・硯箱《すずりばこ》等）が部屋々に展示されている。

南朝ゆかりの寺

如意輪寺《にょいりんじ》 案内 89P

交通　吉野ロープウェイで吉野山駅（所要 3 分）下車、吉野大峯ケーブルバスで如意輪寺口（所要 6 分）、徒歩 10 分

延喜《えんぎ》年間（901 ～ 923）に建立されたというが、後醍醐天皇の勅願寺となった。楠正行《くすのきまさつら》が足利軍勢と戦う前にここを訪れ、鏃《やじり》でお堂の扉に辞世《じせい》の歌を刻んだ話で有名。

宝物館には、正行辞世の扉をはじめ、南朝《なんちょう》関係の遺品が展示されているほか、巨勢金岡《こせのかなおか》筆という地蔵菩薩像図（平安時代）や兆殿子《ちょうでんす》筆の文殊《もんじゅ》・普賢《ふげん》菩薩像図二帖（室町時代）、小像ながら威力のある安阿弥《あああみ》が作った木造蔵王権現像（鎌倉時代）など、寺宝豊かである。

豊臣秀頼が再建した美しい桃山建築

吉野水分神社《よしのみくまり》 案内 91P

交通　吉野ロープウェイで吉野山駅（所要 3 分）下車、吉野大峯ケーブルバスで奥千本口（所要 20 分）、徒歩 15 分

如意輪寺から高野槙《こうやまき》の群落がみられる山間の道を、上千本へと上ると、吉野水分神社がある。祭神の天之水分《あまのみくまりの》神《かみ》は、古来より水の分配を司《つかさど》る神だといわれる。柿葺《こけらぶき》の楼門《ろうもん》と回廊は慶《けい》長《ちょう》9年（1604）の建立で、桃山期の

建築美を見せている。回廊が拝殿と本殿を一棟《ひとむね》につないだ一風変わった構造の社殿に、西行《さいぎょう》法師像が置かれている。立てた膝に左手を置き、右手には数珠《じゅず》を持つ。天明《てんめい》5 年（1785）の銘がある。非公開の玉依姫命《たまよりのひめのみこと》坐像は玉眼の彩色豊かな木像（鎌倉期）といわれるが、この女神によって子守・子授けの信仰が篤い神社でもある。

吉野山の地主神、金山毘古命《かなやまひこのみこと》が祭神

金峯神社《きんぷ》 案内 84P

交通　吉野ロープウェイで吉野山駅（所要 3 分）下車、吉野大峯ケーブルバスで奥千本口（所要 20 分）、徒歩 5 分

吉野山の最も奥深くにある神社が金峯神社である。関白藤原道長《みちなが》が参ったという記録が残る。道長が埋めたというお経の経筒《きょうづつ》は、現在、京都国立博物館に出陳中。すぐ左手の林の中には、義経が隠れていたという義経隠れ塔もある。

平安期～鎌倉時代に活躍した歌人・西行法師が住んでいたとされる西行庵は、金峯神社よりもいっそう奥にあり、文治《ぶんじ》年間（1185 ～ 1190）の 3 年間、西行はここにひっそりと暮らしていたという。西行の跡を慕って訪れた芭蕉《ばしょう》の句碑もある。

名称	電話・所在地・交通・最寄	時間・所要分・休み	料金ほか	地図頁 解説頁
赤膚焼窯元 (あかはだやきかまもと)	住所 奈良市赤膚町・中町 交通 近鉄「学園前」駅南口から奈良交通バス「赤膚山」(所要12分)、すぐ	※時間・休み等は窯元により異なる	要予約(WEB等で、各窯元へ問い合わせを)絵付け、手びねり等の体験ができる。	4 -
秋篠寺 (あきしのでら)	TEL 0742-45-4600 住所 奈良市秋篠町757	時間 9時半〜16時半 所要 20分	高校生以上500円、中200・小100円　*小中生父兄同伴要	- 50
阿騎野・人麻呂公園 (あきの・ひとまろ)	TEL 0745-82-3674(建設部公園課) 住所 宇陀市大宇陀区拾生76-1	時間 見学自由 所要 10分		- 66
飛鳥資料館 (あすか)	TEL 0744-54-3561 住所 高市郡明日香村奥山601 交通 近鉄「橿原神宮前」駅東口から明日香周遊バス(赤かめ)で「明日香奥山・飛鳥資料館西」(所要20分)、徒歩2分	時間 9時〜16時半(入館は〜16時) 休み 月曜(祝日の場合翌日)・12/26〜1/3 所要 40分	大人350・大200円・高中小無料	72D3 68
飛鳥寺(安居院) (あすかでら(あんごいん))	TEL 0744-54-2126 住所 高市郡明日香村飛鳥682 交通 近鉄「橿原神宮前」駅東口から明日香周遊バス(赤かめ)で「飛鳥大仏前」(所要14分)、すぐ	時間 9時〜17時半(10〜3月は〜17時)※受付は15分前まで 所要 20分	大人350・高中250・小200円	72C3 68
飛鳥坐神社 (あすかにいます)	TEL 0744-54-2071 住所 高市郡明日香村飛鳥708 交通 近鉄「橿原神宮前」駅東口から明日香周遊バス(赤かめ)で「飛鳥大仏前」(所要14分)、徒歩5分	時間 参拝自由 所要 20分		72C3 68
明日香村埋蔵文化財展示室 (あすかむらまいぞうぶんかざい)	TEL 0744-54-5600(文化財課) 住所 高市郡明日香村飛鳥225-2 交通 近鉄「橿原神宮前」駅東口から明日香周遊バス(赤かめ)で「飛鳥」(所要9分)、すぐ	時間 9時〜17時(入館は30分前まで) 休み 年末年始 所要 20分	入館無料 旧飛鳥小学校の建物を利用。明日香村内出土遺物、キトラ古墳石室模型などを展示。村の文化財課で発掘している最新情報のスペースもある。	72C3 -
国営飛鳥歴史公園館 (あすかれきしこうえんかん)	TEL 0744-54-2441(飛鳥管理センター) 住所 高市郡明日香村平田538 交通 近鉄「飛鳥」駅、徒歩9分	時間 9時半〜17時(12〜2月は〜16時半) 休み 4・7・11・2月の第2月曜日(祝日の場合は翌日)・12/29〜1/3	入館無料 史跡・石造物を紹介する写真パネルや立体模型、目的地までのルート・時間を検索できるタッチパネル、飛鳥に関する歴史をアニメなどで紹介。	74B1 -
安倍文殊院 (あべのもんじゅいん)	TEL 0744-43-0002 住所 桜井市阿部645 交通 JR、近鉄「桜井」駅、徒歩20分/「桜井」駅北口からコミュニティバス(所要7分)で「安倍文殊院」	時間 9時〜17時 所要 30分	Ⓐ本堂拝観中学生以上700・小500円(参拝記念品付) Ⓑ霊宝館は中学生以上700・小500円(七まいりおさめ札・御守り付) Ⓐ+Ⓑ二ヶ所共通拝観券は中学生以上1200・小800円	- 64
甘樫丘 (あまかしのおか)	TEL 0744-54-2441(飛鳥管理センター) 住所 高市郡明日香村豊浦 交通 近鉄「橿原神宮前」駅東口から明日香周遊バス(赤かめ)で「甘樫丘」(所要8分)、徒歩15分	時間 見学自由 所要 20分		72C3 68
生駒山上遊園地 (いこまさんじょうゆうえんち)	TEL 0743-74-2173 住所 生駒市菜畑町2312-1	時間 10時〜17時(受付16時)*シーズンで異なる 休み 木曜、8月下旬〜9月上旬(祝日、春・夏休みは営業)・冬季 ※開園期間(2024年は3月16日〜12月1日) 所要 120分	入園無料 ※2才から、のりもの料金が必要。	- 55
率川神社 (いさがわ)	TEL 0742-22-0832　住所 奈良市本子守町18 交通「近鉄奈良」駅(4番出口)、徒歩7分／JR「奈良」駅、徒歩7分	時間 9時〜16時半	子守明神とも呼ばれ、古来より安産・育児の神として信仰を集める。奈良最古とされる恵比須様も祀られている。	18A4・ 22D2 27
石舞台古墳 (いしぶたい)	TEL 0744-54-3240(飛鳥観光協会) 住所 高市郡明日香村島庄133 交通 近鉄「橿原神宮前」駅東口から明日香周遊バス(赤かめ)で「石舞台」(所要21分)、徒歩3分	時間 9時〜17時(受付は〜16時45分) 所要 20分	一般300・高校生以下100円	72D4・ 74D1 69
依水園・寧楽美術館 (いすいえん・ねいらく)	TEL 0742-25-0781 住所 奈良市水門町74 交通「近鉄奈良」駅、徒歩15分	時間 9時半〜16時半(入園は〜16時) 休み 火曜(祝日の場合翌日)、12月末〜1月中旬、9月下旬 所要 30分	大人1200・大高500・中小300円	28A2 25
石上神宮 (いそのかみ)	TEL 0743-62-0900 住所 天理市布留町384 交通 JR、近鉄「天理」駅、徒歩30分	時間 5時半〜17時半(季節により変わる)参拝自由 所要 30分		- 62
犬養万葉記念館 (いぬかいまんよう)	TEL 0744-54-9300 住所 高市郡明日香村岡1150 交通 近鉄「橿原神宮前」駅東口から明日香周遊バス(赤かめ)で「岡寺前」(所要28分)、すぐ	時間 10時〜17時(入館は〜16時半) 休み 水曜 所要 30分	入館無料 「万葉風土学」を提唱した万葉集研究の第一人者	72C4 69
今井まちなみ交流センター・華甍 (いまい・はないらか)	TEL 0744-24-8719 住所 橿原市今井町2-3-5 交通 近鉄「八木西口」駅、徒歩5分／JR「畝傍」駅、徒歩8分	時間 9時〜17時(入館16時半まで) 休み 年末年始 所要 30分	入館無料 江戸時代の町並みを残す今井町についての展示コーナー、伝統的な町家の外観などを鮮明な画像で紹介する映像シアター、また情報提供の図書閲覧室等がある。	- 78
今西家住宅 (いまにしけ)	TEL 0744-25-3388(今西家保存会) 住所 橿原市今井町3丁目9-25 交通 近鉄「八木西口」駅、徒歩10分	時間 10時〜17時(お昼休)※入館は16時半まで 休み 月曜(祝日の場合次の平日)	高校生以上500・中学生以下250円 完全予約制(問合せは16時まで)	- 78
今西家書院 (いまにしけしょいん)	TEL 0742-23-2256 住所 奈良市福智院町24-3 交通「近鉄奈良」駅、徒歩15分／JR「奈良」駅・「近鉄奈良」駅から奈良交通バス「福智院町」(所要8分・4分)、徒歩3分	時間 10時半〜16時(入館15時半まで) 休み 月・火・水曜・夏期・冬期休暇/要確認	一般400円・高校生以下350円 室町時代の様式を伝える書院造りの建物。手入れされた庭を眺めながら抹茶がいただける。	32D3 34
磐之媛陵 **(ヒシャゲ山古墳)** (いわのひめりょう)	住所 奈良市佐紀町 交通 JR「奈良」駅・「近鉄奈良」駅から奈良交通バス「航空自衛隊」(所要19分・12分)、徒歩6分	時間 見学自由	南面に二重の壕をめぐらす5世紀の前方後円墳。磐之媛は仁徳天皇の皇后で、「万葉集」には夫を慕う皇后の心が切々と詠まれている。	42B1 -
浮見堂(鷺池) (うきみどう(さぎいけ))	住所 奈良市高畑町 交通 JR「奈良」・「近鉄奈良」駅から奈良交通バス「春日大社表参道」(所要11分・5分)、徒歩5分	時間 見学自由	奈良の時代からあるような雰囲気の浮見堂は実は大正5年(1916)に建築され平成に修復。8月15日はライトアップもされ、高円山の「奈良大文字送り火」の格好のビューポイント。	28B4 26

時間は季節・天候によって若干変わる場合があります。また、内容は各物件の都合等により、予告なく変更される場合があります。記載内容は2024年3月調査分のものです。

	名称	電話・所在地・交通・最寄	時間・所要分・休み	料金ほか	地図 解説
う	**鶯塚古墳** (うぐいすづか)	住所 奈良市春日野町 若草山山頂 交通「近鉄奈良」駅、徒歩90分	時間 見学自由	全長103mの前方後円墳。「枕草子」に登場する鶯陵はここともいわれ、後円部に「鶯陵」の石碑が立つ。	
	宇奈多理坐高御魂神社 (うなたりにいますたかみむすび)	住所 奈良市法華寺町600 交通 JR「奈良」駅・「近鉄奈良」駅から奈良交通バス「法華寺前」(所要16分・9分)、徒歩10分	時間 参拝自由	平城宮ができる以前からあったと伝えられ、「本殿」は、三間社流造桧皮葺で室町時代初期の建築とされる。	44
	采女神社 (うねめ)	TEL 0742-22-7788(春日大社) 住所 奈良市橋本町 交通「近鉄奈良」駅、徒歩5分	時間 参拝自由 所要 5分		18 32 2
	馬見丘陵公園館 (うまみきゅうりょう)	TEL 0745-56-3851(中和公園事務所) 住所 北葛城郡河合町佐味田2202 交通 近鉄田原本線「池部」駅、徒歩17分	時間 9時～17時(入場は～16時半) 休み 月曜(祝日の場合翌日)・年末年始	入館無料 馬見丘陵の自然や古墳が、模型や映像等で楽しく学べる。花菖蒲の咲く5月上旬は、特に華やか。	
	ウワナベ古墳・コナベ古墳 (うわなべ・こなべ)	住所 奈良市法華寺町字宇和奈辺1823 交通 JR「奈良」駅・「近鉄奈良」駅から奈良交通バス「航空自衛隊」(所要19分・12分)、すぐ	時間 見学自由	日本古墳時代中期(5世紀)を代表する巨大な前方後円墳。東側が全長255mのウワナベ、ひと回り小さな西側がコナベで全長204m。	42
え	**永慶寺** (えいけいじ)	TEL 0743-52-2909 住所 大和郡山市永慶寺町5-76 交通「近鉄郡山」駅、徒歩10分	時間 9時～16時参拝自由	柳沢吉保が甲斐府中(山梨)に創建した菩提寺を、長男の吉里が大和郡山に転封された際に移したもの。山門は旧郡山城の城門を移築。	
	榮山寺 (えいさんじ)	TEL 0747-24-5557 住所 五條市小島町503 交通 JR「五条」駅、徒歩25分/五條バスセンターから奈良交通バス「栄山寺口」(所要3分)、徒歩10分	時間 9時～16時	高校生以上500・中小無料(通常拝観) 藤原不比等の子、武智麻呂が創建。本堂に薬師如来坐像(重文)を祀り、平安初期の梵鐘(国宝)には小野道風筆の銘文が残る。八角円堂(国宝)の特別公開時期(400円)は4月25日～5月最終日曜、10月25日～11月最終日曜。	
	恵比須神社(奈良市) (えびす)	TEL 0742-22-7788(春日神社) 住所 奈良市南市町 交通「近鉄奈良」駅、徒歩10分	時間 参拝自由	創建は鎌倉時代と伝えられる。毎年1月5日に初戎が行われる。	32
	円成寺 (えんじょうじ)	TEL 0742-93-0353 住所 奈良市忍辱山町1273 交通 JR「奈良」駅・「近鉄奈良」駅から奈良交通バス「忍辱山」(所要35分・27分、便少)、徒歩2分	時間 9時～17時	大人500・高中400・小100円	5
	円照寺(山村御殿) (えんしょうじ(やまむらごてん))	住所 奈良市山町1312	時間 拝観不可(参道見学のみ)		3
お	**大野寺** (おおのでら)	TEL 0745-92-2220 住所 宇陀市室生区大野1680 交通 近鉄「室生口大野」駅、徒歩7分	時間 8時～17時(冬季は～16時) 所要 20分	大人300円・高校生以下無料	6
	大神神社 (おおみわ)	TEL 0744-42-6633 住所 桜井市三輪1422 交通 JR「三輪」駅、徒歩5分	時間 参拝自由 宝物収蔵庫は9時半～15時半(毎月1日・土曜・日曜・祝日) 所要 60分	大人300・高校生以下100円(宝物収蔵庫)	6
	岡寺(龍蓋寺) (おかでら(りゅうがいじ))	TEL 0744-54-2007 住所 高市郡明日香村岡806 交通 近鉄「橿原神宮前」駅東口から明日香周遊バス(赤かめ)で「岡寺前」(所要28分)、徒歩10分	時間 8時半～17時(12～2月は～16時半) 所要 30分	大人400・高300・中200円・小無料 本堂内部の特別拝観は毎年4月～12月	72 74 6
	鬼の俎・鬼の雪隠 (おにのまないた・せっちん)	住所 高市郡明日香村野口・下平田 交通 近鉄「飛鳥」駅、徒歩15分	時間 見学自由		72 74 6
	帯解寺 (おびとけでら)	TEL 0742-61-3861 住所 奈良市今市町734 交通 JR「帯解」駅、徒歩5分	時間 9時～16時 所要 20分	500円(春と秋の秘仏公開は600円) ※例年3月初旬・11月中旬の一週間程に特別寺宝展あり	3
	おふさ観音	TEL 0744-22-2212 住所 橿原市小房町6-22 交通 近鉄「橿原神宮前」駅東口から奈良交通バス「小房」(所要6分)、徒歩10分	時間 9時～16時	300円(本堂拝観) 地元の娘「おふさ」がこの地に観音を奉ったのが由来。春と秋には境内に植えられた約4000種類のバラが咲き多くの人で賑わう。	7
か	**開化天皇陵(春日率川坂上陵)** (かいか(かすがのいざかわのさかのえのみささぎ))	住所 奈良市今辻子町 交通 JR「奈良」駅・「近鉄奈良」駅、徒歩10分	時間 見学自由(堀越しの拝観)		22 2
	海龍王寺(隅寺) (かいりゅうおうじ(すみでら))	TEL 0742-33-5765 住所 奈良市法華寺北町897 交通 JR「奈良」駅・「近鉄奈良」駅から奈良交通バス「法華寺前」(所要16分・9分)、すぐ	時間 9時～16時半(特別公開は～17時) 休み 8/12～17・12/24～31 所要 20分	大人500・高中200・小100円 大人600・高中300・小100円(特別公開時)	42 3
	かぎろひの丘万葉公園 (かぎろいのおかまんよう)	TEL 0745-82-3674(宇陀市役所公園課) 住所 宇陀市大宇陀区迫間25番地 交通 近鉄「榛原」駅から奈良交通バス「大宇陀迫間」(所要16分)、徒歩3分	時間 見学自由	万葉植物の植栽や東屋等を整備。柿本人麻呂が詠んだ「ひむがしの野にかぎろひの立つ見えてかへり見すれば月かたぶきぬ」の歌碑がある。	6
	香芝市二上山博物館 (かしばしにじょうさん)	TEL 0745-77-1700 住所 香芝市藤山1-17-17 交通 JR「香芝」駅、徒歩12分/「近鉄下田」駅、徒歩8分	時間 9時～17時(入館16時半まで) 休み 月曜(祝日の場合翌日)、12/28～1/4 所要 40分	常設展示大人300・大高150・中小100円 ジオラマやコンピューターを使って、「サヌカイト」、「凝灰岩」、「金剛砂」や、二上山の風土と自然を解説。	3
	橿原神宮 (かしはら)	TEL 0744-22-3271 住所 橿原市久米町934 交通 近鉄「橿原神宮前」駅(中央出口)、徒歩10分	時間 6時～17時(季節により異なる) 宝物館は土・日・祝休日開館の9時～16時(平日は10時～15時) 休み 展示替期間(宝物館) 所要 45分(宝物館20分)	宝物館は大人300・大高中200円・小学生以下無料 特別展は中学生以上700円(Café橿乃杜割引券付)	70 72 6
	橿原考古学研究所附属博物館 (かしはらこうこがく)	TEL 0744-24-1185 住所 橿原市畝傍町50-2 交通 近鉄「畝傍御陵前」駅、徒歩5分	時間 9時～17時(入館は～16時半) 休み 月曜(祝日の場合翌日)、12/28～1/4	大人400・大高300・中小200円 ※特別展はプラス入館料が必要	70 72 6
	橿原市昆虫館 (かしはらしこんちゅうかん)	TEL 0744-24-7246 住所 橿原市南山町624 交通 近鉄「大和八木」駅南出口からかしはら市コミュニティバスで「橿原市昆虫館」(所要30分)、すぐ	時間 9時半～17時(10～3月は～16時半)入館は30分前まで 休み 月曜(祝日の場合翌日)※夏休み期間中を除く・年末年始 所要 60分	大人520・大高410・中小及び4歳以上100円	72 6
	歴史に憩う橿原市博物館 (かしはらしはくぶつかん)	TEL 0744-27-9681 住所 橿原市川西町858-1 交通 近鉄「橿原神宮前」駅西口から奈良交通バス「川西」(所要6分・便少)、すぐ	時間 9時～17時(入場は30分前まで) 休み 月曜(祝日の場合翌日)・12/27～1/4	大人300・大高200・中小100円 橿原市の歴史を縄文時代から江戸時代まで、4つのゾーンに分け、考古資料を中心に紹介。	70

名称	電話・所在地・交通・最寄	時間・所要分・休み	料金ほか	地図頁 解説頁
橿原市立こども科学館 （かしはらしりつこども）	TEL 0744-29-1300 住所 橿原市小房町11-5 交通 近鉄「畝傍御陵前」駅、JR「畝傍」駅、徒歩15分／近鉄「八木」駅・「橿原神宮前」駅東口から奈良交通バス「小房」（所要6分）、すぐ	時間 9時半～17時（入館16時半まで） 休み 月曜（祝日の場合翌日）・12/27～1/4	大人520・大高410・中小及び4歳以上100円 かしはら万葉ホールB1にある子供から大人まで楽しめる参加型の科学館施設。力、電気と磁石、音と光など13のゾーンに分かれ、実験工房もある。	72A2 -
春日大社 （かすがたいしゃ）	TEL 0742-22-7788 住所 奈良市春日野町160 交通 JR「奈良」駅・「近鉄奈良」駅から奈良交通バス「春日大社本殿」（所要13分、8分）、すぐ／奈良交通バス「春日大社表参道」（所要11分、5分）、徒歩10分	時間 参拝自由6時半～17時半（11～2月は7時～17時）本殿特別参拝は9時～16時※祭事により変更あり 所要 90分	本殿特別参拝は500円	28C3 15
春日大社国宝殿 （かすがたいしゃこくほうでん）	TEL 前ページ参照	時間 10時～17時（入館16時半まで） 休み 年4回の展示替期間 所要 30分	大人500・大高300・中小200円	28C3 -
春日大社神苑・萬葉植物園 （かすがたいしゃしんえん まんよう）	TEL 前ページ参照	時間 9時～16時半（入園は16時まで） 休み 3月～11月無休、12～2月は月曜（祝日等は翌日）	高校生以上500・中小250円	28C3 25
葛城市相撲館「けはや座」 （かつらぎしすもうかんけはやざ）	TEL 0745-48-4611 住所 葛城市當麻83-1 交通 近鉄「当麻寺」駅、徒歩3分	時間 10時～17時 休み 火・水曜（祝日の場合は開館）・年末年始	高校生以上300・中小150円 當麻蹶速と野見宿禰が、最初に天覧力競べをしたいう當麻にある相撲館。約12000点の歴史資料を所有。毎年夏休みには相撲教室が開催される。	- 79
金屋の石仏 （かなやのせきぶつ）	TEL 0744-42-9111（桜井市観光まちづくり課） 住所 桜井市金屋 交通 JR「三輪」駅、徒歩15分	時間 見学自由	格子越しに拝観できる。高さ2.1m、幅83.5cm、厚さ21cmの2枚の岩に浮き彫りされた像は、右が釈迦如来、左が弥勒如来とされる。	63
亀石 （かめいし）	住所 高市郡明日香村川原 交通 近鉄「飛鳥」駅、徒歩35分/近鉄「橿原神宮前」駅から明日香周遊バス（赤かめ）で「野口」（所要36分）	時間 見学自由		72B4 69
亀形石造物 （かめがたせきぞうぶつ）	TEL 0744-54-4577（明日香村地域振興公社） 住所 高市郡明日香村岡 交通 近鉄「橿原神宮前」駅から明日香周遊バス（赤かめ）で「万葉文化館西口」（所要15分）、すぐ	時間 9時～17時（12月～2月は9時～16時）※入場は15分前まで 休み 年末年始・荒天時は閉場する場合あり	高校生以上300・中学生以下100円（文化財保存協力金） 湧水を受け流水・排水する不思議な石造施設遺構。祭祀の場では、とも。花崗岩の石塊を成形して亀の形を彫ったもので、甲羅部分を水槽状に加工している。小判型石造物もある。	72C4 68
唐古・鍵遺跡史跡公園 （からこ・かぎいせき）	TEL 0744-32-5500（公園事務所） 住所 磯城郡田原本町唐古50-2 交通 近鉄「石見」駅、徒歩30分	時間 見学自由 休み 月曜	唐古池を中心に広がる弥生時代の大集落跡。高さ12.5mの2階建て楼閣は、ここで出土した土器に描かれている線画に基づいて復元された。	3 -
唐古・鍵考古学ミュージアム	TEL 0744-34-7100 住所 磯城郡田原本町阪手233-1田原本青垣生涯学習センター2階 交通 近鉄「西田原本」駅、徒歩20分	時間 9時～17時（入館は～16時半） 休み 月曜（祝日の場合は後の平日に振替）・年末年始	大人200・大高100円、中学生以下無料 日本を代表する弥生時代の遺跡である唐古・鍵遺跡の出土品を中心に展示。当時のムラや生活の様子が学べる。発掘現場も復元。	3 -
河合家住宅 （かわいけ）	TEL 0744-29-7815（今井町並保存整備事務所） 住所 橿原市今井町1-7-8 交通 近鉄「八木西口」駅、徒歩8分	時間 9時～16時半（12時～13時は休み） 休み 不定休	無料（1Fのみ）	78
がんこ一徹長屋・墨の資料館 （がんこいってつながや・すみ）	TEL 0742-52-0310 住所 奈良市西ノ京町1丁目5-35（墨運堂本社） 交通 近鉄「西ノ京」駅、徒歩5分	時間 10時～17時（入館16時半まで） 休み 月曜（祝日の場合翌日）・8月・年末年始。5月～9月の土日祝 所要 30分	無料 墨を製造する様子を見学できる。（毎年10月～4月末まで）	48B2 -
元興寺（極楽坊） （がんごうじ（ごくらくぼう））	TEL 0742-23-1377 住所 奈良市中院町11 交通 「近鉄奈良」駅、徒歩15分／JR「奈良」駅、徒歩20分／奈良交通バス「福智院町」、徒歩5分	時間 9時～17時（受付16時半まで） 所要 30分	大人500・高中300・小100円 ※特別展開催時は大人600円	32C2 17
漢國神社（林神社） （かんごう）（りん）	TEL 0742-22-0612 住所 奈良市漢国町2 交通 「近鉄奈良」駅、徒歩1分／JR「奈良」駅、徒歩10分	時間 参拝自由6時～18時 所要 10分		22D1 27
岩船寺 （がんせんじ）	TEL 0774-76-3390 住所 京都府木津川市加茂町岩船上ノ門43 交通 JR「加茂」駅から木津川市コミュニティバス「岩船寺」（所要16分）、すぐ	時間 8時半～17時（12～2月は9時～16時）※受付は15分前まで 所要 40分	大人500・高中400・小200円	53
喜光寺 （きこうじ）	TEL 0742-45-4630 住所 奈良市菅原町508 交通 近鉄「尼ヶ辻」駅、徒歩12分	時間 9時～16時半（受付は～16時）。蓮の開花時期の7月中の土日・祝日は7時～ 所要 20分	高校生以上500・中小300円 ※阿弥陀如来は、後背以外は拝観できる	51
喜多美術館 （きた）	TEL 0744-45-2849 住所 桜井市金屋730 交通 JR線「三輪」駅、徒歩7分／近鉄「桜井」駅、徒歩15分	時間 10時～17時（入館は16時半まで） 休み 月曜・木曜（祝日の場合翌日）、夏休み、展示替、年末年始	常設展・特別展共通で大人800・大高700・中小200円（保護者同伴要）	63
吉田寺 **（ぽっくり往生の寺）** （きちでんじ）	TEL 0745-74-2651 住所 生駒郡斑鳩町小吉田1-1-23 交通 JR「法隆寺」駅、徒歩20分/近鉄「筒井」駅から奈良交通バスで「竜田神社前」（所要15分）、徒歩5分	時間 9時～16時 所要 15分	300円	58A4 57
キトラ古墳 （きとら）	住所 奈良県明日香村阿部山 交通 近鉄「飛鳥」駅、徒歩30分（下記参照）		外から見学	74B2 69
キトラ古墳壁画体験館 **「四神の館」**	TEL 0744-54-5105 住所 高市郡明日香村大字阿部山67 交通 近鉄「飛鳥」駅から奈良交通バス（飛鳥キトラ線）で「キトラ」（所要5分・便少）、すぐ/近鉄「壺阪山」駅から徒歩12分	時間 9時半～17時（12月～2月は～16時半） 休み 水曜（祝日の場合は翌日）12/29～1/3 所要 体験60～120分	入館無料 土日祝の体験の勾玉づくりは400円、海獣葡萄鏡づくりは大型1500円・小型600円、鋳造体験は800円※要予約	74B2 69
旧柳生藩家老屋敷 （きゅうやぎゅうはんかろう）	TEL 0742-94-0002（柳生観光協会） 住所 奈良市柳生町155-1 交通 JR「奈良」駅・「近鉄奈良」駅から奈良交通バス「柳生」（所要55分・48分、便少）、徒歩5分	時間 9時～17時（入館16時半まで） 休み 12/27～1/4 所要 40分	高校生以上350・中小170円 柳生藩家老、小山田主鈴の旧屋敷。作家山岡荘八氏の所有であったが、氏の亡き後奈良市へ寄贈された。	53 -

※時間は季節・天候によって若干変わる場合があります。また、内容は各物件の都合等により、予告なく変更される場合があります。記載内容は2024年3月調査分のものです。

	名称	電話・所在地・交通・最寄	時間・所要分・休み	料金ほか	地図 解説
く	**旧柳生藩陣屋跡** (きゅうやぎゅうはんじんやあと)	TEL 0742-94-0002(柳生観光協会) 住所 奈良市柳生町 交通 JR「奈良」駅・「近鉄奈良」駅から奈良交通バス「柳生」(所要55分・48分、便少)、徒歩10分	時間 見学自由	柳生藩主の居所跡を史跡公園として整備。毎年春頃には、ソメイヨシノ300本が満開となる。	53 -
	金峯神社 (きんぷ)	TEL 0746-32-3012(宮司宅) 住所 吉野郡吉野町吉野山1651 吉野山ロープウェイ「吉野山」駅から徒歩1時間40分	時間 参拝自由 休み 義経隠れ塔は不定休 所要 60分	300円(義経隠れ塔の入塔料、要予約)	80 80
	金峯山寺(蔵王堂) (きんぷせんじ(ざおうどう))	TEL 0746-32-8371 住所 吉野郡吉野町吉野山2498 吉野山ロープウェイ「吉野山」駅、徒歩10分	時間 8時半～16時 所要 30分	大人800・高中600・小400円 秘仏本尊特別ご開帳は、大人1600・高中1200・小800円	80 79
	空海寺 (くうかいじ)	TEL 0742-22-2096 住所 奈良市雑司町167 交通 JR「奈良」駅・「近鉄奈良」駅から奈良交通バス「手貝町」(所要9分・4分)、徒歩5分	時間 参拝自由	弘法大師空海が自身の草庵として当時の東大寺境内に構えた堂宇が起こりという。	28B 27
	宇陀市歴史文化館「薬の館」	TEL 0745-83-3988 住所 宇陀市大宇陀上2003 交通 近鉄「榛原」駅から奈良交通バス「大宇陀迫間」(所要16分)、徒歩10分	時間 10時～16時 休み 月・火曜(祝日の場合は水曜日休館)・12/15～1/15 所要 30分	高校生以上310・中小150円	66 66・6
	弘福寺(川原寺跡) (ぐふくじ(かわはらでらあと))	TEL 0744-54-2043 住所 高市郡明日香村川原1109 交通 近鉄「橿原神宮前」駅東口から明日香周遊バス(赤かめ)で「岡橋本」(所要18分)、すぐ	時間 9時～17時 休み 不定休 所要 20分	300円	72C 69
	九品寺 (くほんじ)	住所 御所市楢原1188 交通 「近鉄御所」駅から奈良交通バス「櫛羅」(所要7分)、徒歩17分	休み 無休 所要 30分	行基が開き、のちに空海が中興し戒那千坊と呼ばれる。本堂裏側の道に沿って並ぶ石仏は1800体とも云われている。	3 -
	久米寺 (くめでら)	TEL 0744-27-2470 住所 橿原市久米町502 交通 近鉄「橿原神宮前」駅、徒歩6分	時間 9時～17時(受付は～16時半) 休み 無休 所要 20分	境内自由　大人400・高中200・小100円(本堂)、あじさい園は別途料金	70C 72A 68
	天理市立黒塚古墳展示館 (くろづか)	TEL 0743-67-3210 住所 天理市柳本町1118-2 交通 JR「柳本」駅、徒歩5分／JR・近鉄「天理」駅北口から奈良交通バス「柳本」(所要15分)、徒歩5分	時間 9時～17時 休み 月曜(祝休日の場合翌日も休み)・祝日・年末年始 所要 30分	入館無料 全長132mの古墳時代前期の前方後円墳。展示館では発掘調査時の竪穴式石室や、三角縁神獣鏡などの副葬品の配列を正確に再現。	62
け	**景行天皇陵 (渋谷向山古墳)** (けいこう(しぶたにむこうやま))	住所 天理市渋谷町字向山 交通 近鉄・JR「天理」駅北口から奈良交通バス「渋谷」(所要16分)、徒歩5分	時間 見学自由	全国第7位の大きさの前方後円墳で全長300m、周囲に巡らされた濠は1kmに及ぶ。第12代景行天皇は日本武尊の父にあたる。	62
こ	**庚申堂** (こうしんどう)	住所 奈良市西新屋町 交通 「近鉄奈良」駅、徒歩15分/JR「奈良」駅、徒歩20分	時間 参拝自由 所要 10分		32B 34
	弘仁寺 (こうにんじ)	TEL 0742-62-9303 住所 奈良市虚空蔵町46 奈良交通バス「下山」で下車、コミュニティーバスで「高樋町」下車、徒歩5分。	時間 9時～17時 所要 20分	入山料200円(小以下無料) 本堂拝観料400円(小以下無料)	37
	興福寺国宝館 (こうふくじこくほうかん)	TEL 0742-22-5370 住所 奈良市登大路町48 交通 「近鉄奈良」駅、徒歩7分	時間 9時～17時(入館16時45分まで)　休み 無休 所要 興福寺全体で60分	大人700・高中600・小300円　東金堂との共通券は大人900・高中700・小350円	18C 16
	興福寺中金堂 (こくふくじちゅうこんどう)	TEL 0742-22-7755(本坊寺務所) 住所 同上	時間 9時～17時(入堂は～16時45分)　休み 無休	大学生以上500・高中300・小100円	18C 16
	興福寺東金堂 (こうふくじとうこんどう)	TEL 0742-22-7781 住所 同上	時間 9時～17時(入館16時45分まで)　休み 無休	大人300・高中200・小100円 国宝館との共通券は大人900・高中700・小350円	18C 16
	高林寺 (たかん坊) (こうりんじ)	TEL 0742-22-0678 住所 奈良市井上町32 交通 JR「奈良」駅・「近鉄奈良」駅から奈良交通バス「田中町」(所要6分・11分)、徒歩4分	時間 10時～16時半 休み 不定休なので要確認・年末年始	志納(要事前申込) 中将姫伝説のお寺。手織りの刺繍の仏様や藤原豊成と中将姫の父子の対面図などがある。	32B -
	郡山金魚資料館 (こおりやまきんぎょ)	TEL 0743-52-3418(やまと錦魚園) 住所 大和郡山市新木町107 交通 「近鉄郡山」駅、徒歩10分	時間 10時～17時 休み 月曜(祝日の場合開館) 所要 30分	入館無料 約40種の金魚の水族館。金魚に関する錦絵・古書を展示。	4 -
	郡山城跡 (こおりやまじょうせき)	TEL 0743-53-1151(大和郡山市役所商工観光課) 住所 大和郡山市城内町2-225 交通 「近鉄郡山」駅、徒歩8分	時間 見学自由 天守台展望施設は7～19時(10～3月は～17時)　所要 60分		4 57
	子嶋寺(千寿院) (こじまでら(せんじゅいん))	TEL 0744-52-2074 住所 高市郡高取町観覚寺544 交通 近鉄「壷阪山」駅、徒歩8分	時間 本堂と千寿院の外観のみ拝観可。	天平宝字4年(760)、孝謙天皇の勅願所として報恩法師が建立したとされる。京都の清水寺は、二代目延鎮と坂上田村麻呂により開かれた子嶋寺の支坊。	74B -
	興福院 (こんぶいん)	TEL 0742-22-2890 住所 奈良市法蓮町881 交通 JR「奈良」・「近鉄奈良」駅から奈良交通バス「佐保小学校」(所要12分・5分)、徒歩3分	時間 9時～11時 休み 7～8月、12月～2月	要事前予約 要問い合わせ	40C 38
さ	**狭井神社** (さい)	TEL 0744-42-6633(大神神社) 住所 桜井市三輪	時間 参拝自由	三輪の神様の荒魂をまつる。病気平癒祈願。	63
	西大寺 (さいだいじ)	TEL 0742-45-4700 住所 奈良市西大寺芝町1-1-5 交通 近鉄「西大寺」駅南出口、徒歩3分	時間 8時半～16時半(入堂は～16時) 休み 展示替期間(聚宝館) 所要 40分	三堂(本堂・四王堂・愛染堂)共通拝観大人800・高中600・小400円。年3回開館の聚宝館は別途300円。	51
	狭岡神社 (さおか)	住所 奈良市法蓮町604 交通 JR「奈良」駅・「近鉄奈良」駅から奈良交通バス「教育大附属中学校」(所要13分・6分)、徒歩10分	時間 参拝自由	平城山丘陵の南麓にある。霊亀2年(715)に、藤原不比等が勅許を得て、自分の家である「佐保殿」の丘の上に天神8座を祀ったことを起源とする。	40B -
	酒船石 (さかふねいし)	TEL 0744-54-3240(飛鳥観光協会) 住所 高市郡明日香村岡 交通 近鉄「橿原神宮前」駅から明日香周遊バス(赤かめ)で「岡天理教前」(所要16分)、徒歩3分	時間 見学自由		72C 69
	桜井市立埋蔵文化財センター (さくらいしりつまいぞう)	TEL 0744-42-6005 住所 桜井市芝58-2 交通 JR・近鉄「桜井」駅北口から奈良交通バス「三輪明神参道口」(所要6分)、徒歩2分/JR「三輪」駅、徒歩10分	時間 9時～16時半(入館は～16時) 休み 月・火曜(祝日の場合翌日)・12/28～1/4	一般200円　中学生以下無料 纒向遺跡、茶臼山古墳、上之宮遺跡など、桜井市内の主要遺跡から出土した発掘資料を展示。纒向遺跡コーナーでは埴輪や古代の都市を精緻に再現。	63

名称	電話・所在地・交通・最寄	時間・所要分・休み	料金ほか	地図頁 解説頁
櫻本坊 （さくらもとぼう）	TEL 0746-32-5011 住所 吉野郡吉野町吉野山1269 吉野山ロープウェイ「吉野山」駅、徒歩20分	時間 8時半～16時 休み 不定休 所要 20分	中学生以上500円・小学生以下無料。（特別公開は中学生以上800円） 金峯山修験本宗の寺院。大海人皇子の勅願寺と伝わり、山伏文化の殿堂といえるほど多くの宝物を保存。	80 ・
笹岡家住宅 （ささおかけ）	TEL 0745-82-3976（市教育委員会事務局文化財課） 住所 宇陀市大宇陀藤井477 交通 近鉄「榛原」駅から奈良交通バス「宇陀藤井」（所要12分）、徒歩10分	※見学は予め問い合わせ	笹岡家は、江戸時代に近郊九ヵ村の庄屋を代々勤めた。主屋は寛永年間（1624～45）の建物で重要文化財に指定されている。	3 -
猿沢池 （さるさわのいけ）	住所 奈良市橋本町 交通 「近鉄奈良」駅、徒歩7分	時間 見学自由		18C4 21
三松寺 （さんしょうじ）	TEL 0742-44-3333 住所 奈良市七条1-26-10 交通 近鉄「九条」駅、徒歩10分	時間 9時～15時 所要 坐禅40分	志納 毎週土曜18時半受付、19時～20時半、坐禅研修（2回）がある。	4 -
志賀直哉旧居 （しがなおやきゅうきょ）	TEL 0742-26-6490 住所 奈良市高畑大道町1237-2 交通 JR「奈良」・「近鉄奈良」駅から奈良交通バス「破石町」（所要10分・6分）、徒歩5分	時間 9時半～16時半（3～11月は～17時半） ※入館は15分前まで 休み 年始年末、全館貸切日 所要 20分	高校生以上350・中200円・小100円	28C4・ 30B1 26
鹿の舟 （旧奈良市ならまち振興館） （しかのふね）	TEL 0742-94-3500 住所 奈良市井上町11 交通 JR「京終」駅、徒歩10分／JR「奈良」駅・「近鉄奈良」駅から奈良交通バス「田中町」（所要6分・11分）、徒歩2分	時間 食堂11時～16時、ティルームは12時～17時 休み 年中無休（食堂等は水曜定休）	入館無料 大正時代初期の旧苗加家の住宅を改修した施設。奈良町南観光案内所や蔵の建物を利用した展示室や読書室があり、自由に観賞できる。食堂とカフェも併設されている。	32C4 -
信貴山 **（朝護孫子寺）** （しぎさん（ちょうごそんしじ））	TEL 0745-72-2277 住所 生駒郡平群町信貴山2280-1 交通 近鉄「信貴山下」駅から奈良交通バス「信貴大橋」（所要10分）、徒歩10分	時間 境内自由。霊宝館9時～17時（入館は～16時半） 休み 臨時休館あり（霊宝館） 所要 60分	高校生以上300・中小200円（霊宝館）	- 55
慈眼寺 （じげんじ）	TEL 0742-26-2936 住所 奈良市北小路町7 交通 「近鉄奈良」駅、徒歩6分	時間 10時～17時	志納 厄除け・厄払い（5000円～）は、要予約	18A2 21
慈光院 （じこういん）	TEL 0743-53-3004 住所 大和郡山市小泉町865 交通 JR「大和小泉」駅、徒歩18分／JR「大和小泉」駅から奈良交通バス「片桐西小学校」（所要5分）、徒歩5分	時間 9時～17時 休み 年始年末 所要 40分	小学生以上1000円（抹茶の接待付）	- 61
十念寺 （じゅうねんじ）	TEL 0742-23-2925 住所 奈良市南風呂町27 交通 JR「奈良」駅・「近鉄奈良」駅、徒歩15分	時間 参拝自由	「おしろい地蔵（くさなおし地蔵）」があり、女性からの人気が高い。	32A2 -
十輪院 （じゅうりんいん）	TEL 0742-26-6635 住所 奈良市十輪院町27 交通 JR「奈良」・「近鉄奈良」駅から奈良交通バス「福智院町」（所要7分・4分）、徒歩3分	時間 境内自由 10時～16時半（本堂内拝観） 休み 月曜（祝日の場合翌日） 12/28～1/5・1/27～28・7/31～8/31	高校生以上500・中・300・小200円（本堂）	32D3 34
正倉院「正倉」外構 （しょうそういん・しょうそうがいこう）	TEL 0742-26-2811 住所 奈良市雑司町 交通 JR「奈良」駅・「近鉄奈良」駅から奈良交通バス「今小路」（所要10分・3分）、徒歩5分／奈良交通バス「東大寺大仏殿・春日大社前」（所要8分・4分）、徒歩15分	時間 10時～15時 休み 土・日曜・祝日・振替休日・12/28～1/4・他	無料 外構見学 宝物の一部は、毎年秋に「正倉院展」として奈良国立博物館で公開される。	28B1 25
称徳（孝謙）天皇陵 **（佐紀高塚古墳）** （しょうとく（こうけん） （さきたかづか））	住所 奈良市山陵町字御陵前 交通 近鉄「大和西大寺」駅、徒歩10分/近鉄「平城」駅、徒歩5分	時間 見学自由	聖武天皇と光明皇后の娘であり、西大寺を建立した女帝称徳（孝謙）天皇の御陵とされているが、5世紀前半の前方後円墳とみられている。	6 -
称念寺 **（奈良市）** （しょうねんじ）	TEL 0742-22-4282 住所 奈良市東木辻町49 交通 JR「奈良」駅・「近鉄奈良」駅から奈良交通バス「北京終町」（所要5分・10分）、徒歩2分	時間 9時～17時	無料（境内自由） 松尾芭蕉「菊の香や奈良には古き仏たち」の句碑がある。	32B3 -
称念寺 **（今井町）** （しょうねんじ）	TEL 0744-22-5509 住所 橿原市今井町3-2-29 交通 近鉄「八木西口」駅、徒歩10分	時間 開門時参拝自由	天文10年（1541）に一向宗（現在の浄土真宗）の今井兵部の道場として建立されたのではといわれる。今井町はこの寺の寺内町として発達したもので、本堂をはじめ鐘楼、太鼓楼、客殿、庫裏など多くの伽藍は豪壮でこの町がその昔に大きな勢力を持っていたことが伺える。	- 78
松伯美術館 （しょうはく）	TEL 0742-41-6666 住所 奈良市登美ヶ丘2-1-4 交通 近鉄「学園前」駅から奈良交通バス「大渕橋」（所要5分）、徒歩5分	時間 10時～17時（入館は16時まで） 休み 月曜（祝日の場合翌日）・展示替期間・年末年始・他 所要 30分	高校生以上820・中小410円（平常展） 特別展開催時は別料金	- 54
称名寺 （しょうみょうじ）	TEL 0742-23-4438 住所 奈良市菖蒲池町7 交通 「近鉄奈良」駅、徒歩8分	時間 9時～16時（境内） 休み 茶室・本堂等5/15（10時～15時）のみ公開	小学生以上1000円 茶道の始祖とうたわれた村田珠光ゆかりの寺。	18A2 -
正暦寺 （しょうりゃくじ）	TEL 0742-62-9569 住所 奈良市菩提山町157 交通 JR「帯解」駅下車、東に徒歩1時間30分※紅葉期はJR・近鉄の奈良駅から臨時バスあり	時間 9時～16時（11/3～12月第一日曜は17時閉門） 所要 60分	中学生以上500・小200円（福寿院客殿） 春季・秋季の特別拝観料金は中学生以上800・小300円	- 36
聖林寺 （しょうりんじ）	TEL 0744-43-0005 住所 桜井市下692 交通 JR・近鉄「桜井」駅から奈良交通バス「聖林寺前」（所要8分）、すぐ	時間 9時～16時半 所要 20分	中学生以上600・小300円	- 64
浄瑠璃寺 **（九体寺）** （じょうるりじ（くたいじ））	TEL 0774-76-2390 住所 京都府木津川市加茂町西小札場40 交通 JR「加茂」駅からコミュニティバス「浄瑠璃寺前」（所要22分）、すぐ	時間 9時～17時（12～2月は10時～16時）※受付は30分前まで 休み 年中無休（法事等で拝観不可の場合あり） 所要 30分	中学生以上400円	- 53

※時間は季節・天候によって若干変わる場合があります。また、内容は各物件の都合等により、予告なく変更される場合があります。記載内容は2024年3月調査分のものです。

	名称	電話・所在地・交通・最寄	時間・所要分・休み	料金ほか	地図 解説
し	**神功皇后陵（五社神古墳）** （じんぐうこうごうりょう（ごさし））	住所奈良市山陵町宮ノ谷 交通近鉄「平城」駅、徒歩5分	時間見学自由	4世紀末～5世紀初めの古墳。佐紀盾列古墳群の中では全長275mで最も大きい。神功皇后は仲哀天皇の皇后で、自ら新羅に遠征したと伝えられている。	4 -
	新薬師寺 （しんやくしじ）	TEL0742-22-3736 住所奈良市高畑町1352 交通JR「奈良」駅・「近鉄奈良」駅から奈良交通バス「破石町」（所要10分・6分）、徒歩10分	時間9時～17時 休み年中無休 所要20分	大人600・高中350・小150円	30C 27
す	**垂仁天皇陵（宝来山古墳）** （すいにん（ほうらいさん））	住所奈良市尼ケ辻西町 交通近鉄「尼ヶ辻」駅、徒歩5分	時間見学自由		4
	菅原天満宮 （すがわら）	TEL0742-45-3576 住所奈良市菅原東町518 交通近鉄「学園前」駅南口から奈良交通バス「菅原神社」（所要14分）、すぐ/近鉄「大和西大寺」駅、徒歩15分	時間参拝自由 所要10分		51
	菅原はにわ窯公園 （すがわらはにわがま）	TEL0742-34-5369（奈良市文化財課） 住所奈良市横領町403-2 交通近鉄「学園前」駅南口から奈良交通バス「阪奈菅原」（所要9～13分）、徒歩5分/近鉄「大和西大寺」駅、徒歩15分	時間見学自由	埴輪を焼いた約1500年前の窯跡を公園整備。馬型埴輪や円筒埴輪のレプリカがベンチとして設置されている。	51
	奈良市杉岡華邨書道美術館 （すぎおかかそんしょどう）	TEL0742-24-4111 住所奈良市脇戸町3 交通「近鉄奈良」駅、徒歩10分。JR「奈良駅」、徒歩15分。	時間9時～17時（入館16時半まで） 休み月曜（祝日の場合翌日）・祝日の翌日（土・日曜・祝日を除く）・年末年始・他	一般300円・16歳未満無料、高校生は身分証明所提示の場合は無料	32B 34
	朱雀門 （すざくもん）	TEL0742-32-5106（平城宮跡管理事務所） 住所奈良市佐紀町 交通JR「奈良」駅・「近鉄奈良」駅から奈良交通バス「朱雀門ひろば前」（所要11分、17分）、徒歩8分	時間9時～16時半（入場は16時まで） 休み月曜（祝日の場合翌日）・年末年始・他	入場無料 平城宮の正門である「朱雀門」を復原。	44B 39
	崇神天皇陵（行燈山古墳） （すじん（あんどんやま））	住所天理市柳本町字行燈 交通JR「柳本」駅、徒歩12分	時間見学自由	築造が4世紀前半とされる全長242mの巨大前方後円墳。第10代の崇神天皇は、大和政権の初代大王ともいわれる。	62
	頭塔 （ずとう）	TEL0742-27-9866（奈良県文化財保存課） 住所奈良市高畑町921 交通JR「奈良」駅・「近鉄奈良」駅から奈良交通バス「破石町」（所要10分・6分）、徒歩2分		協力金300円 ※内部修理のため、見学受付休止中	28B4 30A 26
せ	**成務天皇陵（佐紀石塚山古墳）** （せいむ（さきいしづかやま））	住所奈良市山陵町字御陵前 交通近鉄「平城」駅、徒歩9分/近鉄「大和西大寺」駅、徒歩11分	時間見学自由	日葉酸媛陵の西に隣接する全長219mの美しい前方後円墳。	6 -
	石光寺 （せっこうじ）	TEL0745-48-2031 住所葛城市染野387 交通近鉄「二上神社口」駅、徒歩15分	時間普段は9時～。8時半～17時（春牡丹やしゃくやくのシーズン） 休み12/31 所要20分	中学生以上400・小200円 中将姫が蓮糸を染めたという染の井と、染めた糸を枝にかけて乾かしたという糸かけ桜があり、別名染寺という。	79
た	**大安寺** （だいあんじ）	TEL0742-61-6312 住所奈良市大安寺2-18-1 交通JR「奈良」・「近鉄奈良」駅から奈良交通バス「大安寺」（所要6分・10分）、徒歩10分	時間9時～17時（受付は～16時まで） 休み12/31 所要30分	大人600・高以下300円（本堂・宝物殿） ※3・10・11月の秘仏特別公開日は、別途200円。	35
	大願寺 （だいがんじ）	TEL0745-83-0325 住所宇陀市大宇陀拾生736 交通近鉄「榛原」駅から奈良交通バス「大宇陀」（所要20分）、徒歩3分	時間参拝自由（薬草料理は11時半～14時） 休み不定休	聖徳太子発願の寺とも伝えられ、藤原時代後期の木造十一面観音菩薩立像を本尊として祀る。薬草料理は要予約1人3800円（税込）。秋の紅葉も美しい。	66
	大日寺 （だいにちじ）	TEL0746-32-4354 住所吉野郡吉野町吉野山2357 吉野山ロープウェイ「吉野山」駅、徒歩20分	時間9時～17時 休み無休 所要15分	大学生以上400・高中200円・小無料 村上義光・義隆父子の菩提寺で、藤原期の五智如来坐像を安置する。	79
	當麻寺 （たいまでら）	TEL0745-48-2001 住所葛城市當麻1263 交通近鉄「当麻寺」駅、徒歩15分	時間9時～17時 所要60分	中之坊拝観　中学生以上500・小250円 伽藍三堂拝観　同料金	79
	當麻寺西南院 （たいまでらさいなんいん）	TEL0745-48-2202 住所葛城市當麻1263 交通近鉄「当麻寺」駅、徒歩15分	時間9時～17時 所要30分	中学生以上400・小学生以下200円 曼荼羅堂・金堂・講堂は中学生以上500円 特別開帳600円 當麻寺曼荼羅堂の南西側にある塔頭。本尊の十一面観音立像（重文）は、藤原時代初期の作。庭園の水琴窟が珍しい。	79
	高松塚古墳 （たかまつづか）	TEL0744-54-3340 住所高市郡明日香村平田 交通近鉄「飛鳥」駅、徒歩15分／明日香周遊バス（赤かめ）で「高松塚」（所要2分）、すぐ	時間見学自由（外部） 所要15分		74B 69
	高松塚壁画館 （たかまつづかへきがかん）	TEL0744-54-3340 住所高市郡明日香村平田439 交通近鉄「飛鳥」駅、徒歩12分／明日香周遊バス（赤かめ）で「高松塚」（所要2分）、徒歩3分	時間9時～17時（受付は～16時半） 休み12/29～1/3 所要20分	大人300・大高130・中小70円 発見当時の現状模写、再現模写、石槨の原寸模型、副葬品の太刀飾金具、木棺金具、海獣葡萄鏡などのレプリカを展示。	74B -
	滝谷花しょうぶ園 （たきだにはな）	TEL0745-92-3187 住所宇陀市室生滝谷348 交通近鉄「三本松」駅から奈良交通バス（臨時）「滝谷花の郷」（所要6分）、すぐ／近鉄「三本松」駅から徒歩25分	時間9時～18時 休み期間中無休	中学生以上900・小450円 600種・100万本の花しょうぶと紫陽花が6月上旬から7月上旬にかけて咲く。	3 -
	橘寺 （たちばなでら）	TEL0744-54-2026 住所高市郡明日香村橘532 交通近鉄「橿原神宮前」駅から明日香周遊バス（赤かめ）で「岡橋本」（所要8分）、徒歩3分	時間9時～17時（受付は～16時半） 所要30分	大人400・高中300・小200円	72C4 74C 69
	龍田神社 （たつた）	TEL0745-75-3163 住所生駒郡斑鳩町龍田1-5-3 交通JR・近鉄「王寺」駅から奈良交通バス「竜田神社前」（所要8分）、すぐ	時間参拝自由		58A 57

名称	電話・所在地・交通・最寄	時間・所要分・休み	料金ほか	地図頁 解説頁
手向山八幡宮 (たむけやまはちまんぐう)	TEL 0742-23-4404 住所 奈良市雑司町434 交通 JR「奈良」駅・「近鉄奈良」駅から奈良交通バス「東大寺大仏殿・春日大社前」(所要8分・4分)、徒歩15分	時間 参拝自由	天平勝宝元年(749)、大仏建立の際に九州豊前国(大分県)の宇佐八幡宮より迎えられ、東大寺守護の神として祀られた。	28C2 -
談山神社 (たんざん)	TEL 0744-49-0001 住所 桜井市多武峯319 交通 JR、近鉄「桜井」駅からコミュニティバス「談山神社」(所要24分)、徒歩3分	時間 8時半〜17時(受付は〜16時半) 休み 無休 所要 40分	中学生以上600・小300円・(修学旅行生団体(幼・小・中・高)は一人300円)	65
誕生寺 (たんじょうじ)	TEL 0742-22-5333 住所 奈良市三棟町2 交通「近鉄奈良」駅、徒歩15分/JR「奈良」駅・「近鉄奈良」駅から奈良交通バス「北京終町」(所要5分・10分)、徒歩5分	時間 9時〜16時 休み 不定休 所要 10分	500円 要予約	32B3 34
竹林院群芳園 (ちくりんいんぐんぽうえん)	TEL 0746-32-8081 住所 吉野郡吉野町吉野山2142 吉野山ロープウェイ「吉野山」駅、徒歩20分	時間 庭園見学7時頃〜18時 所要 20分	大人500・高中400・小300円(群芳園庭園)要問い合わせ 群芳園庭園は千利休改築と伝えられる回遊式庭園で、大和三大庭園のひとつに数えられている。	79
中宮寺 (ちゅうぐうじ)	TEL 0745-75-2106 住所 生駒郡斑鳩町法隆寺北1-1-2 2JR「法隆寺」駅から奈良交通バス「法隆寺参道」(所要8分)、徒歩8分/近鉄「筒井」駅から奈良交通バス「中宮寺前」(所要9分)、徒歩5分	時間 9時〜16時半(10/1〜3/20は〜16時) ※受付は15分前まで 所要 20分	中学生以上600・小300円	58C2 57
長岳寺 (ちょうがくじ)	TEL 0743-66-1051 住所 天理市柳本町508 交通 JR「柳本」駅、徒歩20分	時間 9時〜17時 休み 無休 所要 30分	大人400・大高350・中300・小250円	62
壷阪寺(南法華寺) (つぼさかでら(みなみほっけじ))	TEL 0744-52-2016 住所 高市郡高取町壷阪3 交通 近鉄「壺阪山」駅から奈良交通バス「壺阪寺前」(所要11分・便少)、徒歩3分	時間 8時半〜17時 休み 無休 所要 50分	大学生以上800・高校生以下200円・5歳以下無料	74C4 69
伝飛鳥板蓋宮跡 (でんあすかいたぶきのみやあと)	TEL 0744-54-2362(飛鳥観光協会) 住所 高市郡明日香村岡 交通 近鉄「橿原神宮前」駅東口から明日香周遊バス(赤かめ)で「岡天理教前」(所要16分)、徒歩5分	時間 見学自由	日本書紀によれば、皇極2年(643)に造営されたという宮跡。中大兄皇子と中臣鎌足が蘇我入鹿を暗殺した、大化の改新の舞台として知られる。	72C4 -
伝香寺 (でんこうじ)	TEL 0742-22-1120 住所 奈良市小川町24 交通「近鉄奈良」駅、徒歩10分/JR「奈良」駅、徒歩10分	時間 9時〜17時 休み 月曜(散り椿の開花時期3月下旬は無休) 所要 20分	志納300円(椿の開花時期のみ400円) 7/23、3/12を除いて本堂内拝観不可。鑑真和上の弟子、思託律師によって開かれたといわれる。境内にある椿は奈良三名椿のひとつ。	22D2 27
天武・持統天皇陵 (てんむ・じとう)	住所 高市郡明日香村野口 交通 近鉄「飛鳥」駅、徒歩12分/奈良交通バス「天武・持統陵」(所要4分)、徒歩3分	時間 見学自由	持統元年(687)建造。翌年天武天皇を葬り、大宝3年(703)天武天皇の后である持統天皇を合葬。被葬者が確実な数少ない古墳のひとつ。	74C1・72B4 -
天理大学附属天理参考館 (てんりだいがくふぞくてんりさんこうかん)	TEL 0743-63-8414 住所 天理市守目堂町250 交通 JR、近鉄「天理」駅、徒歩20分	時間 9時半〜16時半(入館16時まで) 休み 火曜(祝日の場合翌日)・4/28・8/13〜17・12/27〜1/4 所要 30分	大人500・高中小300円 ※毎月25〜26・4/17〜19、7/26〜8/2、1/5〜7の間は開館 ※小中学校の学校教育活動での団体見学は無料(要事前申し込み)	62
唐招提寺 (とうしょうだいじ)	TEL 0742-33-7900 住所 奈良市五条町13-46 交通 近鉄「西ノ京」駅、徒歩8分/JR「奈良」駅・「近鉄奈良」駅から奈良交通バス「唐招提寺」(所要17分・21分)、すぐ/奈良交通バス「唐招提寺東口」(所要は16分・20分)、徒歩5分	時間 8時半〜17時(受付16時半まで) 所要 50分	大人1000・高中400・小200円(特別展は別途) 大人1000・高中400・小300円(御影堂)※開山忌のみ 大人200・高中小100円(新宝蔵)	48C1 46
洞泉寺 (とうせんじ)	TEL 0743-52-2893 住所 大和郡山市洞泉寺町15-1 交通「近鉄郡山」駅、JR「郡山」駅、徒歩10分	時間 10時〜16時	300円(本堂仏像拝観・要事前連絡)+御朱印300円 天正13年(1585)豊臣秀長が建立。本尊の阿弥陀三尊立像(重文)は鎌倉時代の快慶作と伝わる。	4 -
東大寺戒壇院戒壇堂 (とうだいじかいだんどうせんじゅいん)	TEL 0742-22-5511 住所 奈良市雑司町406-1 交通 JR「奈良」駅・「近鉄奈良」駅から奈良交通バス「東大寺大仏殿・春日大社前」(所要8分・4分)、徒歩13分	時間 8時半〜16時 所要 東大寺全体で100分	中学生以上800・小400円	28B2 -
東大寺大仏殿(金堂) (とうだいじだいぶつでん(こんどう))	TEL 0742-22-5511 住所 奈良市雑司町406-1 交通 JR「奈良」駅・「近鉄奈良」駅から奈良交通バス「東大寺大仏殿・春日大社前」(所要8分・4分)、徒歩10分	時間 7時半〜17時半(11月〜3月は8時〜17時)	同上(ミュージアムとの共通券は中学生以上1200・小600円)	28B2 14
東大寺法華堂(三月堂) (とうだいじほっけどう(さんがつどう))	TEL 0742-22-5511 住所 奈良市雑司町406-1 交通 JR「奈良」駅・「近鉄奈良」駅から奈良交通バス「東大寺大仏殿・春日大社前」(所要8分・4分)、徒歩15分	時間 8時半〜16時	中学生以上800・小400円	28C2 -
東大寺ミュージアム (とうだいじ)	TEL 0742-20-5511 住所 奈良市水門町100 交通 JR「奈良」駅・「近鉄奈良」駅から奈良交通バス「東大寺大仏殿・春日大社前」(所要8分・4分)、徒歩5分	時間 9時半〜17時半(11月〜3月は9時半〜17時)入館は30分前まで 休み なし(展示変えによる臨時休館あり)	同上(大仏殿との共通券は中学生以上1200・小600円	28B2 -
徳融寺 (とくゆうじ)	TEL 0742-22-3881 住所 奈良市鳴川町25 交通「近鉄奈良」駅、徒歩15分/JR「奈良」駅・「近鉄奈良」駅から奈良交通バス「北京終町」(所要5分・10分)、徒歩5分	時間 9時〜16時	志納 要事前連絡 藤原豊成の邸宅があったと伝えられる。中将姫伝説の寺で、豊成・中将姫父子の墓がある。	32B3 34
登弥神社 (とみ)	TEL 0742-45-1117 住所 奈良市石木町648-1 交通「近鉄郡山」駅から奈良交通バス「木島」(所要7分)、徒歩3分	時間 参拝自由	志納 毎年2月1日に行われる粥占い(筒粥祭)は、新しい年の五穀や野菜の出来、不出来を筒粥の神事によって占うという伝統行事。	4 -

※時間は季節・天候によって若干変わる場合があります。また、内容は各物件の都合等により、予告なく変更される場合があります。記載内容は2024年3月調査分のものです。

な

名称	電話・所在地・交通・最寄	時間・所要分・休み	料金ほか	地図 解説
長尾神社 (阪原) (ながお)	TEL 0742-93-0066 住所 奈良市阪原町1625 交通 JR「奈良」駅・「近鉄奈良」駅から奈良交通バス「阪原中村」(所要46分・38分、便極小)、徒歩8分	時間 参拝自由	拝殿は橋がかりを備えた能舞台になっており、本殿(重文)は、春日大社の旧社殿を移築したもの。境内は森に囲まれ、社殿の朱が映えて美しい。	
中野美術館 (なかの)	TEL 0742-48-1167 住所 奈良市あやめ池南9-946-2 交通 近鉄「学園前」駅、徒歩8分	時間 10時～16時(入館は15分前まで) 休み 月曜 ※臨時休館日あり(要事前確認)	大人600・大高500・中小250円	5
寧屋工房 (なやこうぼう)	TEL 0742-23-3110 住所 奈良市芝新屋町18 交通 「近鉄奈良」駅から徒歩15分	時間 10時半～17時 休み 水曜(祝日の場合翌日)	入館無料 町家を改修した工房では、赤膚焼が作られ、多くの作品が展示されている。年間数回新作の展示会が開かれる。	32 -
奈良県立美術館 (ならけんりつ)	TEL 0742-23-3968 住所 奈良市登大路町10-6 交通 「近鉄奈良」駅、徒歩5分／同駅から奈良交通バス「県庁前」(所要1分)、すぐ	時間 9時～17時(入館は30分前まで) 休み 月曜(祝日の場合翌日)・展示替期間・年末年始	大人400・大高250・中小150円(館蔵品展) 毎週土曜日は小中高生も無料(特別展を除く) ※特別展の内容によって異なる	18 2
奈良県立民俗博物館 (ならけんりつみんぞく)	TEL 0743-53-3171 住所 大和郡山市矢田町545 交通 近鉄「郡山」駅から奈良交通バス「矢田東山」(所要17分)、徒歩10分	時間 9時～17時(入館16時半まで) 休み 月曜(祝日の場合翌日)・12/28～1/4 所要 30分	大人200・大学生150円・高校生以下無料(要生徒手帳)	6
なら工藝館 (ならこうげいかん)	TEL 0742-27-0033 住所 奈良市阿字万字町1-1 交通 JR「奈良」駅、徒歩18分／「近鉄奈良」駅、徒歩10分	時間 10時～18時(入館17時半まで) 休み 月曜(祝日の場合翌日)・祝日の翌日(土・日曜・祝日を除く)・年末年始・展示替期間	入館無料 漆器、一刀彫、赤膚焼、乾漆、古楽面、筆、墨、奈良晒、鹿角細工など、奈良工芸の優れた作品やその製作道具、材料などを展示。	32 -
奈良国立博物館 (ならこくりつ)	TEL 050-5542-8600(ハローダイヤル) 住所 奈良市登大路町50 交通 「近鉄奈良」駅、徒歩15分／同駅から奈良交通バス「氷室神社・国立博物館」(所要2分)、すぐ	時間 9時半～17時(入館は30分前まで) 休み 月曜(祝日の場合翌日)・12/28～1/1 所要 60分	大人700・大350円・高中小無料(名品展) ※2/3・5/18・関西文化の日(11月頃)は名品展無料。 正倉院展は10月下旬～11月上旬	28 2
奈良市音声館 (ならしおんじょうかん)	TEL 0742-27-7700 住所 奈良市鳴川町32-1 交通 「近鉄奈良」駅、徒歩15分／同駅から奈良交通バス「北京終町」(所要14分)、徒歩5分	時間 9時～17時 休み 月曜(祝日の場合翌日)・祝日の翌日(土・日曜を除く)・12/26～1/5	入館無料 奈良に伝わる童歌や伝統芸能の紹介や郷土芸能の教室や講座の開催など、市民やならまちを訪れる方々のふれあいと集いの場。	32 -
奈良市観光センター 「ナラニクル(NARANICLE)」 (ならしかんこう)	TEL 0742-22-3900 住所 奈良市上三条町23-4 交通 「近鉄奈良」駅、徒歩5分／JR「奈良」駅、徒歩5分	時間 9時～17時 休み 無休(年末年始は休館の場合あり)	入場無料 奈良観光の拠点として、総合案内、「歴史街道」の案内など、さまざまな相談に応じている。伝統工芸品をはじめ観光みやげの展示コーナーもあり、外国語案内もできるという。	18A 22 2
奈良市写真美術館 (ならししゃしん)	TEL 0742-22-9811 住所 奈良市高畑町600-1 交通 JR「奈良」駅・「近鉄奈良」駅から奈良交通バス「破石町」(所要10分・6分)、徒歩10分	時間 9時半～17時(入館16時半まで) 休み 月曜(祝日の場合翌日)・祝日の翌日(土・日曜・祝日を除く)・12/27～1/3・展示替期間	大人500・大高200・中小100円 ※毎週土曜は高校生以下無料 毎月第2・第4土曜日の午後2時より作品解説がある。	30 2
奈良市ならまち格子の家 (ならしならまちこうしのいえ)	TEL 0742-23-4820 住所 奈良市元興寺町44 交通 JR「京終」駅、徒歩10分／JR「奈良」駅・「近鉄奈良」駅から奈良交通バス「田中町」(所要8分・15分)、徒歩2分	時間 9時～17時 休み 月曜(祝日の場合翌日)・祝日の翌日(土・日曜を除く)・12/26～1/5	入館無料 ならまちの伝統的な町家を再現。昔の奈良の町家の生活様式に直接ふれ、町民の暮らしぶりをうかがえる。	32 -
奈良市埋蔵文化財 調査センター (ならしまいぞうぶんかざい)	TEL 0742-33-1821 住所 奈良市大安寺西二丁目281 交通 「近鉄奈良」駅から奈良交通バス「大安寺西二丁目」(所要19分)、すぐ	時間 9時～17時(入館は16時半まで) 休み 土・日曜・祝日・12/29～1/3	入場無料 展示室では発掘調査の成果(出土品等)を公開、また、遺物の整理作業も見学できる。	4 -
奈良市立史料保存館 (ならしりつしりょう)	TEL 0742-27-0169 住所 奈良市脇戸町1-1 交通 「近鉄奈良」駅から徒歩15分、JR「奈良」駅から徒歩20分	時間 9時～17時(入館は16時半まで) 休み 月曜(祝日の場合翌日)・祝日の翌日(土・日曜を除く)・12/29～1/3・他	入館無料 主に近世・近代の貴重な資料を保存し、史料の一部を展示。奈良奉行所復元模型もある。	32 34
奈良豆比古神社 (ならづひこ)	TEL 0742-23-1025 住所 奈良市奈良阪町2489 交通 JR「奈良」駅・「近鉄奈良」駅から奈良交通バス「奈良阪」(所要15分・8分)、徒歩5分	時間 参拝自由 9時～17時	光仁天皇の父、施基(志貴)親王を祀る社。10月8日夜に行われる翁舞は町内の翁講中により奉納されるもので、県の無形文化財に指定。	5 38
なら100年会館 (ならひゃくねん)	TEL 0742-34-0100 住所 奈良市三条宮前町7-1 交通 JR「奈良」駅西口、すぐ	休み 火曜(祝日の場合翌日)、振替休日の翌日(土・日曜・祝日を除く)・12/28～1/4	イベント等の会場	22A 26
奈良町資料館 (ならまち)	TEL 0742-22-5509 住所 奈良市西新屋町14 交通 「近鉄奈良」駅から徒歩15分・JR「奈良」駅から徒歩20分	時間 10時～16時 休み 火・水・木曜(祝日を除く)	入館無料 江戸時代の看板をはじめ、奈良町に伝わる民具や美術品を展示。「身代わり申」が有名。	32 34
奈良町物語館 (ならまちものがたりかん)	TEL 0742-26-3476 住所 奈良市中新屋町2-1 交通 「近鉄奈良」駅、徒歩15分	時間 10時～17時 休み 不定休。お盆・年末年始	入館無料 築100年の酒屋を修復した建物。木の暮らし相談や町づくりセミナー、展示会など開催。	32C -

名称	電話・所在地・交通・最寄	時間・所要分・休み	料金ほか	地図頁 解説頁	
なら歴史芸術文化村 （なられきしげいじゅつむら）	TEL 0743-86-4420 住所 天理市杣之内町437-3 交通 近鉄・JR「奈良駅」より徒歩30分（直通シャトルバスあり）	時間 9時～17時（文化財修復・展示棟） 休み 月曜（祝日の場合翌日）、年末年始	入館無料 日本で初めてとなる文化財4分野（仏像等彫刻、絵画・書跡等、建造物、考古遺物）の修理作業現場の公開や、国内外から招いたアーティストとの交流、子どもを対象としたアートプログラムなどを実施	3 -	な
南明寺 （なんみょうじ）	TEL 0742-93-0392 住所 奈良市阪原町1005 交通 JR「奈良」駅・「近鉄奈良」駅から奈良交通バス「阪原」（所要45分・37分）、徒歩3分		拝観停止中	52	
如意輪寺 （にょいりんじ）	TEL 0746-32-3008 住所 吉野郡吉野町吉野山1024 交通 近鉄「吉野」駅、徒歩35分	時間 9時～16時（観桜期は8時半～17時） 所要 30分	大人500・高中200・小100円（宝物殿・庭園）	80	に
長谷寺 （はせでら）	TEL 0744-47-7001 住所 桜井市初瀬731-1 交通 近鉄「長谷寺」駅、徒歩15分	時間 8時半～17時（10～11月・3月は9時～、12～2月は9時～16時半） 所要 60分	中学生以上500・小250円（入山料）、特別拝観（春期（3/1～7/7）本尊大観音、本坊大講堂）は1000円、500円（いずれも入山料別途）、宗宝蔵は春と秋に開館	66	は
般若寺 （はんにゃじ）	TEL 0742-22-6287 住所 奈良市般若寺町221 交通 JR「奈良」駅・「近鉄奈良」駅から奈良交通バス「般若寺」（所要13分・6分）、徒歩3分	時間 9時～17時（1.2.3.4.7.8.12月は～16時） ※受付は30分前 所要 30分	大人500・高中200・小100円（6月のアジサイ・10月から11上旬のコスモス期は大人700・高中300・小200円）	50	
日葉酸媛陵古墳 **（陵山古墳）** ひばすひめりょう（みさぎやま）	住所 奈良市山陵町 交通 近鉄「平城」駅、徒歩10分/近鉄「大和西大寺」駅、徒歩15分	時間 見学自由	全長207mの前方後円墳。日葉酸媛は垂仁天皇の后で、「古事記」には、日葉酸媛の埋葬以来、埴輪を作成し副葬したという埴輪の起源説話が残されている。	12 -	ひ
氷室神社 **（奈良市）** （ひむろ）	TEL 0742-23-7297 住所 奈良市春日野町1-4 交通 「近鉄奈良」駅、徒歩15分／JR「奈良」駅・「近鉄奈良」駅から奈良交通バス「氷室神社・国立博物館前」（所要8分、2分）、すぐ	時間 6時～18時（11月～3月は6時半～17時半） 参拝自由		28A3 25	
白毫寺 （びゃくごうじ）	TEL 0742-26-3392 住所 奈良市白毫寺町392 交通 JR「奈良」駅・「近鉄奈良」駅から奈良交通バス「高畑町」（所要14・7分）、徒歩20分／同駅から奈良交通バス「白毫寺」（所要13分・9分、便少）、徒歩10分	時間 9時～17時 所要 30分	大学生以上500・高中300・小200円 五色椿は3月下旬～4月上旬までが見頃	30D3 27	
福智院 （ふくちいん）	TEL 0742-22-1358 住所 奈良市福智院町46 交通 JR「奈良」駅・「近鉄奈良」駅から奈良交通バス「福智院町」（所要8分・4分）、徒歩3分	時間 9時～16時半 休み 不定休	中学生以上500・小250円（特別拝観中は+100円） 天平8年（736）に興福寺の僧玄昉が開いた。清水寺の後身といわれ、鎌倉時代に叡尊により再興されたと伝えられる。	28A4・ 32D3 -	ふ
藤ノ木古墳 （ふじのき）	TEL 0745-70-1200（愛称:斑鳩文化財センター） 住所 生駒郡斑鳩町法隆寺西2-1795 交通 近鉄「王寺」駅から奈良交通バス「斑鳩町役場前」（所要10分）、徒歩5分/バス停法隆寺門前、徒歩5分	時間 見学自由	副葬品のレプリカを「斑鳩町文化財活用センター（斑鳩町法隆寺西1-11-14）」で展示。 9時～17時　無料（特別展を除く）	58A3 57	
藤原宮跡 （ふじわらきゅうせき）	住所 橿原市醍醐町・高殿町 交通 近鉄「耳成駅」・JR「畝傍」駅、徒歩30分	時間 見学自由	菜の花、ハナナス、コスモス	72B1 68	
藤原宮跡資料室 （ふじわらきゅうせきてんじ）	TEL 0744-24-1122 住所 橿原市木之本町宮之脇94-1 交通 近鉄「耳成」駅、徒歩20分／JR「香久山」駅、徒歩25分	時間 9時～16時半 休み 年末年始・展示替期間・8/13～8/15	入館無料 出土遺物や復原模型などで飛鳥・藤原京を紹介。また発掘調査や出土遺物の整理作業をマルチビジョンで紹介。	72C2 -	
藤原京資料室 （ふじわらきょう）	TEL 0744-21-1114（世界遺産登録推進課） 住所 橿原市縄手町178-1（JAならけん橿原東部経済センター2F） 交通 近鉄「大和八木駅」からコミュニティバス「橿原市藤原京資料室前」（所要19分、便少）、すぐ	時間 9時～17時（入室は16時半） 休み 月曜（祝祭日の場合は翌日）・年末年始	入館無料 展示物は、藤原京の1,000分の1模型（約6m×7m）や、出土品（柱や瓦）、解説パネル、当時の柱を再現したもの、記念撮影用看板、古代衣装をまとった人形など。	72B1 -	
不退寺 （ふたいじ）	TEL 0742-22-5278 住所 奈良市法蓮町517 交通 近鉄「新大宮」駅、徒歩15分／JR「奈良」駅・「近鉄奈良」駅から奈良交通バス「一条高校前」（所要14分・7分）、徒歩5分	時間 9時～17時（受付は～16時50分） 休み 無休 所要 30分	大人500、高中300、小200円（平常展） 3月～5月・10月～11月の特別展は、大人600・高中400・小300円	40A3・ 42D3 38	
仏隆寺 （ぶつりゅうじ）	TEL 0745-82-2457（宇陀市商工観光課） 住所 宇陀市榛原区赤埴1684 交通 近鉄「榛原」駅から奈良交通バス「高井」（所要13分、便少）、徒歩30分	時間 9時～16時半	入山料200円 本堂拝観500円 嘉祥3年（850）、空海の高弟、堅恵が創建したといわれる古刹。門前の山桜は樹齢900年の古木。見頃は4月中旬。	3 -	
平城宮いざない館 （へいじょうきゅういざないかん）	TEL 0742-36-8780（平城宮跡管理センター） 住所 奈良市二条大路南3-5-1 JR「奈良」駅・「近鉄奈良」駅から奈良交通バス「朱雀門ひろば前」（所要11分・17分）、すぐ	時間 9時～17時（入場は～16時半） 休み 2・4・7・11月の第2月曜日（祝日の場合は翌日）、12/29～1/1	入館無料 平城宮跡歴史公園をより楽しむための見どころを紹介する。平城宮・平城京の出土品や資料を紹介し、平城宮全域の復原模型（1/200）や大型映像、平城宮一日絵巻など、体験型展示も充実している。	44B4 39	へ
平城宮跡遺構展示館 （へいじょうきゅうせきいこう）	TEL 0742-32-5106（平城宮跡管理事務所） 住所 奈良市佐紀町 交通 近鉄「大和西大寺」駅から徒歩20分/JR「奈良」駅・「近鉄奈良」駅から奈良交通バス「平城宮跡」（所要22分・15分）、すぐ	時間 9時～16時半（入館は～16時） 休み 月曜（祝日の場合翌日）・年末年始 所要 30分	入館無料	42A4・ 44C2 39	
平城宮跡資料館 （へいじょうきゅうせき）	TEL 0742-30-6753（奈良文化財研究所） 住所 奈良市二条町2-9-1 交通 近鉄「大和西大寺」駅、徒歩15分／同駅から奈良交通バス「二条町」（所要1分）、すぐ	時間 9時～16時半（入館は～16時） 休み 月曜（祝日の場合翌日）・年末年始 所要 20分	入館無料	44A2 39	

※時間は季節・天候によって若干変わる場合があります。また、内容は各物件の都合等により、予告なく変更される場合があります。記載内容は2024年3月調査分のものです。

	名称	電話・所在地・交通・最寄	時間・所要分・休み	料金ほか	地図解説
へ	**平城宮跡東院庭園** (へいじょうきゅうせき とういんていえん)	TEL 0742-32-5106(平城宮跡管理事務所) 住所 奈良市佐紀町 交通 JR「奈良」駅・「近鉄奈良」駅から奈良交通バス「平城宮跡・遺構展示館」(所要22分・15分)、徒歩10分	時間 9時～16時半(入園16時まで) 休み 月曜(祝日の場合翌日)・年末年始　所要 20分	入場無料	44D 39
	平城京左京三条二坊宮跡庭園 (へいじょうきょうさきょうさんじょうにぼうみやあと)	TEL 0742-34-5369(奈良市文化財課) 住所 奈良市三条大路1-5-37 交通 JR「奈良」駅・「近鉄奈良」駅から奈良交通バス「宮跡庭園」(所要8分・15分)、すぐ	時間 9時～17時(入園16持半まで) 休み 水曜(祝日の場合翌日)・祝日の翌日・年末年始・他 所要 15分	入場無料	44D 39
ほ	**法起寺** (ほうきじ)	TEL 0745-75-5559 住所 生駒郡斑鳩町大字岡本1873 交通 JR・近鉄「王寺」駅から奈良交通バス「法起寺口」(所要16分)、徒歩10分／「近鉄郡山」駅から奈良交通バス「法起寺前」(所要19分、便少)、すぐ	時間 8時半～17時(11/4～2/21は～16時半) 所要 20分	中学生以上300・小200円	58D 57
	宝山寺(生駒聖天) (ほうざんじ(いこましょうてん))	TEL 0743-73-2006 住所 生駒市門前町1-1 交通 近鉄生駒鋼索線「宝山寺」駅、徒歩10分	時間 参拝自由 諸堂は8時～16時 所要 30分		- 55
	芳徳寺 (ほうとくじ)	TEL 0742-94-0204 住所 奈良市柳生下町445 交通 JR「奈良」駅・「近鉄奈良」駅から奈良交通バス「柳生」(所要55分・48分)、徒歩15分	時間 9時～17時(11～3月は～16時) 休み 無休	大人200・高150・中小100円	52 53
	法隆寺 (ほうりゅうじ)	TEL 0745-75-2555 住所 生駒郡斑鳩町法隆寺山内1-1 交通 JR「法隆寺」駅から奈良交通バス「法隆寺参道」(所要8分)、すぐ／近鉄「筒井」駅から奈良交通バス「法隆寺前」(所要12分)、徒歩5分／法隆寺駅から徒歩20分	時間 8時～17時(11/4～2/21は～16時半) 所要 150分	中学生以上1500・小750円(西院伽藍内・大宝蔵院・東院伽藍内共通) 飛鳥時代に建立された世界最古の木造建築。ユネスコの世界文化遺産に日本で初めて登録された。	58B 56
	法隆寺iセンター (ほうりゅうじ)	TEL 0745-74-6800 住所 生駒郡斑鳩町法隆寺1-8-25 交通 JR「法隆寺」駅から奈良交通バス「法隆寺参道」(所要8分)、すぐ／近鉄「筒井」駅から奈良交通バス「法隆寺前」(所要12分)、すぐ	時間 8時半～18時 休み 年中無休	無料 Free Wi-Fi,授乳室、多目的トイレ レンタサイクル:26インチのみ	58B 57
	法輪寺 (ほうりんじ)	TEL 0745-75-2686 住所 生駒郡斑鳩町三井1570 交通 JR・近鉄「王寺」駅から奈良交通バス「中宮寺前」(所要14分)、徒歩15分／「近鉄郡山」駅から奈良交通バス「法起寺前」(所要19分、便少)、徒歩10分	時間 8時～17時(12月～2月は～16時半) 所要 20分	大人500・高中400・小200円 特別拝観時は別途100円	58C 57
	法華寺 (ほっけじ)	TEL 0742-33-2261 住所 奈良市法華寺町882 交通 JR「奈良」駅・「近鉄奈良」駅から奈良交通バス「法華寺前」(所要16分・9分)、徒歩3分	時間 9時～16時半 所要 30分	高校生以上700・中小350円(通常拝観料) 高校生以上800・中小400円(3～6月、10月～11月特別公開時) ※4月、6月、秋の本尊特別開扉は高校生以上1000・中小500円	42B 38
ま	**正木坂道場** (まさきざかどうじょう)	TEL 0742-94-0204(芳徳寺) 住所 奈良市柳生下町 交通 JR「奈良」駅・「近鉄奈良」駅から奈良交通バス「柳生」(所要55分・48分、便少)、徒歩15分	時間 見学自由	柳生十兵衛が門弟に稽古をつけた剣道場で、送り出した門下は1万3千人に及んだという。興福寺の別当一乗院の建物で再建され、元京都所司代の玄関を移築。	53
	松尾寺 (まつおでら)	TEL 0743-53-5023 住所 大和郡山市山田町683 交通「近鉄郡山」駅から奈良交通バス「松尾寺口」(所要27分)、徒歩30分(2km)	時間 9時～16時 境内自由 所要 30分	境内無料、秘仏特別開扉や寺宝特別公開時は拝観料500～1000円	60・
	万葉文化館 **(万葉ミュージアム)** (まんようぶんかかん)	TEL 0744-54-1850 住所 高市郡明日香村飛鳥10 交通 近鉄「橿原神宮前」駅東口から明日香周遊バス(赤かめ)で「万葉文化館西口」(所要15分)、徒歩3分	時間 10時～17時半(入館は～17時) 休み 月曜(祝日の場合翌日)・年末年始・展示替期間	一般展示室・特別展示室は観覧無料、展覧会は有料 「万葉集」をテーマにしたミュージアム。万葉の時代が体感できる空間や、万葉歌人を紹介する万葉劇場を備え、他に日本画展示室、万葉庭園、さやけしルームなどで構成。	72C 68
み	**三井瓦窯跡** (みいかわらかまあと)	住所 生駒郡斑鳩町三井 交通「近鉄郡山」駅から奈良交通バス「法起寺前」(所要19分、便少)、徒歩7分	時間 見学自由	登窯形式の窯跡。白鳳時代の窯の跡で法輪寺や法起寺などの瓦を焼いたと推定されている。	58D -
	水落遺跡 (みずおちいせき)	TEL 0744-54-2001(明日香村企画課) 住所 高市郡明日香村飛鳥 交通 近鉄「橿原神宮前」駅から明日香周遊バス(赤かめ)で「飛鳥」(所要9分)、すぐ	時間 見学自由	甘樫丘の東側、飛鳥寺の西側に位置する。	72C 69
む	**室生寺** (むろうじ)	TEL 0745-93-2003 住所 宇陀市室生78 交通 近鉄「室生口大野」駅から奈良交通バス「室生寺前」(所要14分、便少)、徒歩5分	時間 8時半～17時(12月～3月は9時～16時) 宝物殿は拝観時間の30分後と30分前まで開館※受付は30分前まで 所要 45分	中学生以上600・小400円 ※宝物殿は別途一律400円	67
め	**名勝大乗院庭園文化館** (めいしょうだいじょういんていえんぶんかかん)	TEL 0742-24-0808 住所 奈良市高畑町1083-1 交通 JR「奈良」駅・「近鉄奈良」駅から奈良交通バス「奈良ホテル」(所要6分・3分)、徒歩1分	時間 9時～17時 休み 月曜(祝日の場合翌日)・祝日の翌日(土日を除く)・年末年始 所要 20分	入館無料 旧大乗院庭園は高校生以上200・中小100円 かつては興福寺の門跡寺院の一つであった。庭園は善阿弥とその子で大改修されたもので、戦後に庭園のみ復元された。文化館は、大乗院を復元した模型や関係資料を展示する施設。	28A 32D 34
	売太神社 (めた)	TEL 0743-52-4669 住所 大和郡山市稗田町319 交通 JR「郡山」駅、徒歩20分	時間 参拝自由	稗田阿礼の人並み外れた暗記能力から、学問の神様として信仰され、受験の参拝も多い。	4 57
も	**森野旧薬園** (もりのきゅうやくえん)	TEL 0745-83-0002(株式会社森野吉野葛本舗) 住所 宇陀市大宇陀上新1880 交通 近鉄「榛原」駅から奈良交通バス「大宇陀」(所要20分)、徒歩4分	時間 9時～16時半 休み 不定休・1/1～3	入園料300円 享保14年(1729)、森野藤助によって開かれ、今も当時の面影を残す。園内には約250種類もの薬草が栽培されている。	66
や	**柳生花しょうぶ園** (やぎゅうはなしょうぶえん)	TEL 0742-94-0858(開園中連絡先) 住所 奈良市柳生町403 交通 JR「奈良」駅・「近鉄奈良」駅から奈良交通バス「柳生」(所要55分・48分、便少)、徒歩5分	時間 9時～16時 休み (開園期間5月下旬～7月上旬)※開花の状況よって変動	中学生以上650・小350円 柳生陣屋跡近くにある園地に80万株にも及ぶ花しょうぶが栽培される。山吹・百合・紫陽花など、例年は6～7月上旬が見頃。	53

名称	電話・所在地・交通・最寄	時間・所要分・休み	料金ほか	地図頁 解説頁	
夜支布山口神社 (やぎゅうやまぐち)	TEL 0742-93-0112 住所 奈良市大柳生町3089 交通 JR「奈良」駅・「近鉄奈良」駅から奈良交通バス「大柳生口」(所要40分・32分、便少)、徒歩15分	時間 参拝自由	一年交代で長老の家に、神の分霊をむかえるという「回り明神」行事が伝わる。700年の伝統の大柳生の太鼓踊りが奉納される。	3 -	や
薬師寺 (やくしじ)	TEL 0742-33-6001 住所 奈良市西ノ京町457 交通 JR「奈良」駅・「近鉄奈良」駅から奈良交通バス「薬師寺」(所要18分・22分)、すぐ／同駅より奈良交通バス「薬師寺東口」(所要17分、21分)、徒歩5分／近鉄「西ノ京」駅、すぐ	時間 9時～17時(受付16時半まで) 休み 詳しくは公式HPで確認 所要 60分	大人1000・高中600・小200円 ※白鳳伽藍(金堂・大講堂・東院堂) ※特別公開は別途大人1000・高中500・小100円	48C3 47	
柳生八坂神社 (やさか)	TEL 0742-94-0002(柳生観光協会) 住所 奈良市柳生町字馬場垣内364 交通 JR「奈良」駅・「近鉄奈良」駅から奈良交通バス「柳生」(所要55分・48分、便少)、徒歩15分	時間 参拝自由	承応3年(1654)柳生宗冬が大保町にある八坂神社の祭神素戔嗚尊の分霊を勧請して社殿を造営、八坂神社と改めたという。	3 -	
矢田寺 **(金剛山寺)** (やたでら(こんごうせんじ))	TEL 0743-53-1445 住所 大和郡山市矢田町3549 交通 近鉄「郡山」駅から奈良交通バス「矢田寺前」(所要20分、便少)、徒歩7分	時間 8時半～17時 境内自由 所要 60分	中学生以上700・小300円(5月下旬～7月の上旬の紫陽花開花期)	60	
矢田坐久志玉比古神社 (やたにいますくしたまひこ)	住所 大和郡山市矢田町965 交通「近鉄郡山」駅から奈良交通バス「横山口」(所要12～19分)、徒歩6分	時間 参拝自由	物部氏の祖先神である饒速日命を祭神とする。航空の神とされ、楼門には木製プロペラが奉納されている。	60	
山田寺跡 (やまだでらあと)	住所 桜井市山田1258 飛鳥資料館から東に徒歩10分	時間 見学自由		72D3 68	
大和文華館 (やまとぶんかかん)	TEL 0742-45-0544 住所 奈良市学園南1-11-6 交通 近鉄「学園前」駅、徒歩7分	時間 10時～17時(入館16時半まで) 休み 月曜(祝日の場合翌日) 所要 30分	大人630・大高420円、中小無料(平常展) 大人950・大高730円、中小無料(特別展)	54	
大和民俗公園・ **奈良県立民俗博物館** (やまとみんぞく)	TEL 0743-53-3171(民俗博物館) 住所 大和郡山市矢田町545 交通「近鉄郡山」駅から奈良交通バス「矢田東山」(所要17分)、徒歩10分	時間 9時～17時(入館16時半まで) 9時～16時(古民家園) 休み 月曜(休日の場合翌日)・年末年始 所要 60分	入館は大人200・大学生等150円・高校生以下(生徒手帳要)無料 ※入園は無料	57・60	
瑜伽神社 (ゆうが)	TEL 0742-27-0883 住所 奈良市高畑町1059 交通 JR「奈良」駅・「近鉄奈良」駅から奈良交通バス「奈良ホテル」(所要7分・3分)、徒歩3分	時間 参拝自由	奈良時代、大伴坂上郎女が元興寺の里を眺めて詠んだ歌碑がある。御神楽式や御湯立式などの行事で有名。	28A4 26	ゆ
吉城園 (よしきえん)	TEL 0742-22-5911(茶室利用受付) 住所 奈良市登大路町60-1 交通「近鉄奈良」駅から徒歩10分／同駅より奈良交通バス「県庁東」(所要1分)、徒歩3分	時間 9時～17時(入園16時半まで) 休み 2/24～2/末 所要 30分	入園無料	28A2 25	よ
吉野神宮 (よしの)	TEL 0746-32-3088 住所 吉野郡吉野町吉野山3226 交通 近鉄「吉野神宮」駅、徒歩20分	時間 参拝自由 休み 8時半～17時	明治22年(1889)の創建で、後醍醐天皇を祀る。吉水神社から移された天皇像は、後村上天皇が彫ったとされる。	79	
吉野水分神社 (よしのみくまり)	TEL 0746-32-3012 住所 吉野郡吉野町吉野山1612 吉野山ロープウェイ「吉野山」駅、徒歩90分	時間 参拝自由 休み 8時～16時 (4月は8時～17時) 所要 20分	※人が常駐していないので注意	80 80	
吉野山ビジターセンター (よしのやまびじたー)	TEL 0746-32-8371(金峯山寺) 住所 吉野郡吉野町吉野山2430 吉野山ロープウェイ「吉野山」駅、徒歩15分	時間 9時～16時半 休み 4月は全日開館。5月のGW明けから11月末までの土日祝日以外は休館。12～3月は休館	高校生以上200・中小100円、要問い合わせ 吉野山の自然や歴史をより深く理解してもらうために設立された資料館。	79	
吉水神社 (よしみず)	TEL 0746-32-3024 住所 吉野郡吉野町吉野山579 吉野山ロープウェイ「吉野山」駅、徒歩20分	時間 9時～17時(書院)※受付16時半まで 所要 30分	書院(元吉水院)大人600・高中400・小300円	80 80	
霊山寺 (りょうせんじ)	TEL 0742-45-0081 住所 奈良市中町3879 交通 近鉄「富雄」駅から奈良交通バス「霊山寺前」(所要7分)、すぐ	時間 10時～16時(本堂) 8時～17時(バラ園) 所要 60分	高校生以上500・中小250円 ※高校生以上600・中小300円(5・6・10・11月のバラ見頃期)	54	り
璉珹寺 **(紀寺)** (れんじょうじ(きでら))	TEL 0742-22-4887 住所 奈良市西紀寺町45 交通 JR「奈良」駅・「近鉄奈良」駅から奈良交通バス「紀寺町」(所要10分・13分)、徒歩2分／同駅より奈良交通バス「田中町」(所要6分、11分)、徒歩2分	時間 9時～17時 休み 5/1～5/31のみ公開(秘仏)	大人500・高中300・小200円 本尊の阿弥陀如来立像は「はだか阿弥陀像」と呼ばれる裸形像で、50年ごとに着衣の袴が取り替えられる。脇侍の観音・勢至菩薩像は重要文化財。	32D4 -	れ
鹿苑 (ろくえん)	TEL 0742-22-2388(奈良の鹿愛護会) 住所 奈良市春日野町160-1 交通 JR「奈良」駅・「近鉄奈良」駅から奈良交通バス「春日大社表参道」(所要8分・4分)、徒歩7分	時間 10時～16時 休み 月曜、鹿の角きり行事日、年末年始	無料(協力金100円) ※鹿の角切りは10月12日(土)・13日(日)・14日(月祝)実施予定(中学生以上1000・4歳以上500円)	28C4 26	ろ
若草山 (わかくさやま)	TEL 0742-22-0375(奈良公園管理事務所) 住所 奈良市雑司町469 交通 JR「奈良」駅・「近鉄奈良」駅から奈良交通バス「東大寺大仏殿・春日大社前」(所要10分・4分)、山麓まで徒歩10分、山頂まで35分。	時間 9時～17時(山開きは3月第3土曜から12月第2日曜まで)	中学生以上150・小80円(入山料) 標高342m。3つの山が重なっていることから、三笠山とも呼ばれる。毎年1月第4土曜日には山焼きが行われる。	28D2 25	わ

※時間は季節・天候によって若干変わる場合があります。また、内容は各物件の都合等により、予告なく変更される場合があります。記載内容は2024年3月調査分のものです。

バス・電車自主研修　ワークシート（行程計画）

年月日	コース名	組	班	コース係名

到着・待機・出発時間	駅・バス停名（バス停番号） 系統・MAP・乗車所要分・乗車料金	駅･バス停⇆見学地 徒歩所要分	見学地・昼食場所等見学地・昼食場所等　拝観料・費用 着発時間

着　：　待機　分　発　：　｜　駅･バス停名　｜　MAP　頁　着バス停番号　発バス停番号　｜　徒歩　分　｜　発　：　｜　スタート　旅館・ホテル名

乗換徒歩　分　｜　線・　バス系統　番　乗車所要　分　料金　円　｜　徒歩　分

No.

着　：　待機　分　発　：　｜　駅･バス停名　｜　MAP　頁　着バス停番号　発バス停番号　｜　徒歩　分　｜　着　：　見学　分　発　：　｜　見学地・昼食・みやげ等　｜　拝観料・費用　円

乗換徒歩　分　｜　線・　バス系統　番　乗車所要　分　料金　円　｜　徒歩　分

No.

着　：　待機　分　発　：　｜　駅･バス停名　｜　MAP　頁　着バス停番号　発バス停番号　｜　徒歩　分　｜　着　：　見学　分　発　：　｜　見学地・昼食・みやげ等　｜　拝観料・費用　円

乗換徒歩　分　｜　線・　バス系統　番　乗車所要　分　料金　円　｜　徒歩　分

No.

着　：　待機　分　発　：　｜　駅･バス停名　｜　MAP　頁　着バス停番号　発バス停番号　｜　徒歩　分　｜　着　：　見学　分　発　：　｜　見学地・昼食・みやげ等　｜　拝観料・費用　円

線・　バス系統　番　乗車所要　分　料金　円　｜　徒歩　分

着　：　｜　駅･バス停名　｜　MAP　頁　着バス停番号　｜　徒歩　分　｜　着　：　｜　ゴール　旅館・ホテル名

交通費	
奈良交通バスフリー乗車券	
A 奈良公園・西の京・世界遺産　1-Day Pass	600 円
B 奈良公園・西の京・法隆寺・世界遺産　1-Day Pass Wide	1100 円
C 奈良・大和路　2-Day Pass	1650 円
奈良世界遺産フリーきっぷ（発駅により料金は異なる）	
〜奈良・斑鳩・吉野コース〜	円
〜奈良・斑鳩コース〜	円
追加・別運賃区間	
〜	円
交通費合計	円

駅・バス停と見学地間の徒歩所要分

分

拝観料・費用一覧		
NO.	拝観・見学場所	費用
1		円
2		円
3		円
4		円
5		円
6		円
7		円
8		円
9		円
昼食場所	内容	円
拝観料・見学料・昼食費用合計		円

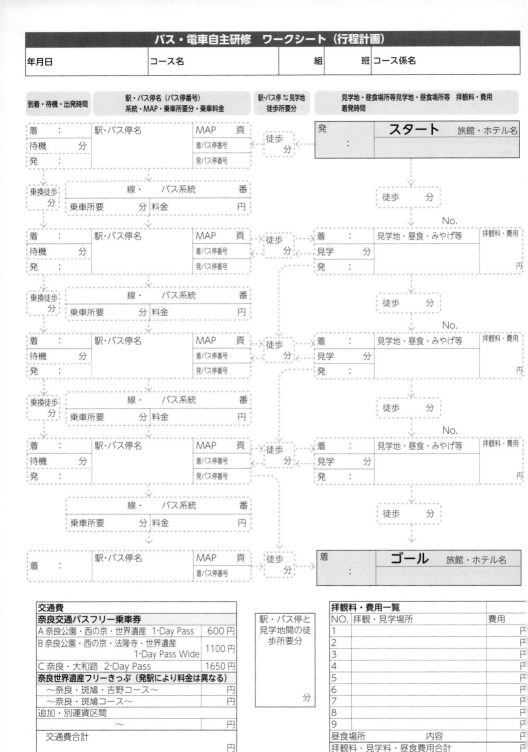

時刻表（鉄道・バス）

巻末（裏表紙裏）に
奈良交通バス主要系統一覧！

鉄道ダイヤ

バスダイヤ

奈良交通バス　（観光に不向きな一部ダイヤを除いております。）

バスダイヤのみかた

参照頁地図ののりば番号

バスのりば名称 ―― ■近鉄奈良駅（平日）

本文地図の参照頁 ―― 18頁

	❽（西向き／三条大宮町方面）								
系統	78	63	72	81	23	22	88	98	98
6		58							
7	53	19			12				
8	20 43			45		13		47	
9	23 53					25			
10	23 53			23		32		43	
11	23 53			23		18 48		43	
12	23 53			23		48		43	
13	23 53			23		56		43	
14	23 53			23		56		43	
15	23 53			23		27		43	
16	26 55					32	43		
17	28		53			00			45
18			15 52			09			

（サンプル）

} バス系統・行先

※コミバスはコミュニティバスの略です

※早朝・夜間の時刻表は編集上割愛しております。

鉄道ダイヤ　近鉄電車

特＝特急　快＝快急　急＝急行　表示なし＝普通など

■近鉄奈良（平日）

18頁

8	2特	4快	9	16快	18	21	26快	29	33特京	35快	42急京	46特	48快	52特京	57快
9	6快	8	12急国	15特	21快	25特京	31急	42快	46	51急	55特				
10	3快	7	13急国	20特京	25快	35快	44急京	55快							
11	5快	15急	20特京	25快	35快	41急京	45急	55快							
12	5快	11急京	15急	20特京	25快	27	35快	45急	55快						
13	0特京	5快	11急京	15急	25快	35快	45急	55快							
14	5快	11急京	15急	23急京	25快	35快	45急	55快							
15	0特京	5快	7	11急国	23急京	25快	35急	38	45快	48急国	55急				
16	0特京	5快	7	13急京	15急	25急	32快	36	41急国	44急	50特京	53快			
17	1急	7	10急京	13快	16急国	20急	25特京	32快	35	38急国	43急	50特京	53快	56	
18	3急	7急国	13快	23急	25特京	31急国	33快	40特	42急	48急京	53快				

国=国際会館方面　京＝京都方面　表示なし＝大阪・難波など

■近鉄奈良（土休日）

18頁

8	1特	4快	8	13快	15	20特京	24快	27	32快	43特	45快	48	54快	
9	0特京	2快	5	8急国	13特	15急	20急京	23快	28	30特京	36急	45快	49	54急
10	0特京	5快	10急国	13特京	16	23特	24快	33特京	34急	46快	51急国	56急		
11	1急京	6快	10特京	15急	23急国	26快	29	35急	46快	50特京	56急			
12	0特京	6快	13急京	15急	23急国	26快	35急	46快	50特京	55急				
13	5特京	6快	13急京	15急	23急国	26快	35急	46快	50特京	56急	58			
14	6快	15急京	23急国	26快	35急	46快	50特京	56急						
15	5特京	6快	13急京	16急	23快	26急国	35急	38	45快	50特京	56急			
16	3特	5特京	6快	15急京	23急国	26快	35急	38	43快	50特京	53急	58		
17	5快	15急	22特	25特京	26快	34急	38	43急京	46快	55特京	56急			
18	3快	11急	20特京	21快	34快	39	47急京	50特	56快					

国=国際会館方面　京＝京都方面　表示なし＝大阪・難波など

■新大宮（平日）

6頁

	大阪・京都方面											
8	6快	11	18快	20	23	28快	31	37快	44急京	50快	59快	
9	8快	10	14急京	23快	33急	44快	48	53急				
10	5快	9	15急京	27快	37快	46急京	57快					
11	7快	17急	27快	37快	43急京	47急	57快					
12	7快	13急京	17急	27快	29	37快	47急	57快				
13	7快	13急京	17急	27快	37快	47急	57快					
14	7快	13急京	17急	25急京	27快	37快	47急	57快				
15	7快	9	13急京	25急京	27快	37急	40	47快	50急京	57急		
16	7快	9	15急京	17急	27急	34快	38	43急京	46急	55快		
17	3急	9	12急京	15快	18急京	22急	34快	37	40急京	45急	55快	58
18	5急	9急京	15快	25急	33急京	35快	44急	50急京	55快			

	近鉄奈良方面											
8	3	7快	12	16快	21快	27快	34急	37快	43	48快	56快	59急
9	7急	12快	21快	31急	33快	37	48快	54急	58快			
10	8急	20快	29	38急	45急	47快	59急					
11	6快	14急	17快	29快	39急	46急	49快	57快				
12	7急	14急	19快	27快	37急	47快	49急	57快				
13	7急	14急	19快	27快	34	39急	47快	49急	57快			
14	7急	15急	19快	27快	37急	47快	49急	57快				
15	7急	13	19快	30快	34	39急	41急	51快	57快			
16	4急	7急	17快	21	27快	33急	35	39急	49快	57快		
17	0急	2	9急	17	21快	27快	34	37	44快	49急	55急	
18	4快	15急	22	24急	33急	40急	44快	53急	55急			

京＝京都方面　表示なし＝大阪・難波など

■新大宮（土休日）

6頁

	大阪・京都方面										
8	6快	10	15快	17	26快	29	34快	47快	50	56快	
9	4快	7	10急京	17急	22急京	25快	30	38急	47快	51	56急
10	7快	12急京	18	26快	36急	48快	53急京	58急			
11	3急京	8快	17急	25急京	28快	31	37急	48快	58急		
12	8快	15急京	17急	25急京	28快	37急	48快	57急			
13	8快	15急京	17急	25急京	28快	37急	48快	58急			
14	0	8快	17急京	25急京	28快	37急	48快	58急			
15	8快	15急京	18急	25快	28急京	37急	40	47快	58急		
16	8快	17急京	25急京	28快	37急	40	45快	55急			
17	0	7快	17急	28快	36急	40	45急京	48快	58急		
18	5快	13急	23快	36快	41	49急京	58快				

	近鉄奈良方面										
8	1	5快	14	16快	26	34快	45快	50	57快	59急	
9	3	7快	12	17快	22	28快	37快	44	50快	53急	56快
10	4急	13急	19快	29急	35急	39快	48急	57快			
11	3	7急	15急	19快	25	29急	39快	46急	48急	57快	
12	7急	14急	19快	27急	39快	46急	49急	57快			
13	7急	14急	19快	27急	39快	49急	57快				
14	5急	8急	14急	19快	25	27急	39快	47急	57快		
15	7急	14急	17快	24	27急	39快	47急	58快			
16	7急	14急	19快	25	29急	39快	49急	56快			
17	7急	16	19快	28急	35急	38快	47急	55	59快		
18	9急	21快	26	30急	40急	49急	59快				

京＝京都方面　表示なし＝大阪・難波など
特＝特急　快＝快急　急＝急行　表示なし＝普通など

■大和西大寺(平日)
51頁

	大阪方面		近鉄奈良方面
8	2快 3 10特 13快 16 22快 24 33快 36 42快 45 51特 55快 59	8	0 4快 9 13快 18快 24快 26特 31急 34快 40 45快 53快 56急
9	6快 8 14快 15 21特 23 29快 32 39急 42 50快 52 58急	9	4急 9快 18快 26特 28急 30快 34 45快 51急 54特 55快
10	2特 5 12快 13 21急 23 32快 34 42快 43 51急 54	10	5急 17快 26 35急 42急 44快 52特 56急
11	2快 4 12快 13 21急 23 32快 33 42快 43 51急 53	11	3快 11急 14快 19特 26快 36急 43急 46快 54快 59特
12	2快 4 12快 13 21急 23 32快 34 42快 43 51急 53	12	4急 11急 16快 24快 34急 44快 46急 54快 59特
13	2快 5 12快 13 21急 23 32快 34 42快 43 51急 53	13	4急 11急 16快 24快 31 36急 44快 46急 54快 59特
14	2快 5 12快 13 21急 23 32快 35 42快 43 51急 53	14	4急 12急 16快 24快 34急 44快 46急 54快 59特
15	1快 2 12快 13 21急 25 32快 33 41急 44 52快 53	15	4急 10 16快 27快 31 36急 38急 48快 54快
16	1急 2 12快 14 21急 23 31急 33 40快 43 50急 53	16	1急 4急 14快 18 22特 24快 30急 32 36急 46快 54快 57急 59
17	0快 2 10急 14 20快 24 30急 32 40快 42 50急 52	17	6急 10特 14 18快 22特 24快 31 34 41快 46急 50特 52急 56特
18	0快 2 10急 12 20快 22 30急 32 40快 41 46特 50急 52	18	1快 9特 12急 19 21急 26特 30急 37急 41快 49特 50急 52急 59

■大和西大寺(土休日)
51頁

	大阪方面		近鉄奈良方面
8	1快 2 8特 12快 14 20快 24 32快 33 41快 43 49特 52快 54	8	2快 11 13快 23 25特 31快 42快 47 54快 56急 59特
9	1快 2 10快 12 19特 23急 25 32快 35 42急 45 52快 55	9	0 4快 9 14快 19 25快 27特 34快 41 47快 50急 53快
10	2急 4 11快 13 21急 23 29特 32快 34 42急 44 52快 55	10	1急 10急 15特 16快 26急 32急 36快 45急 49特 54快
11	2急 4 12快 14 22急 24 32快 35 42急 45 52快 54	11	0 4急 7特 12急 16快 22 26急 29特 36快 43急 45急 54快
12	2急 4 12快 14 22急 24 32快 35 42急 45 52快 54	12	0特 4急 11急 16快 24急 29特 36快 43急 46急 54快 59特
13	2急 4 12快 15 22急 24 32快 35 42急 45 52快 54	13	4急 11急 16快 24急 29特 36快 46急 54快 59特
14	2急 4 12快 13 22急 24 32快 35 42急 45 52快 54	14	2急 5急 11急 16快 22 24急 29特 36快 44急 54快 59特
15	2急 5 12快 14 23急 25 33快 36 42急 45 52快 55	15	4急 11急 14快 21 24急 29特 36快 44急 49特 55快
16	2急 3 8特 13快 14 22急 24 33快 35 42急 45 51快 55	16	1特 4急 11急 16快 22 26急 30特 36快 46急 53快
17	2急 4 11快 14 22急 23 33快 37 41急 44 52快 56	17	0特 4急 9特 11特 13 16快 25急 32急 35快 44急 52 56快
18	2急 4 11快 13 20急 22 29快 35 40快 45 56特 58	18	0特 6急 15特 18快 23 27急 31特 37急 46急 56快

■大和西大寺(平日)
51頁

	京都方面		橿原神宮方面
8	0急 5新 9特 13急 20 28特 31急 35新 40特 44新 48急 56新 58特	8	3急天 7特 12 18急 28 38急天 43 48急 57
9	6急 10 17特 20急国 25 31特 35急 37 46特 51急 56	9	4急天 7特 12 17急 28急天 32 46急 48
10	4急 7特 11 20急国 22 27特 31急 37 45特 50急 57	10	2 5急天 10特 12天 16急 19 28急天 35 40特 55急 58
11	5特 7急 14新 17急 25特 27急 37 45特 47急 57	11	5特 16 25急 35 40特 51
12	5特 7急 14新 17急 25特 31急 37 45特 47急 57	12	2急 7天 15 20特 26急 35 40特 51
13	5特 7急 14新 17急 26特 31急 37新 45特 47急 57新	13	2急 7天 15 20特 26急 35 40特 51
14	4特 7急 14 17急 26特 27 30急 41新 45特 47急 57	14	2急 8急天 15 20特 26急 35 40特 51
15	5特 7急 11 20急国 24 28特 30急 42 45特 47急 54急国 57新	15	2急 7天 15 20特 25急 35 41特 47急 50
16	5特 7急 11 20急 25特 27 31急 41 44特 47急国 51新 55特	16	7特 8 17急 26 35 42特 45急 47天 59
17	4急 7新 11特 16急 19 23急国 30特 32 35急 41特 44急国 47新 54急 56特	17	2急天 7特 10 17急 19天 27 42 53急 56
18	2 5急 13急国 15特 16 25急 27新 31特 39急国 42 45特 54急 56	18	3天 9急 13特 15 24天 31急 34 41特 44 54天

国=国際会館方面　新=新田辺行き　天=天理行き

■大和西大寺(土休日)
51頁

	京都方面		橿原神宮方面
8	3 6急 14特 17新 23急 26特 31新 36急 41新 46特 51急 56新	8	6急天 10特 16 21急 24天 33 46急 48 51急天
9	5特 6急 9新 15急国 18特 21 26急 33新 37特 39急 46特 53急 57新	9	1 5急天 10特 18 22急 32 35急天 46急 53
10	5特 7急 9新 18特 22急国 25 28特 36急 37新 40特 48急 54特 56新	10	1特 7 11急天 20天 25急 35 40特 46急天 52 57急
11	0急国 7急 15特 17新 21急 27特 32急国 37新 46特 47急 55特 57	11	14 20特 25急 35 40特 51
12	6特 8急 17 21急 27特 30急国 37 45特 47急 55特 57	12	2急 7天 15 20特 26急 35 40特 51
13	6急 10特 17 21急 26特 30急国 37 45特 47急 55特 57	13	2急 15 20特 26急 35 40特 45急 47天 56
14	6急 10特 17 21急 26特 30急国 38 45特 47急 55特 57	14	7急天 15 20特 26急 35 40特 46急 51
15	6急 10特 17 20急 26特 34急国 37新 46特 52急 55特 57新	15	2急天 5 20特 22急 26 35 41特 45急 57
16	5急 7 10特 21急 25新 27特 30急国 37急 40新 44特 50急 55特 57新	16	7急天 15 21特 25急 27天 35 41特 45急天 51 56急
17	0特 8急 10特 13 25新 28急 30特 38急 40 46特 50急 56	17	6 13天 21特 23 27急 34 46急天 49 55急
18	0特 6急 8 14特 19 25特 28急 37 41急 47特 53 55急	18	5 14急天 21特 22 28急 35 41特 48 55急

国=国際会館方面　新=新田辺行き　天=天理行き
特=特急　快=快急　急=急行　表示なし=普通など

■学園前（平日）54頁

時	大阪方面	時	近鉄奈良方面
8	1 6快 8 14特 17快 21 27快 29 37快 41 46快 50 55特 59快	8	3 7快 12快 15西 19快 22西 25西 28快 35 39快 45西 48快 53西 57急
9	4 10快 13 18快 20 25特 27 33快 36 43急 46 54快 57	9	1西 4快 9西 12快 17西 21急西 26快 28 32西 41快 46西 49快 55西
10	2急 6特 9 16快 18 25急 28 36快 39 46快 48 55急 58	10	0快西 5西 11快 17西 21快西 26西 30急 35西 39快 45西 50急 55西 59快
11	6快 9 16快 18 25急 28 36快 38 46快 48 55急 58	11	5西 10快 15西 20快 25西 30急 35西 40快 45西 50快 55西
12	6快 9 16快 18 25急 28 36快 39 46快 48 55急 58	12	0急 5西 10快 15西 20快 25西 30急 35西 40快 45西 50快 55西
13	6快 9 16快 18 25急 28 36快 39 46快 48 55急 58	13	0急 5西 10快 15西 20快 25 30急 35西 40快 45西 50快 55西
14	6快 9 16快 18 25急 28 36快 39 46快 48 55急 57	14	0急 5西 10快 15西 20快 25西 30急 35西 40快 45西 50快 55西
15	5快 7 16快 18 25急 30 36快 38 45急 49 56快 58	15	0急 5西 10快 15西 20快 25西 30急 35西 40快 45西 50快 55西
16	5急 7 16快 19 25急 28 35急 38 44快 48 54急 57	16	0急 5西 10快 15西 20快 25 30急 35西 40快 45西 49快 54
17	4快 6 14急 19 24快 28 34急 37 44快 47 54急 57	17	0急 6特 8西 12快 16西 20快 27 34快 39西 45特 48急 54西 56快
18	4快 7 14急 16 24快 27 34急 37 44快 46 50特 54急 56	18	0西 4特 8急 14 16快西 20西 26急 31西 35快 40西 44特 48急 54 56快

西＝大和西大寺行き

■学園前（土休日）54頁

時	大阪方面	時	近鉄奈良方面
8	5快 7 12特 16快 19 24快 28 36快 38 45快 47 53特 56快 59	8	4 8快 16 21西 24快 29西 37快 39 44西 47急西 50快 55 59快
9	5快 7 14快 17 23特 27急 29 36快 39 46急 49 56快	9	4 10快 12 20快 23西 29快 32 41快 43西 49快 51西 58西
10	6急 8 15快 18 25急 27 33特 36快 38 46急 49 56快 59	10	0特 3急 8西 11快 16西 21急 26西 30快 35西 40急 45西 49快 55
11	6急 9 16快 19 26急 28 36快 40 46急 49 56快 59	11	0急 5西 10快 15 20急 25西 30快 35西 40急 45西 49快 55西
12	6急 8 16快 19 26急 28 36快 40 46急 49 56快 59	12	0急 5西 10快 15西 20急 25西 30快 35西 40急 45西 49快 55西
13	6急 8 16快 19 26急 28 36快 39 46急 49 56快 59	13	0急 5西 10快 15西 20急 25西 30快 35西 40急 45西 49快 55西
14	6急 9 16快 18 26急 28 36快 39 46急 49 56快 59	14	0急 5西 10快 15 20急 25西 30快 35西 40急 45西 49快 55西
15	6急 9 16快 19 27急 29 37快 40 46急 49 56快 59	15	0急 5西 10快 15 20急 25西 30快 35西 40急 45特 47西 50快 55西
16	6急 8 12特 17快 19 26急 28 37快 39 46急 49 55快 59	16	0急 5西 10快 15 20急 25西 30快 35西 40急 45西 49快 55西
17	6急 9 15快 18 26急 28 31特 37快 41 45急 48 56快 59	17	0急 5特 7 11快 15西 20急 25西 30快 35西 40急 45 50快 55西
18	0 6急 9 15快 18 24急 33快 39 44快 50 59特	18	0急 5西 9特 13快 18 21急 26西 30快西 35西 40急 45西 49快 55西

西＝大和西大寺行き

■富雄（平日）4頁

時	大阪方面	時	近鉄奈良方面
8	4 11 23 31 44 52	8	1 12西 20西 23西 32 43西 51西 59西
9	6 15 22 29 38 48 59	9	7西 15西 26 30西 43西 53西
10	11 20 30 41 50	10	3西 15西 24西 33西 43西 53西
11	0 11 20 30 40 50	11	3西 13西 23西 33西 43西 53西
12	0 11 20 30 41 50	12	3西 13西 23西 33西 43西 53西
13	0 11 20 30 41 50	13	3西 13西 23 33西 43西 53西
14	0 11 20 30 41 50 59	14	3西 13西 23西 33西 43西 53西
15	9 20 32 40 51	15	3西 13西 23西 33西 43西 53西
16	0 9 21 30 40 50 59	16	3西 13西 23 33西 43西 51
17	8 21 30 39 49 59	17	6西 14西 25 36西 51西 57西
18	9 18 29 39 48 58	18	11 17西 29西 37西 51 57西

西＝大和西大寺行き

■富雄（土休日）4頁

時	大阪方面	時	近鉄奈良方面
8	9 21 30 40 49	8	2 13 19西 27西 36 42西 53
9	1 9 19 31 41 51	9	2 10 21西 30 41西 49西 55西
10	1 10 20 30 40 51	10	5西 14西 23西 33西 43西 53
11	1 11 21 30 42 51	11	3西 13 23西 33西 43西 53西
12	1 10 21 30 42 51	12	3西 13西 23西 33西 43西 53西
13	1 10 21 30 41 51	13	3西 13西 23西 33西 43西 53西
14	1 11 20 30 41 51	14	3西 13 23西 33西 43西 53西
15	1 11 21 31 42 51	15	3西 13 23西 33西 45西 53西
16	1 10 21 30 41 51	16	3西 13 23西 33西 43西 53西
17	1 11 20 30 43 51	17	5 13西 23西 33西 43 53西
18	2 11 20 29 41 52	18	3西 16 24西 33西 43西 53西

■鳥居前（平日・土休日）55頁

行先	宝山寺
8	00 15 30 45
9	00 20 40
10	00 20 40
11	00 20 40
12	00 20 40
13	00 20 40
14	00 20 40
15	00 20 40
16	00 20 40
17	00 20 40
18	00 20 40

■尼ケ辻（平日）

4頁

京都方面		橿原神宮方面	
8	1新 15 22西 32新 40新 51新	8	14 30 46
9	6 21 35西 51	9	0 14 35 50
10	7 20西 31 40西 58西	10	4 14天 22 37
11	17西 37西 59西	11	1 18 37 54
12	19西 40西 59西	12	9天 17 37 54
13	19西 40西 59西	13	9天 17 37 54
14	19 40西 59西	14	17 37 54
15	20 37 48西 59西	15	9天 17 37 53
16	19西 36 53西	16	11 28 37 50天
17	4新 15 28西 43新 58西	17	1 13 22天 29 45 59
18	16西 26西 33西 46	18	6天 18 27天 36 47 57天

西＝大和西大寺行き　新＝新田辺行き
天＝天理行き

■尼ケ辻（土休日）

4頁

京都方面		橿原神宮方面	
8	7西 17西 26新 37新 51新	8	2 19 27天 35 50
9	5新 18 29新 47西 58西	9	4 20 34 56
10	13西 29西 38西 49西	10	10 23天 37 54
11	4西 20西 40西 59西	11	17 37 54
12	19西 40西 59西	12	9天 17 37 54
13	19西 33 40西 59西	13	17 37 50天 58
14	20西 40西 59西	14	17 37 54
15	19西 40西 56西	15	8 28 37
16	14西 29西 45西	16	0 17 30天 37 53
17	2西 12西 22西 37 52	17	8 16天 25 37 52
18	7西 16 31西 48	18	7 25 37 51

西＝大和西大寺行き　新＝新田辺行き
天＝天理行き

■西ノ京（平日）

48頁

京都方面		橿原神宮方面	
8	13 20西 30新 38新 49新	8	1 16 32 48
9	1急 4 16急西 19 30急 33西 45急 49 58急	9	2 7急天 16 21急 32急天 36 50急 52
10	5 14急西 18西 23急 29 38西 41特 45急西 56西	10	6 9急天 16天 20急 23 32急天 39 44特 58急
11	0特 3急 15西 22急 35西 40特 43急西 57西	11	2 8特 20 29急 39 44特 55
12	0特 3急 10急西 17西 38西 40特 43急 57西	12	5急 11天 19 24特 29急 39 44特 55
13	2急 8急西 17西 21特 38西 40特 43急 57西	13	5急 11天 19 24特 29急 39 44特 55
14	2急 17 21特 38西 40特 43急 57西	14	5急 11急天 19 24特 29急 39 44特 55
15	2急 14急西 18 21特 35 40特 43急 46西 57西	15	5急 11天 19 23特 28急 39 50急 54
16	2急 17西 25急 34 51西 59急	16	12 20急 30 39 48急 51天
17	2新 13 26西 41新 56西	17	3 14 24天 31 46
18	14西 24西 31西 44	18	0 7天 19 28天 38 48 58天

西＝大和西大寺行き　新＝新田辺行き　天＝天理行き

■西ノ京（土休日）

48頁

京都方面		橿原神宮方面	
8	5西 15西 24新 35新 49新	8	4 21 29天 37 52
9	3新 10急西 16 27新 32急 45西 48急 57西	9	6 9急天 22 25急 36 39急天 49急 57
10	2急 11西 15急西 23特 27西 32急 36西 44急 47西 58急西	10	4特 11 14急天 24天 29急 39 44特 50急天 56
11	2西 16急 18西 21特 38西 40特 43急 57西	11	1急 18 24特 28急 39 44特 55
12	1急 17西 21特 38西 40特 43急 57西	12	6急 11天 19 24特 29急 39 44特 55
13	1急 17西 21特 31 38西 40特 43急 52急西 57西	13	6急 19 24特 29急 39 44特 48急 51天
14	1急 14急西 18西 21特 38西 40特 43急 57西	14	0 10急天 19 24特 29急 39 44特 49急 55
15	0急 17西 21特 24急西 38西 40特 44急 54西	15	5急天 9 23特 26急 30 39 49急
16	0急 12西 14急西 27西 32急 43西 45急	16	1 11急天 19 28急 31天 39 49急天 55
17	0西 4急 10西 20西 23急 32急 35 50	17	0急 10 17天 27 30急 38 53
18	5西 14 29西 47	18	9 26 39 52

西＝大和西大寺行き　新＝新田辺行き　天＝天理行き

■近鉄郡山（平日）

4頁

京都方面		橿原神宮方面	
8	6急 9 15西 23急 25新 34新 41急西 45新 58急	8	5 9急天 20 24急 36 44急天 52 54急
9	0 12急西 15 26急 29西 41急 45 55急	9	6 11急天 21 24急 35急天 41 53急 56
10	1 11急西 14西 20急 25 34西 42急西 52西 59急	10	10 12急天 20天 23急 28 35急天 43
11	11西 19急 31西 39急西 53西 59急	11	2急 7 24 32急 43
12	6急西 13西 34西 39急 53西 59急	12	0 9急 15天 23 33急 43
13	5急西 13西 34西 39急 53西 59急	13	0 9急 15天 23 33急 43
14	13 34西 39急 53西 59急	14	0 9急 15急天 23 33急 43
15	11急西 14 31 40急 42西 53西 59急	15	0 9急 15天 23 32急 43 54急 59
16	13西 21急 30 47西 56急 58新	16	17 24急 34 43 52急 56天
17	7急西 9 22西 28急 37新 45急 52西 58急	17	7 9急天 19 23急 28天 35 51 59急
18	10西 17急 20西 27西 40 55急 57	18	5 12天 15急 24 33天 37急 42 53

西＝大和西大寺行き　新＝新田辺行き　天＝天理行き
特＝特急　快＝快急　急＝急行　表示なし＝普通など

■近鉄郡山（土休日）

4頁

	京都方面		橿原神宮方面
8	1西 11西 16急 20新 29急 31新 42急 45新 57急 59新	8	1急 8 12急天 25 27急 33天 41 52急 57 59急天
9	7急西 12 23新 29急 41西 44急 53西 58急	9	10 12急天 27 29急 40 42急天 53急
10	7西 12急西 23西 28急 32西 41急 43西 54急西 58西	10	2 16 18急天 29天 32急 43 53急天
11	12急 14西 34西 39急 53西 58急	11	0 4急 23 32急 43
12	13西 34西 39急 53西 58急	12	0 9急 15天 23 33急 43
13	13西 27 34西 39急 49急西 53西 58急	13	0 9急 23 33急 43 52急 56天
14	11急西 14西 34西 39急 53西 57急	14	4 14急天 23 33急 43 53急
15	13西 21急西 34西 40急 50西 57急	15	0 9急天 14 29急 34 43 52急
16	8西 11急西 23西 29急 39西 42急 56西	16	6 14急天 23 32急 36天 43 52急天 59
17	1急 6西 16西 20急 29急 31 46 57急	17	3急 14 22天 31 34急 43 52急天 58
18	1西 10 18急 25西 31急 43 56急西	18	1急 13 20急天 31 34急 43 57

西＝大和西大寺行き　新＝新田辺行き　天＝天理行き

■筒井（平日）

3頁

	京都方面		橿原神宮方面
8	5 12西 22新 31新 42新 57	8	8 23 39 55
9	12 25西 42 58	9	9 24 44 59
10	11西 22 31西 49西	10	13 23天 31 46
11	8西 28西 50西	11	10 27 46
12	10西 31西 50西	12	3 18天 26 46
13	10西 31西 50西	13	3 18天 26 46
14	10 31西 50西	14	3 26天 46
15	11 28 39西 50西	15	3 18天 26 46
16	10西 27 44西 55新	16	2 20 37 46 59天
17	6 19西 34新 49西	17	10 22 31天 38 54
18	7西 17西 24西 37 53西	18	8 15天 27 36天 45 56

西＝大和西大寺行き　新＝新田辺行き
天＝天理行き

■筒井（土休日）

3頁

	京都方面		橿原神宮方面
8	7西 16新 28新 41新 56新	8	1 11 28 36天 44
9	9 20新 38西 49西	9	0 13 30 43
10	4西 20西 29西 40西 55西	10	5 19 32天 46
11	11西 31西 50西	11	3 26 46
12	10西 31西 50西	12	3 18天 26 46
13	10西 24 31西 50西	13	3 26 46 59天
14	11西 31西 50西	14	7 26 46
15	10西 31西 47西	15	3 17 37 46
16	5西 20西 36西 53西	16	9 26 39天 46
17	3西 13西 28 43 58西	17	2 17 25天 34 46
18	7 22西 39 57	18	1 16 34 46

西＝大和西大寺行き　新＝新田辺行き
天＝天理行き

■平端（平日）

※天理線

3頁

	天理方面
8	6 19 32 48
9	1 17 31 40
10	0 18 31 41 56
11	16 41 56
12	21 41 57
13	21 41 57
14	10 20 41 57
15	21 40 52
16	2 18 32 44
17	3 15 29 35 55
18	8 25 32 45

■平端（土休日）

※天理線

3頁

8	17 28 39 59
9	8 20 28 37 49
10	4 26 41 58
11	15 40 57
12	10 21 40 57
13	17 40
14	1 18 40 51
15	1 13 37
16	0 19 31 41 57
17	12 28 43 56
18	9 24 42 55

■天理（平日）

3頁

	平端方面
8	7新 19 30急西 43
9	0急西 13 30急京 41
10	0急西 11京 30急西 43
11	3 16 37 55急西
12	18 37 54急西
13	18 37 56
14	18 37 56急西
15	14 25西 38 50
16	6 14 30 42新 55急西
17	13 31急京 43 54
18	8西 20 41 59新

西＝大和西大寺行き
新＝新田辺行き　京＝京都行き

■天理（土休日）

3頁

	平端方面
8	11 30急京 40 55急西
9	8 24 33急京 45
10	0急西 15西 27急京 41急西 58
11	18 38 56
12	18 38 56
13	15京 25 37急西
14	0急西 18 38 50
15	9急西 25 43
16	0急西 15 29急京 46西 58
17	9急京 28 41西 54
18	7急京 27 41 55

西＝大和西大寺行き　新＝新田辺行き　京＝京都行き

■平端（平日）

※橿原線

3頁

	京都方面		橿原神宮方面
8	1急 3 9西 18急 19新 29新 37急西 40新 53急 55	8	3急 4 17 29急 30 43 59急
9	8急西 10 22急 23西 37急 40 50急 56	9	0 18 29急 31 50 58急
10	6急西 9西 16急 19 28西 37急西 47西 55急	10	2 20 29急 33 53
11	6西 15急 26西 35急西 47西 55急	11	6急 15 30 38急 50
12	2急西 7西 28西 35急 47西 54急	12	6 14急 30 38急 50
13	0急西 7西 28西 35急 47西 54急	13	6 14急 30 38急 50
14	7 28西 35急 47西 54急	14	6 14急 30 38急 50
15	6急西 8 26 35急 37西 47西 54急	15	6 14急 30 38急 50 59急
16	8西 17急 25 42西 51急 52新	16	5 23 30急 40 57急 58
17	3急西 4 17西 23急 32新 41急 47西 53急	17	17 28急 29 41 56
18	5西 13急 15西 22西 35 50急 51西	18	4急 10 23急 30 42急 50 59

西＝大和西大寺行き　新＝新田辺行き
特＝特急　快＝快急　急＝急行　表示なし＝普通など

■平端（土休日）※橿原線 3頁

時	京都方面	時	橿原神宮方面
8	5西 11急 14新 25急 26新 37急 39新 53急 54新	8	6急 8 20 32急 33 49 58急
9	2急西 6 17新 25急 35西 40急 47西 54急	9	6 19 34急 35 50 57急
10	2西 7急西 18西 24急 27西 36急 37西 50急西 52西	10	11 26 37急 50
11	8急 9西 28西 35急 47西 54急	11	9急 10 30 38急 50
12	7西 28西 35急 47西 54急	12	6 14急 30 38急 50
13	7西 21 28西 35急 44急西 47西 54急	13	6 14急 30 38急 50 58急
14	6急西 9西 28西 35急 47西 52急	14	10 30 38急 50 59急
15	7西 16急西 28西 36急 45西 52急	15	5 19 35急 40 57急 58
16	3西 6急西 18西 24急 33西 37急 50西 56急	16	11 30 38急 50
17	1西 11西 15急 24急 25 41 53急 56西	17	8急 9 20 38急 39 51
18	4 13急 20西 27急 37 51急西 55	18	5急 6 19 38急 39 50

西＝大和西大寺行き　新＝新田辺行き

■大和八木（平日）※橿原線 72頁

時	京都方面	時	橿原神宮方面
8	4急 10特 13新 24新 37 43急 50 59特	8	7 14急 20 26特 33 41急 47 59
9	5西 11急 19 26特 33 40急 48特 53西	9	11急 16 26特 34 42急 48
10	5急 13西 27特 32西 42急 46特 51西	10	5 9急 21 27特 35 42急 51 58特
11	2急 11西 22急西 26特 32西 42急 46特 52西	11	8 20急 23特 30 45 52急 58特
12	13西 22急 26特 32西 44急 52西	12	7 21 27急 38特 46 52急 58特
13	8特 13西 22急 26特 32西 44急 52	13	8 21 27急 38特 46 52急 58特
14	8特 13西 22急 26特 32西 44急 49	14	8 21 27急 38特 46 52急 58特
15	8特 10 22急 26特 32西 44急 52西	15	8 21 27急 38特 46 48急 58特
16	4急 8特 10 23特 27西 39急 44 53特	16	6 10急 20 25特 38 42急 56 59特
17	2西 13急 15新 20特 32西 41急 48西 56特	17	8急 13 25特 32 39急 48
18	2急 7西 18 27特 33西 40急 44 51特 57急西	18	2 12 17急 26 31特 35急 46 52急 58特

西＝大和西大寺行き　新＝新田辺行き

■大和八木（土休日）※橿原線 72頁

時	京都方面	時	橿原神宮方面
8	0急 8新 14急 20新 29特 35新 42急 50 58特	8	10 20急 24 28特 37 43急 55
9	2新 14急 18西 25特 31西 42急 47西	9	5 14急 24 28特 38 47急 53
10	1西 10特 13急 18西 33特 36西 50西 58急	10	6 13急 20特 27 42 50急 58特
11	8特 13西 22急 26特 32西 43急 52西	11	8 20急 27 38特 46 49急 58特
12	8特 13西 20急 26特 32西 43急 52西	12	8 21 27急 38特 46 49急 58特
13	8特 13西 22急 26特 32西 43急 53西	13	8 21 27急 38特 46 49急 58特
14	8特 13西 22急 26特 32西 42急 52西	14	6 14急 26 38特 46 49急 58特
15	8特 13西 22急 26特 29西 42急 48西	15	6 14急 21 35 38特 48急 55 59特
16	2西 9特 14急 17西 23特 34西 40特 45急 53特 55西	16	9急 14 28 38特 46 49急 58特
17	7 14急 21特 25 43急 48 56特	17	8 21急 27 35 39特 51急 58
18	5西 15急 21 29特 34 41急西 45特 50	18	12 16急 22 34 39特 51急 55 58特

西＝大和西大寺行き　新＝新田辺行き

■大和八木（平日）※大阪線 72頁

時	大阪方面	時	室生口大野方面
8	2 8特 17五 25特 31 38特 42急 45 52特	8	2急 7榛 13急 20特 21 30急 36 41特 45榛 52快 57
9	1急 3五 10特 11 20急 24特 31 38特 45急 51	9	5特 12急 18特 21榛 32快 41特 42 48急 56
10	3特 5急 7 19特 21 31急 38特 41 51急 54	10	4特 7急 21 30急 41特 42 48急 56
11	2特 7 13急 19特 25 33急 38特 41 52急 56	11	5急 12 26急 32 41特 42 50急
12	2特 8 13急 20特 27 32急 48 53急	12	3 7急 20 31急 41特 42 50急
13	2特 8 13急 20特 27 32急 48 53急	13	3 8急 20 31急 41特 42 50急
14	2特 8 13急 20特 27 32急 48 53急	14	3 8急 20 31急 41特 42 50急
15	2特 8 13急 20特 27 32急 48 53急	15	3 8急 20 31急 41特 42 50急
16	5特 9 14急 22特 29 37急 49 58急	16	3 11急 22 31急 36 42特 49急 55
17	1 7特 13急 21特 23 32急 40 47特 55急 59	17	9急 12 21急 31 36急 42特 47 52急
18	7特 14急 21特 22 32急 37特 38 45特 48急 54	18	4特 9 14特 16急 20 29急 36 42特 43快 48榛 55快

五＝五位堂行き　※一部特急を除く　榛＝榛原行き
特＝特急　快＝快急　急＝急行　表示なし＝普通など

■大和八木（土休日）
※大阪線72頁

大阪方面											
8	4急	8特	9	18急	20	27特	33急	39	51特	52	57急
9	8	14特	17急	20	27特	31急	37	43特	47	52急	
10	3特	4	8特	14急	18特	22	32急	38	49特	51急	54
11	2特	7	12急	19特	27	32急	47	53急			
12	2特	8	13急	19特	27	32急	48	53急			
13	2特	8	13急	19特	27	32急	48	53急			
14	2特	8	13急	19特	27	32急	48	53急			
15	2特	8	13急	19特	27	32急	48	53急			
16	2特	9	15急	22特	29	37急	48特	51	57急		
17	5特	9	14急	20特	26	31急	41	48特	51特	52快	
18	4特	5	11特	14急	19特	24	37特	39急	48特	51	

■大和八木（土休日）
※大阪線72頁

室生口大野方面												
8	3特	7急	8	20特	23	31急	40特	41	54急	55		
9	4特	6	14急	19特	20	31急	36	41特	53快	56		
10	4特	9急	10	16特	21	30急	41特	43	49急	54特	57	
11	11特	12急	21	31急	41特	42	50急					
12	3	7急	20	31急	41特	42	50急					
13	3	8急	20	31急	41特	42	50急					
14	3	12急	20	31急	41特	42	50急					
15	3	12急	20	31急	41特	42	50急					
16	3	9急	20	31急	41特	42	51急					
17	3	8急	11	21急	37	42特	45急	57快	58			
18	4特	8急	9	15特	20快	21榛	32急	33	40特	45榛	51快	56

榛＝榛原行き　※一部特急を除く

■橿原神宮前（平日）
※橿原線70頁

京都方面									
8	4特	6新	17新	30	37急	44	55特	58西	
9	3急	12	27	34急	42特	46西	58急		
10	7西	22特	23西	33急	42特	44西	54急		
11	4西	11急西	22特	23西	33急	42特	45西		
12	6西	16急	22特	23西	38急	45西			
13	3特	6西	16急	22特	23西	38急	45		
14	3特	6西	15急	22特	23西	38急	42		
15	3特	4	16急	22特	23西	38急	43西	58急	
16	3特	4	19西	33急	38	48特	54西		
17	6急	9新	24西	33急	42西	51特	54急		
18	1西	12	21特	24西	33急	38	47特	50急西	58新

西＝大和西大寺行き　新＝新田辺行き

■橿原神宮前（土休日）
※橿原線70頁

京都方面									
8	0新	8急	11新	20特	26新	34急	41普通	54特	56新
9	6急	11西	22西	34急	39西	54西			
10	4特	5急	9西	28西	42西	49急			
11	0特	4西	11急	22特	23西	37急	45西		
12	3特	6西	11急	22特	23西	37急	45西		
13	3特	6西	11急	22特	23西	37急	45西		
14	3特	5西	12急	22特	23西	33急	42西		
15	3特	5西	12急	22特	23西	33急	42西	54西	
16	2特	7急	11西	28西	38急	48特	49西		
17	1普通	7急	19	34急	39	52特	58西		
18	7急	12普通	23特	25	35急西	41特	43	57西	

■橿原神宮前（平日）
※吉野線79頁

大阪方面								
8	0急	7	14特	19	26急	37	43特	55
9	1急	8	14特	25	31急	37	57	
10	3急	8	15特	30	37			
11	1	14特	16	30	45			
12	1	15	30	45				
13	1	15	30	45				
14	1	14特	15	30	45			
15	1	15	25	31急	42	57		
16	3急	8	14特	25	31急	37	57	
17	3急	8	24	30急	40	46特	56	
18	2急	8	15特	25	31急	40	47特	57

吉野方面				
8	0急	29急	46特	
9	0	31急	46特	59
10	30			
11	6	30	46特	
12	2	30		
13	3	30	46特	
14	3	30		
15	4	30	47特	58急
16	30	46特	58	
17	8口	30急	46特	58急
18	16六	30急	46特	

口＝吉野口行き　六＝六田行き

■橿原神宮前（土休日）
※吉野線79頁

大阪方面								
8	1急	7	13特	25	31急	37	44特	56
9	2急	7	14特	25	32急	38	57	
10	4急	7	13特	31	37			
11	1	14特	16	30	42			
12	1	14特	16	30	46			
13	1	14特	16	30	46			
14	1	14特	16	30	46			
15	1	7	14特	25	31急	40	57	
16	3急	8	14特	25	31急	37	43特	57
17	3急	7	14特	25	31急	37	55	
18	2急	7	14特	26	33急	37	44特	55

吉野方面				
8	0急	16特	30急	46特
9	0急	31急	47特	59急
10	30急	46特		
11	4	30	46特	
12	4	30	46特	
13	4	30	46特	
14	4	30	46特	
15	4	30	47特	58急
16	30	47特	58	
17	30急	46特		
18	0急	31急	47特	

特＝特急　快＝快急　急＝急行
表示なし＝普通など

■桜井（平日）

3頁

	大阪方面		室生口大野方面
8	7快 10 23 30急 38 51 57急	8	0 7急 13榛 17急 28 35急 42 51榛 56快
9	1 15急 22 31急 44 56急	9	3 16急 28榛 37快 49 52急
10	0 11 21 26急 41 45急	10	2 11急 27 35急 48 52急
11	0 8急 17 27急 29 45急 49	11	3 9急 19 30急 38 48 54急
12	0 8急 19 27急 38 46急	12	9 11急 27 35急 48 54急
13	0 8急 19 27急 38 46急	13	9 12急 27 35急 48 54急
14	0 8急 19 27急 38 46急	14	9 12急 27 35急 48 54急
15	0 8急 19 27急 38 46急	15	9 12急 27 35急 48 54急
16	0 8急 21 29急 41 49急 53	16	9 15急 28 35急 43 53急
17	7急 16 26急 28 50急 52	17	1 13急 18 25急 37 40急 53 56急
18	7急 9 24急 28 38急 44 56急	18	15 20急 26 34急 43 48快 54榛 59快

榛＝榛原行き

■桜井（土休日）

3頁

	大阪方面		室生口大野方面
8	0急 10 13急 25 28急 41 51急 59	8	0 11急 15 29 35急 48 58急
9	6急 13 25急 28 38 46急 53	9	2 13 18急 26 35急 43 57快
10	7急 15 25急 29 38 47急	10	3 14急 17 27 35急 49 53急
11	0 8急 17 27急 38 46急	11	3 17急 27 35急 48 54急
12	0 8急 19 27急 38 46急	12	9 11急 27 35急 48 54急
13	0 8急 19 27急 38 46急	13	9 12急 27 35急 48 54急
14	0 8急 19 27急 38 46急	14	9 16急 27 35急 48 54急
15	0 8急 19 27急 38 46急	15	9 16急 27 35急 48 54急
16	0 8急 20 28急 38 52急	16	9 13急 27 35急 48 55急
17	1 8急 19 26急 28 41快 55	17	9 12急 18 25急 43 49急
18	4急 15 30急 37 51 55急	18	1快 4 12急 16 24快 27榛 36急 40 52榛 56快

榛＝榛原行き

■長谷寺（平日）

66頁

	大阪方面		室生口大野方面
8	12 23急 44 50急	8	14急 20 24急 42急 58榛
9	9急 24急 38 49急	9	23急 39榛 59急
10	4 19急 38急	10	17急 41急 58急
11	1急 20急 38急	11	15急 38急
12	1急 20急 39急	12	0急 18急 42急
13	1急 20急 40急	13	0急 18急 42急
14	1急 20急 40急	14	0急 18急 42急 急
15	1急 20急 40急	15	0急 18急 42急 59
16	1急 22急 42急	16	0急 21急 41急
17	0急 19急 44急	17	20急 32急 47急
18	0急 18急 31急 49急	18	3急 27急 40急

榛＝榛原行き

■長谷寺（土休日）

66頁

	大阪方面		室生口大野方面
8	7急 22急 44急 57急	8	18急 42急
9	18急 39急	9	5急 25急 41急
10	0急 18急 38急	10	20急 41急
11	1急 20急 40急	11	0急 23急 42急
12	1急 20急 40急	12	0急 18急 42急
13	1急 20急 40急	13	0急 19急 42急
14	1急 20急 40急	14	0急 23急 42急
15	1急 20急 40急	15	0急 23急 42急
16	1急 21急 45急	16	0急 20急 42急
17	2急 19急 57急	17	2急 19急 32急 55急
18	24急 48急	18	19急 34榛 43急

榛＝榛原行き

■室生口大野（平日）

67頁

	大阪方面
8	12急 39急 58急
9	13急 38急
10	8急 27急 50急
11	9急 27急 50急
12	9急 27急 50急
13	9急 27急 50急
14	9急 27急 50急
15	9急 27急 50急
16	11急 29急 45急
17	8急 27急 43急
18	7急 19急 38急

特＝特急　快＝快急　急＝急行　表示なし＝普通など

■室生口大野（土休日）

67頁

	大阪方面
8	11急 30急 46急
9	3急 28急 44急
10	7急 27急 50急
11	9急 27急 50急
12	9急 27急 50急
13	9急 27急 50急
14	9急 27急 50急
15	9急 27急 50急
16	10急 29急 51急
17	8急 26快 43急
18	13急 37急 58急

■飛鳥（平日）

74頁

	大阪方面		吉野方面
8	5特 17急 28橿 39特 56急	8	5急 34急 50特
9	10特 26急 58急	9	5 35急 50特
10	9特 25橿 56橿	10	3 34
11	10特 23橿 56橿	11	10 34 49特
12	23橿 56橿	12	9 34
13	23橿 56橿	13	9 34 50特
14	10特 24橿 56橿	14	10 34
15	23橿 57橿	15	9 34 50特
16	10特 25急 58急	16	2急 34 49特
17	25急 40特 51急	17	2 13口 34急 49特
18	2橿 9特 25橿 56橿	18	2急 20六 34急 50特

橿＝橿原神宮行き　口＝吉野口行き　六＝六田行き

■飛鳥（土休日）

74頁

	大阪方面		吉野方面
8	9特 25急 40特 56急	8	4急 20特 34急 50特
9	10特 26急 57急	9	5急 35急 51特
10	10特 25橿 56橿	10	3急 34急 50特
11	10特 24橿 56橿	11	11 34 50特
12	9特 23橿 56橿	12	10 34 50特
13	9特 23橿 56橿	13	10 34 50特
14	9特 23橿 56橿	14	9 34 50特
15	10特 24橿 58橿	15	9 34 50特
16	10特 25橿 39特 58急	16	3急 34 50特
17	9特 25急 56急	17	3 34急 50特
18	10特 26橿 57橿	18	4急 35急 50特

橿＝橿原神宮行き

■壷阪山（平日）

74頁

	大阪方面		吉野方面
8	2特 13急 25橿 36特 53急	8	8急 36急 53特
9	7特 23急 54急	9	7 38急 54特
10	6特 22橿 53橿	10	6 37
11	6特 20橿 53橿	11	13 37 53特
12	20橿 53橿	12	12 37
13	20橿 53橿	13	12 37 53特
14	7特 21橿 53橿	14	12 37
15	20橿 54橿	15	12 37 53特
16	7特 22急 54急	16	6急 37 53特
17	22急 37特 46急 59橿	17	6 16口 39急 53特
18	7特 23橿 53橿	18	6急 23六 37急 53特

橿＝橿原神宮行き　口＝吉野口行き　六＝六田行き

■壷阪山（土休日）

74頁

	大阪方面		吉野方面
8	7特 23急 37特 53急	8	7急 23特 37急 53特
9	8特 23急 54急	9	8急 38急 54特
10	7特 23橿 53橿	10	7急 37急 53特
11	7特 21橿 53橿	11	13 37 53特
12	7特 20橿 53橿	12	13 37 53特
13	7特 20橿 53橿	13	12 37 53特
14	6特 20橿 53橿	14	12 37 53特
15	6特 21橿 54橿	15	12 37 53特
16	7特 22橿 37特 54急	16	6急 37 53特
17	7特 22急 53急	17	6 37急 53特
18	7特 23橿 54橿	18	7急 38急 54特

橿＝橿原神宮行き

■吉野（平日）

80頁

	大阪方面
8	3特 14急 30特 39急
9	6急 33特 37橿
10	7橿 33特 37橿
11	11橿 37橿
12	11橿 38橿
13	12橿 35特 39橿
14	6橿 38橿
15	12橿 34特 38急
16	7急 37急
17	3特 7急 33特 37橿
18	12橿 34特 37急

橿＝橿原神宮行き

■吉野（土休日）

80頁

	大阪方面
8	3特 7急 33特 37急
9	7急 34特 37橿
10	7橿 34特 37橿
11	12橿 34特 38橿
12	12橿 35特 38橿
13	13橿 34特 37橿
14	12橿 34特 37橿
15	7橿 34特 37橿
16	3特 7急 33特 37急
17	7急 33特 37橿
18	7橿 34特 37急

■当麻寺（平日）

79頁

	大阪方面		橿原神宮方面
8	5 28 39 56	8	6 13 32 45
9	15 27 45 57	9	2 16 32 45
10	16 29 56	10	2 15 32
11	16 31	11	0 32
12	0 30	12	2 32
13	0 30	13	2 32
14	0 30	14	2 32
15	0 30 45 57	15	2 32 45
16	16 27 45 57	16	2 15 32 45
17	16 26 45 59	17	2 15 32御 42
18	14 29 44 59	18	2 14 32 44

御＝御所行き

■当麻寺（土休日）

79頁

	大阪方面		橿原神宮方面
8	15 26 45 56	8	2 15御 33 44
9	16 27 45 57	9	3 15 33 45
10	16 27 56	10	2 15 29 59
11	16 30 57	11	29 59
12	30	12	32 59
13	0 30	13	32 59
14	0 30 57	14	32
15	27 45 55	15	2 32 45
16	15 27 45 56	16	2 15 32 45
17	15 27 45 57	17	2 15 32 45
18	15 27 45 57	18	2 15 32 45

御＝御所行き

特＝特急　快＝快急　急＝急行　表示なし＝普通など

■JR奈良(平日)

※奈良線 22頁

時	京都方面行き			
8	05	25	39	区快57
9	26	み快37	53	
10	み快07	24	み快37	54
11	み快07	24	み快37	50
12	み快07	24	み快37	50
13	み快07	24	み快37	50
14	み快07	24	み快37	50
15	み快07	24	み快37	54
16	み快07	24	み快37	54
17	み快07	20	快37	50
18	10	20	快37	50

※区快は区間快速　快は快速
み快はみやこ路快速

■JR奈良(土休日)

※奈良線 22頁

時	京都方面行き			
8	快04	17	み快37	56
9	み快07	24	み快37	53
10	み快07	24	み快37	54
11	み快07	24	み快37	50
12	み快07	24	み快37	50
13	み快07	24	み快37	50
14	み快07	24	み快37	50
15	み快07	24	み快37	54
16	み快07	24	み快37	54
17	み快07	20	快37	50
18	20		快37	50

※区快は区間快速　快は快速
み快はみやこ路快速

■JR奈良(平日)

22頁

※大和路線(関西本線)

時	大阪方面行き					
8	快00難	快15難	大快31	大快45		
9	大快00	大快15	大快30	大快45		
10	大快00	大快15	大快30	大快45		
11	大快00	大快15	大快30	大快45		
12	大快00	大快15	大快30	大快45		
13	大快00	大快15	大快30	大快45		
14	大快00	大快15	大快30	大快45		
15	大快00	大快15	大快30	大快45		
16	大快00	区快10	区快25	区快39	区快55	
17	区快10	区快25	区快40	区快55		
18	快03難	区快10	区快25	快33難	区快40	区快55

※難はJR難波行き　区快は区間快速
快は快速　大快は大和路快速

■JR奈良(土休日)

22頁

※大和路線(関西本線)

時	大阪方面行き						
8	大快00	07難	大快15	直快24大阪	大快30	快38難	大快45
9	大快00	快08難	大快15	大快30	大快45		
10	大快00	大快14	大快29	大快45			
11	大快00	大快15	大快30	大快45			
12	大快00	大快15	大快30	大快45			
13	大快00	大快15	大快30	大快45			
14	大快00	大快15	大快30	大快45			
15	大快00	大快15	大快30	大快44	直快48大阪		
16	大快00	大快15	大快30	大快45	直快48大阪		
17	大快00	大快15	大快30	大快45			
18	大快00	大快15	大快30	大快45			

※大阪は大阪行き　直快は直通快速(おおさか東線経由)

■JR奈良(平日)

※大和路線(関西本線)

22頁

時	加茂行き	
8	快13	快42
9	快20	快50
10	快20	大快50
11	大快20	
12	大快20	
13	大快20	
14	大快20	
15	大快20	大快50
16	大快20	大快50
17	大快11	大快30
18	大快00	区快30

※大快は大和路快速
快は快速　区快は区間快速

■JR奈良(土休日)

※大和路線(関西本線)

22頁

時	加茂行き		
8	快20	大快51	
9	大快20	大快50	
10	大快20	大快50	
11	大快20		
12	大快20		
13	大快20		
14	大快20		
15	大快20	大快50	
16	大快20	大快50	
17	大快11	大快29	大快59
18		大快30	

■JR奈良(平日)

※万葉まほろば線(桜井線)

22頁

時	桜井方面行き	
8	00王	38王
9	08桜	43高
10	15高	56桜
11	24高	
12	24高	
13	24高	
14	24高	
15	15高	58高
16	30王	
17	07王	37王
18	12王	47高

※王は王寺行、桜は桜井行、
高は高田行

■JR奈良(土休日)

※万葉まほろば線(桜井線)

22頁

時	桜井方面行き	
8	快※00難	38王
9	08桜	43高
10	15高	56桜
11	25高	55桜
12	24高	54桜
13	24高	54桜
14	24高	54王
15	15高	58高
16	30王	
17	07王	37王
18	12王	47高

快※は快速
(王寺まで各駅停車)

■帯解(平日)

※万葉まほろば線(桜井線)

35頁

時	奈良行き	
8	21	52
9	28	
10	03	35
11	06	59
12	59	
13	59	
14	59	
15	28	
16	05	50
17	21	58
18	28	

■帯解(土休日)

※万葉まほろば線(桜井線)

35頁

時	奈良行き	
8	21	52
9	28	
10	03	35
11	06	34
12	02	32
13	02	32
14	02	32
15	02	28
16	05	50
17	21	58
18	28	

■桜井(平日)

※万葉まほろば線(桜井線)

3頁

時	奈良行き	
8	30	
9	06	41
10	13	45
11	37	
12	37	
13	37	
14	37	
15	06	39
16	28	
17	00	36
18	06	39

■桜井(土休日)

※万葉まほろば線(桜井線)

3頁

時	奈良行き	
8	30	
9	06	41
10	13	45
11	12	36
12	04	37
13	07	37
14	07	37
15	03	39
16	28	
17	00	36
18	06	39

■郡山（平日）

※大和路線（関西本線）　4頁

時	大阪方面行き
8	快05難　快19難　大快35　大快49
9	大快05　大快19　大快34　大快49
10	大快04　大快19　大快34　大快49
11	大快04　大快19　大快34　大快49
12	大快04　大快19　大快34　大快49
13	大快04　大快19　大快34　大快49
14	大快04　大快19　大快34　大快49
15	大快04　大快19　大快34　大快49
16	大快04　区快15　区快30　区快44
17	区快00　区快15　区快30　区快45
18	区快00　快08難　区快15　区快30　快38難　区快45

※難は難波行　快は快速
大快は大和路快速　区快は区間快速

■郡山（土休日）

※大和路線（関西本線）　4頁

時	大阪方面行き
8	大快05　12難　大快20　直快28阪　大快35　快43難　大快5
9	大快05　快13難　大快20　大快34　大快49
10	大快04　大快19　大快34　大快49
11	大快04　大快19　大快34　大快49
12	大快04　大快19　大快34　大快49
13	大快04　大快19　大快34　大快49
14	大快04　大快19　大快34　大快49
15	大快04　大快19　大快34　大快49　直快52阪
16	大快04　大快19　大快34　大快49　直快52阪
17	大快04　大快19　大快34　大快49
18	大快04　大快19　大快34　大快49

■郡山（平日）

※大和路線（関西本線）　4頁

時	奈良方面行き
8	快02加　快15　快28加　快40　快51
9	快00　快14加　快29　快44加　快59
10	快14加　大快29　大快44加　大快59
11	大快14加　大快29　大快44　大快59
12	大快14加　大快29　大快44　大快59
13	大快14加　大快29　大快44　大快59
14	大快14加　大快29　大快44　大快59
15	大快14加　大快29　大快44加　大快59
16	大快14加　大快29　大快44加　大快59加
17	大快14加　大快29　快39　大快49加
18	区快04　快12　区快21加　直快31　区快37　快42　区快52加

※加は加茂行　快は快速　大快は大和路快速　区快は区間快速

■郡山（土休日）

※大和路線（関西本線）　4頁

時	奈良方面行き
8	快15加　大快29　大快45加　快51　大快59
9	快06　大快14加　快21　大快29　快36　大快44加　快51　大快59
10	大快14加　大快29　大快44加　大快59
11	直快10　大快14加　大快29　大快44　大快59
12	直快10　大快14加　大快29　大快44　大快59
13	大快14加　大快29　大快44　大快59
14	大快14加　大快29　大快44　大快59
15	大快14加　大快29　大快44加　大快59
16	大快14加　大快29　大快44加　大快59加
17	大快14加　大快30　大快47加
18	大快03　大快18加　直快29　大快35　大快48加

※直快は直通快速

■法隆寺（平日）

※大和路線（関西本線）　58頁

時	奈良方面行き
8	快08　快13加　快33　快43　快53
9	快07加　快22　快37加　快52
10	快07加　大快22　大快37加　大快52
11	大快07加　大快22　大快37　大快52
12	大快07加　大快22　大快37　大快52
13	大快07加　大快22　大快37　大快52
14	大快07加　大快22　大快37　大快52
15	大快07加　大快22　大快37加　大快52
16	大快07加　大快22　大快37加　大快52加
17	大快08加　大快23　快32　大快43加　区快57
18	快05　区快14加　直快25　区快30　快35　区快45加　区快57

※加は加茂行　快は快速　大快は大和路快速　区快は区間快速

■法隆寺（土休日）

※大和路線（関西本線）　58頁

時	奈良方面行き
8	快8加　大快22　大快39加　快44　大快52　快59
9	大快7加　快14　大快22　快29　大快37加　快44　大快52
10	大快7加　大快22　大快37加　大快52
11	直快4　大快7加　大快22　大快37　大快52
12	直快4　大快7加　大快22　大快37　大快52
13	大快7加　大快22　大快37　大快52
14	大快7加　大快22　大快37　大快52
15	大快7加　大快22　大快37加　大快52
16	大快7加　大快22　大快37加　大快52加
17	大快8加　大快23　大快40加　大快56
18	大快11加　直快22　大快28　大快41加　大快56

■近鉄奈良駅（平日）18頁

	❶(東向き／東大寺・春日大社方面)									
系統	2	6	15	77	72	7	160	87	97	97
6	12 26 37 51 57	52								
7	3 10 17 24 31 39 46 54	13 36	33	13 47			50	23		58
8	01 09 16 24 31 39 46	03		00 41		16 46				
9	02 17 32 47			09 33						
10	02 17 32 47			03 33					10	
11	02 17 32 47			03 33					10	
12	02 17 32 47			03 33					10	
13	02 17 32 47			03 33					10	
14	02 17 32 47			03 33					10	
15	02 17 32 47			03 33					10	
16	02 17 32 47			03 33					10	
17	02 17 32 47			03	48					
18	01 16 31 46				25 58					

■近鉄奈良駅（土休日）18頁

	❶(東向き／東大寺・春日大社方面)					
系統	2	77	7	87	97	97
6	20 32 43 55					
7	06 18 32 47	22				58
8	02 17 32 47	08 35	17 47	14		
9	02 17 32 47	10 35				
10	02 17 32 47	03 33			10	
11	02 17 32 47	03 33			10	
12	02 17 32 47	03 33			10	
13	02 17 32 47	03 33			10	
14	02 17 32 47	03 33			10	
15	02 17 32 47	03 33			10	
16	02 17 32 47	03 33			10	
17	02 17 32 47	03				
18	01 16 31 46					

■近鉄奈良駅（平日）18頁

	❷(東向き／青山住宅方面)		
系統	81	118	27
6		06 17 28 41 54	
7		06 28 46	
8		02 17 32 46	
9	44	18 30	03 59
10		14 34 54	
11	15	35 55	
12	15	35 55	
13	15	35 55	
14	15	35 55	
15	15	35 55	
16	20	38 57	
17		10 23 40 59	
18		12 24 34 49	

■近鉄奈良駅（土休日）18頁

	❷(東向き／青山住宅方面)
系統	118
6	21 36 56
7	16 36 56
8	16 36 56
9	14 34 54
10	14 34 54
11	15 35 55
12	15 35 55
13	15 35 55
14	15 35 55
15	15 35 55
16	16 33
17	01 18 37 57
18	19 39 57

■近鉄奈良駅（平日）18頁

	❸(東向き／天理駅・奈良ホテル方面)							
系統	50	53	51	44	73	92	82	192
6	04 45		17					
7			46		36	01 19		
8			27 55			02 44		17
9			16 56			36		
10			16			36		
11			06			36		
12			06			36		
13			06			36		
14			06			36		
15			06			36		
16		48	08 23			39		
17		52	18	08		38		
18		57	18 44			04	34	

■近鉄奈良駅（土休日）18頁

	❸(東向き／天理駅・奈良ホテル方面)				
系統	50	53	51	82	182
6	16		49		
7			29	09 50	
8			06 36	51	17
9			06	36	
10			06	36	
11			06	36	
12			06	36	
13			06	36	
14			06	36	
15			06	36	
16			06	36	
17		21	01 59	42	
18			19	39	

■近鉄奈良駅（平日）18頁

	㉑(東向き／州見台八丁目方面)	
系統	153	154
6	23 45	52
7	40	23 52
8	6 37	
9	9 39	
10	39	
11	40	
12	40	
13	40	
14	40	
15	40	
16	10 40	
17	6 31 56	
18	21 53	

■近鉄奈良駅（土休日）18頁

	㉑(東向き／州見台八丁目方面)
系統	153
6	
7	27
8	9 39
9	9 39
10	39
11	40
12	40
13	40
14	40
15	40
16	38
17	30
18	9

■近鉄奈良駅（平日）18頁

	❹(東向き／広岡・柳生・山村町・佐保短大・北野方面)													
系統	56	57	58	62	55	61	100	96	105	106	123	122	124	94
6	19 39					50								
7	03 18			47	12 34 41 58	52	31		24				45	
8		07	14 42		03 25 33 48	54					10			
9		34	24 47	04				28						19
10				04 24 44	14	34							25	
11				04 24 44		34	48							
12				04 24 44	14	34								53
13				04 24 44					41				35	
14				04 24 44		34			22					
15				04 24 44	14 54	34				31				
16				04 24 50	14	41	32						35	
17				04 30 57	20	43						35		25
18				15 36 55	27	46		37						

■近鉄奈良駅（土休日）18頁

❹（東向き／広岡・柳生・山村町・佐保短大・北野方面）

系統	56	57	62	61	100	96	105	122	123	124	94
6	35										
7	03		33	52			24			45	
8		29	04 19 58	41					10		
9			24 54			28				15	19
10			24 54							25	
11			24 54	34							
12			24 54	34							53
13			24 54							35	
14			24 54	34			22				
15			24 54	34			31				
16			24 54	44	32					35	
17			09 19 48	29				35			25
18			21 50	41		37					

■近鉄奈良駅（平日）18頁

❽（西向き／三条大宮町方面）

系統	78	63	72	81	23	22	88	98	98
6		58							
7	53	19			12				
8	20 43			45		13		47	
9	23 53					25			
10	23 53			23		32		43	
11	23 53			23		18 48		43	
12	23 53			23		48		43	
13	23 53			23		56		43	
14	23 53			23		56		43	
15	23 53			23		27		43	
16	26 55					32	43		
17	28		53			00			45
18			15 52			09			

■近鉄奈良駅（土休日）18頁

❽（西向き／三条大宮町方面）

系統	78	63	23	22	88	98	98
6		49					
7		24	16				
8	20 53	05		22		47	
9	23 53			25			
10	23 53			32		43	
11	23 53			18 48		43	
12	23 53			48		43	
13	23 53			18 58		43	
14	23 53			28		43	
15	23 53			28		43	
16	23 56			28	43		
17	27	54					45
18		22		04			

■近鉄奈良駅（平日）18頁

❾（西向き／JR奈良駅方面）

系統	1	92	82	192
6	18 29 43 56			
7	10 25 33 41 49 57		39	
8	05 13 21 29 37 45 51	21	06	
9	17 16 32 48	02		
10	04 20 36 52	08		
11	08 24 40 56	21		
12	12 28 44	21		
13	16 32 48	21		
14	04 20 36 52	21		
15	08 24 40 56	21		
16	12 28 44	21		
17	16 32 48	11		52
18	04 20 37 53	14 33		

■近鉄奈良駅（土休日）18頁

❾（西向き／JR奈良駅方面）

系統	1	82	182
6	14 38 48		
7	02 12 27 37 52	26 58	
8	03 19 32 48	31	
9	02 18 32 48	16	
10	04 20 36 52	19	
11	08 24 40 56	20	
12	12 28 44	20	
13	00 16 32 48	20	
14	04 20 36 52	20	
15	08 24 40 56	20	
16	12 28 44	20	
17	00 16 32 48	08	39
18	04 20 37 53	14	

■近鉄奈良駅（平日）18頁

⓫（西向き／奈良市庁前方面・尼ヶ辻駅方面・恋の窪町方面）

系統	28	27	160	161	162	48
6	36					15 45
7	00 19 36		58			15 45
8	09 36	12	48			26
9	04 36	08		48		02 34
10	04 34			48		12
11	04 34			48		12
12	04 34			48		12
13	04 34			48		12
14	04 34			48		12
15	04 34			48		12
16	04 34			48		12 46
17	02 40			48		12
18	03 42				25	00 46

■近鉄奈良駅（土休日）18頁

⓫（西向き／奈良市庁前方面・尼ヶ辻駅方面・恋の窪町方面）

系統	28	161	162	48
6				
7	20	58		12 46
8	06 34	48		12
9	08 34	48		12
10	04 34	48		12
11	04 34	48		12
12	04 34	48		12
13	04 34	48		12
14	04 34	48		12
15	04 34	48		12
16	04 34	48		12
17	08 40	48		12
18	40		10	12

■近鉄奈良駅（平日）18頁

⓬（西向き／大安寺・シャープ前・白土町方面）

系統	86	85	90	79	136	135
6		57		45		15 34
7		19 39 54		29 34 59		05 13 22 44 49
8		26		30 58	38	06 13 22 48
9	04 22		18 28 50			08 38
10	18			48		04 34
11	18			48		03 33
12	18			48		03 33
13	18			48		03 33
14	18			48		03 33
15	18			48		03 33
16	18			48		03 33
17	42	10		19 48	32	00
18	14 46		10 43 50	25	18	00 33 57

■近鉄奈良駅（土休日）18頁

⓬（西向き／大安寺・シャープ前・白土町方面）

系統	86	85	87	79	135
6		25			05 45
7		03 33		18	48
8	53	33	48		03 18
9	18			48	03 33
10	18			48	03 33
11	18			48	03 33
12	18			48	03 33
13	18			48	03 33
14	18			48	03 33
15	18			48	03 33
16	18			48	03 33
17	23			56	07 39
18	24			56	10 40

■近鉄奈良駅（平日）18頁

	⑬（北向き／鴻ノ池方面・法華寺方面）			
系統	13	15	14	12
6				02 16 32 59
7	49		18	38
8		00		10 36
9			05 36	
10			05 35	
11			05 35	
12			05 35	
13			05 35	
14			05 35	
15			05 35	
16			05 29 58	
17			33	
18			05 38 59	

■近鉄奈良駅（土休日）18頁

	⑬（北向き／鴻ノ池方面・法華寺方面）
系統	14
6	28 58
7	35
8	06 35
9	05 35
10	05 35
11	05 35
12	05 35
13	05 35
14	05 35
15	05 29 58
16	29 58
17	29 59
18	30

■JR奈良駅（平日）22頁

	東口❶（天理駅・奈良ホテル方面）								東口❶（山村町・佐保短大・北野方面）									
系統	50	53	51	44	73	92	82	192	56	57	58	62	55	61	123	122	123	124
6	01 42		19			58			16 36					47				
7			42		32	16 58			00 15			43	09 30 37 54 59	48				41
8			23 51			40		13		03	10 38		21 44	50	06		06	
9			12 52			32				30	20 43	00						
10			12			32						00 20 40	10	30				21
11			02			32						00 20 40		30				
12			02			32						00 20 40	10	30				
13			02			32						00 20 40						31
14			02			32						00 20 40		30				
15			02			32						00 20 40	10 50	30				
16		44	04 19			35						00 20 46	10	37				31
17		48	14	04		34						00 26 53	16	39		31		
18		53	14 40			00	30					11 32 51	23	42				オ57

■JR奈良駅（土休日）22頁

	東口❶（天理駅・奈良ホテル方面）					東口❶（山村町・佐保短大・北野方面）						
系統	50	53	51	82	182	56	57	62	61	122	123	124
6	13		46			32						
7			26	06 46		00		29	48			41
8			02 32	47	13		25	00 15 54	37		06	
9			02	32				20 50				11
10			02	32				20 50				21
11			02	32				20 50	30			
12			02	32				20 50	30			
13			02	32				20 50				31
14			02	32				20 50	30			
15			02	32				20 50	30			
16			02 57	32				20 50	40			31
17		17	55	38				05 15 44	25	31		
18			15 56	35				17 46	37			57

■JR奈良駅（平日）22頁

	東口❷（東大寺・春日大社方面）						
系統	2	77	72	7	87	97	97
6	08 22 32 46 51 57						
7	04 11 18 25 33 40 48 55	08 42 55			19		55
8	03 10 18 25 33 40 55	36		12 42			
9	10 25 40 55	04 28 58					
10	10 25 40 55	28 58				07	
11	10 25 40 55	28 58				07	
12	10 25 40 55	28 58				07	
13	10 25 40 55	28 58				07	
14	10 25 40 55	28 58				07	
15	10 25 40 55	28 58				07	
16	10 25 40 55	28 58				07	
17	10 25 40 55		43				
18	10 25 40 55		20 53				

■JR奈良駅（土休日）22頁

	東口❷（東大寺・春日大社方面）					
系統	2	77	7	87	97	97
6	16 28 39 51					
7	02 14 25 40 55	18				55
8	10 25 40 55	03 30	12 42	10		
9	10 25 40 55	05 30 58				
10	10 25 40 55	28 58			07	
11	10 25 40 55	28 58			07	
12	10 25 40 55	28 58			07	
13	10 25 40 55	28 58			07	
14	10 25 40 55	28 58			07	
15	10 25 40 55	28 58			07	
16	10 25 40 55	28 58			07	
17	10 25 40 55					
18	10 25 40 55					

■JR奈良駅（平日）22頁

	東口❺（田中町方面）
系統	1
6	09 23 34 48
7	01 18 16 24 32 40 48 56
8	04 12 20 28 36 44 52
9	08 24 40 56
10	12 28 44
11	00 16 32 48
12	04 20 36 52
13	08 24 40 56
14	12 28 44
15	00 16 32 48
16	04 20 36 52
17	08 24 40 56
18	12 28 44

■JR奈良駅（土休日）22頁

	東口❺（田中町方面）
系統	1
6	19 29 43 53
7	08 18 33 43 58
8	09 25 38 54
9	08 24 40 56
10	12 28 44
11	00 16 32 48
12	04 20 36 52
13	08 24 40 56
14	12 28 44
15	00 16 32 48
16	04 20 36 52
17	08 24 40 56
18	12 28 44

■JR奈良駅（平日）22頁

	東口❻（三条大宮町方面）								
系統	78	63	72	48	23	22	88	98	98
6				19 49					
7	58	02 23		19 49	16				
8	25 48			30		17		51	
9	28 58			06 38		29			
10	28 58			16		36		47	
11	28 58			16		22 52		47	
12	28 58			16		52		47	
13	28 58			16				47	
14	28 58			16		00		47	
15	28 58			16		00 31		47	
16	31			16 50		36	47		
17	00 33		58	16		04			49
18			20 57	04 50		13			

■JR奈良駅（土休日）22頁

	東口❻（三条大宮町方面）							
系統	78	63	48	23	22	88	98	98
6		53						
7		28	16 50	20				
8	25 58	09	16		26		51	
9	28 58		16		29			
10	28 58		16		36		47	
11	28 58		16		22 52		47	
12	28 58		16		52		47	
13	28 58		16		22		47	
14	28 58		16		02 32		47	
15	28 58		16		32		47	
16	28		16		32	47		
17	01 32	58	16					49
18		26	16		08			

■JR奈良駅（平日）22頁

	東口❼（大安寺・シャープ前・白土町方面）						
系統	86	85	90	79	136	135	19
6				49		19 38	48
7		01 23 43 58		33 38		09 17 26 48 53	44
8		30		03 34	42	10 17 26 52	51
9	08 26		22 32 54	02		12 42	44
10	22			52		08 38	40
11	22			52		07 37	40
12	22			52		07 37	40
13	22			52		07 37	40
14	22			52		07 37	40
15	22			52		07 37	35
16	22			52		07 37	30
17	46	14		23 52	36	04	24
18	18 50		14 47 54	29	22	04 37	23

■JR奈良駅（土休日）22頁

	東口❼（大安寺・シャープ前・白土町方面）						
系統	86	85	87	79	135	16	19
6		29			09 49		47
7		07 37		22	52		44
8	57	37	52		07 22		39
9	22			52	07 37		36
10	22			52	07 37		40
11	22			52	07 37		40
12	22			52	07 37		40
13	22			52	07 37	40	
14	22			52	07 37		40
15	22			52	07 37		35
16	22			52	07 37		30
17	27				11 43		24
18	28			00	14 44		24

■JR奈良駅（平日）22頁

	西口⓫11（青山住宅・州見台方面）			
系統	81	118	27	153
6		01 12 23 36 49		18 40
7		00 22 40 56		34
8		11 26 40	57	00 31
9	38	12 24	53	03 33
10		08 28 48		33
11	08	28 48		33
12	08	28 48		33
13	08	28 48		33
14	08	28 48		33
15	08	28 48		33
16	13	31 50		03 33 59
17		03 16 33 52		24 49
18		05 17 27 42 54		14 47

■JR奈良駅（土休日）22頁

	西口⓫（青山住宅・州見台方面）	
系統	118	153
6	15 30 50	54
7	10 30 50	21
8	10 30 50	03 33
9	08 28 48	03 33
10	08 28 48	33
11	08 28 48	33
12	08 28 48	33
13	08 28 48	33
14	08 28 48	33
15	08 28 48	33
16	09 26 54	31
17	11 30 50	23
18	12 33 51	02 57

■JR奈良駅（平日）22頁

	西口⑫（近鉄奈良駅方面・四条大路南町方面）		
系統	28	160	161
6	18 45		
7	06 29 54	44	
8	15 33		
9	03 33		28
10	03 33		20
11	03 33		20
12	03 33		20
13	03 33		20
14	03 33		20
15	03 33		20
16	03 33		20
17	03 33		25
18	03 38		25

■JR奈良駅（土休日）22頁

	西口⑫（近鉄奈良駅方面・四条大路南町方面）	
系統	28	161
6		
7	06 45	42
8	16	
9	02 33	27
10	03 33	20
11	03 33	20
12	03 33	20
13	03 33	20
14	03 33	20
15	03 33	20
16	03 33	20
17	03 33	25
18	08 43	35

■JR奈良駅（平日）22頁

	西口⑬（奈良市庁前方面・恋の窪町方面・大安寺方面）				
系統	28	27	160	161	162
6	42				
7	06 25 42				
8	15 42	20	04 54		
9	10 42	16		54	
10	10 40			54	
11	10 40			54	
12	10 40			54	
13	10 40			54	
14	10 40			54	
15	10 40			54	
16	10 40			54	
17	08 46			54	
18	09 48				31

■JR奈良駅（土休日）22頁

	西口⑬（奈良市庁前方面・恋の窪町方面・大安寺方面）		
系統	28	161	162
6			
7	26		
8	12 40	04 54	
9	14 40	54	
10	10 40	54	
11	10 40	54	
12	10 40	54	
13	10 40	54	
14	10 40	54	
15	10 40	54	
16	10 40	54	
17	14 46	54	
18	46		16

■JR奈良駅（平日）22頁

	西口⑮（鴻ノ池方面・法華寺方面）					
系統	13	14	12	209	115	210
6			09 25 52	42	28 59	23 54
7	42	11	31	27	24 57	18 50
8		58	03 29	26	16 48	10 55
9		29 58		55	16 46	
10		28 58		55	16 46	
11		28 58		52	16 46	
12		28 58		52	16 46	
13		28 58		52	16 46	
14		28 58		52	16 46	
15		28 58		25 52	16 55	
16		22 51		24	31 55	48
17		26 58		11	28 55	39
18		31 52		05 59	28 57	35

■JR奈良駅（土休日）22頁

	西口⑮（鴻ノ池方面・法華寺方面）			
系統	14	209	115	210
6	21 51	43	34	59
7	28 59	25	17 51	
8	28 58	21	41	00
9	28 58	55	18	00
10	28 58	55	22	
11	28 58	52	22	
12	28 58	52	22	
13	28 58	52	22	
14	28 58	52	22	
15	22 51	52	26	
16	22 51	15	26	42
17	22 52	10	26	49
18	23 54	26	29	45

■JR奈良駅（平日）22頁

	西口⑯（広岡・柳生・月ヶ瀬方面）				
系統	100	96	105	106	94
6					
7	24		17		
8					
9		20			11
10					
11	40				
12					45
13			33		
14			14		
15				23	
16	24				
17					17
18		29			

■JR奈良駅（土休日）22頁

	西口⑯（広岡・柳生・月ヶ瀬方面）			
系統	100	96	105	94
6				
7			17	
8				
9		20		11
10				
11				
12				45
13				
14			14	
15			23	
16	24			
17				17
18		29		

■東大寺大仏殿・国立博物館（平日）28頁

	B(❸)(西向き／近鉄・JR奈良駅方面)															
系統	1	78	72	7	160	56	57	62	55	61	123	122	124	88	98	98
6	13 24 38 51					55		4 20 39 49		32						
7	5 19 27 35 43 51 59	49			51	33		8 18 26 50	42	24			12			
8	7 15 23 31 39 47 55	16 39		30	41		51	8 37	17	30	47	9			42	
9	3 11 27 43 59	19 49		0				7 30 50	17	27						
10	15 31 47	19 49					7	30 50					3		38	
11	3 19 35 51	19 49						10 30 50		6					38	
12	7 23 39 55	19 49						10 30 50	41	6			43		38	
13	11 27 43 59	19 49						10 30 50		6					38	
14	15 31 47	19 49						10 30 40 50							38	
15	3 19 35 51	19 49						10 30 50	44	6	開50		45		38	
16	7 23 39 55	22 51						10 30 38 54	22 44	6				38		
17	11 27 43 59	24	49					11 25 38 57	52	18						40
18	15 31 47		11 48					23 45	56	18			38			

開〔高円芸術高校〕学校開校日のみ運行

■東大寺大仏殿・国立博物館（土休日）28頁

	B(❸)((西向き／近鉄・JR奈良駅方面)												
系統	1	78	7	87	57	62	61	123	122	124	88	98	98
6	10 34 44 58					5 33 55							
7	8 23 33 48 58					17 40 55	32			12			
8	14 26 42 56	16 49	30	42		20 48	31	47	9			42	
9	12 27 43 59	19 49	0		3	10 43	22						
10	15 31 47	19 49				10 40				3		38	
11	3 19 35 51	19 49				10 40						38	
12	7 23 39 55	19 49				10 40	6			43		38	
13	11 27 43 59	19 49				10 40	6					38	
14	15 31 47	19 49				10 40						38	
15	3 19 35 51	19 49				10 40	6			45		38	
16	7 23 39 55	19 52				10 40	6				38		
17	11 27 43 59	23				10 40	20						40
18	15 31 47					13 35	2			38			

■東大寺大仏殿・春日大社前（平日）28頁

	A(❷)(南向き／高畑町方面)														
系統	2	6	15	72	160	87	56	57	58	62	55	61	123	122	124
6	16 30 41 55	56					23 43					54			
7	01 07 14 21 28 36 44 51 59	18 42	37		54	26	07 22			51	16 38 45	56			49
8	06 14 21 29 36 42 51	07						11	18 46		02 07 29 52	58	14		
9	06 21 36 51							38	28 51	08					
10	06 21 36 51									08 28 48		38			29
11	06 21 36 51									08 28 48		38			
12	06 21 36 51									08 28 48	18	38			
13	06 21 36 51									08 28 48					39
14	06 21 36 51									08 28 48		38			
15	06 21 36 51									08 28 48	18 58	38			
16	06 21 36 51									08 28 54	18	45			39
17	06 21 36 51			51						08 34	24	47		39	
18	05 20 35 50			28						01 19 40 59	31	50			

■東大寺大仏殿・春日大社前（土休日）28頁

	A(❷)(南向き／高畑町方面)						
系統	2	87	56	57	62	61	122	124
6	01 23 35 46 58		39					
7	09 21 36 51		07		37	56		49
8	06 21 36 51	17		33	08 23	45		
9	06 21 36 51				02 28 58			19
10	06 21 36 51				28 58			29
11	06 21 36 51				28 58	38		
12	06 21 36 51				28 58	38		
13	06 21 36 51				28 58			39
14	06 21 36 51				28 58	38		
15	06 21 36 51				28 58	38		
16	06 21 36 51				28 58	48		39
17	06 21 36 51				13 23 52	33	39	
18	05 20 35 50				25 54	45		

■春日大社本殿（平日）28頁

	❶			
系統	78	7	88	98
6				
7	46			
8	13 36	27 57		40
9	16 46			
10	16 46			36
11	16 46			36
12	16 46			36
13	16 46			36
14	16 46			36
15	16 46			36
16	19 48		36	
17	21			
18				

■春日大社本殿（土休日）28頁

	❶			
系統	78	7	88	98
6				
7				
8	13 46	27 57		40
9	16 46			
10	16 46			36
11	16 46			36
12	16 46			36
13	16 46			36
14	16 46			36
15	16 46			36
16	16 49		36	
17	20			
18				

■押上町（平日）28頁

	❶(北向き／般若寺方面・川上町方面)									
系統	81	118	27	100	96	105	106	94	153	154
6		08 19 30 43 56							25 47	54
7		08 30 48		33		26			42	27 54
8		04 19 34 48							08 39	
9	46	20 32	05		30			21	11 41	
10		16 36 56	01						41	
11	17	37 57		50					42	
12	17	37 57						55	42	
13	17	37 57				43			42	
14	17	37 57				24			42	
15	17	37 57					33		42	
16	22	40 59		34					12 42	
17		12 25 42						27	08 33 58	
18		01 14 26 36 51			39				23 55	

■押上町（土休日）28頁

	❶(北向き／般若寺方面・川上町方面)					
系統	118	100	96	105	94	153
6	23 38 58					
7	18 38 58			26		02 29
8	18 38 58					11 41
9	16 36 56		30		21	11 41
10	16 36 56					41
11	17 37 57					42
12	17 37 57				55	42
13	17 37 57					42
14	17 37 57			24		42
15	17 37 57			33		42
16	18 35	34				40
17	03 20 39 59				27	32
18	21 41 59		39			11

■破石町（平日）30頁

	❶(北向き／近鉄・JR奈良駅方面)										
系統	1	72	160	56	57	62	55	61	123	122	124
6	11 22 36 49			53		02 18 37 47		30			
7	03 17 24 32 40 48 56		49	31		06 16 24 48	40	22			10
8	04 12 20 28 36 44 52		39		49	06 35	15	28	45	07	
9	00 07 23 39 55					05 28 48	15	25			
10	11 27 43 59				05	28 48					01
11	15 31 47					08 28 48		04			
12	03 19 35 51					08 28 48	39	04			41
13	07 23 39 55					08 28 48		04			
14	11 27 43 59					08 28 38 48					
15	15 31 47					08 28 48	42	04	開48		43
16	03 19 35 51					08 28 36 52	20 42	04			
17	07 23 39 55	46				09 23 36 55	50	16			
18	11 27 43 59	08 45				21 43	54	16			36

■破石町（土休日）30頁

系統	1	87	57	62	61	122	123	124
	❶(北向き／近鉄・JR奈良駅方面)							
6	08 32 42 56			03 31 55				
7	06 21 31 46 56			15 38 53	30			10
8	11 23 39 53	40		18 46	29	07	45	
9	09 23 39 55		01	08 41	20			
10	11 27 43 59			08 38				01
11	15 31 47			08 38				
12	03 19 35 51			08 38	04			41
13	07 23 39 55			08 38	04			
14	11 27 43 59			08 38				
15	15 31 47			08 38	04			43
16	03 19 35 51			08 38	04			
17	07 23 39 55			08 38	18			
18	11 27 43 59			11 33	00			36

■破石町（平日）30頁

系統	2	6	15	72	160	87	56	57	58	62	55	61	123	122	124
	❷(南向き／高畑町方面)														
6	17 31 42 56	58					25 44					55			
7	02 08 15 22 29 37 45 52	20 44	40		57	29	8 23			53	17 40 47	58			51
8	00 07 15 22 30 37 45 52	09						13	20 47		04 09 31 53	59	16		
9	07 22 37 52							39	29 52	09					
10	07 22 37 52									09 29 49		39			31
11	07 22 37 52									09 29 49		39			
12	07 22 37 52									09 29 49	19	39			
13	07 22 37 52									09 29 49					41
14	07 22 37 52									09 29 49		39			
15	07 22 37 52									09 29 49	19 59	39			
16	07 22 37 52									09 29 55	19	46			41
17	07 22 37 52			53						09 35	25	48		41	
18	06 21 36 51			30						02 20 41	32	51			

■破石町（土休日）30頁

系統	2	87	56	57	62	61	122	123	124
	❷(南向き／高畑町方面)								
6	02 24 36 47 59		40						
7	10 22 37 52		08		38	57			51
8	07 22 37 52	20		34	09 24	46		16	
9	07 22 37 52				03 29 59				21
10	07 22 37 52				29 59				31
11	07 22 37 52				29 59	39			
12	07 22 37 52				29 59	39			
13	07 22 37 52				29 59				41
14	07 22 37 52				29 59	39			
15	07 22 37 52				29 59	39			
16	07 22 37 52				29 59	49			41
17	07 22 37 52				14 24 53	34	41		
18	06 21 36 51				26 55	46			

■高畑町（平日）30頁

系統	1	56	57	62	55	61	123	122	124
	❸(北向き／近鉄・JR奈良駅方面)								
6	10 21 35 48	52		01 17 36 46		29			
7	02 16 23 31 39 47 55	30		05 15 23 47	39	21			09
8	03 11 19 27 35 43 51 59		48	05 34	14	27	44	06	
9	06 22 38 54			04 27 47	14	24			
10	10 26 42 58		04	27 47					00
11	14 30 46			07 27 47		03			
12	02 18 34 50			07 27 47	38	03			40
13	06 22 38 54			07 27 47		03			
14	10 26 42 58			07 27 37 47					
15	14 30 46			07 27 47	41	03	開47		42
16	02 18 34 50			07 27 35 51	19 41	03			
17	06 22 38 54			08 22 35 54	49	15			
18	10 26 42 58			20 42	53	15			35

■高畑町（土休日）30頁

	❸(北向き／近鉄・JR奈良駅方面)							
系統	1	57	62	61	87	122	123	124
6	07 31 41 55		02 30 52					
7	05 20 30 45 55		14 37 52	29				09
8	10 22 38 52		17 45	28	39	06	44	
9	08 22 38 54	00	07 40	19				
10	10 26 42 58		07 37					00
11	14 30 46		07 37					
12	02 18 34 50		07 37	03				40
13	06 22 38 54		07 37	03				
14	10 26 42 58		07 37					
15	14 30 46		07 37	03				42
16	02 18 34 50		07 37	03				
17	06 22 38 54		07 37	17 59				
18	10 26 42 58		10 32					35

■高畑町（平日）30頁

	❹(南向き／高畑住宅方面)									❹(南向き／紀寺町方面)		
系統	56	57	58	62	55	61	123	122	124	2	6	15
6	27 46					57				18 32 43 57	59	
7	10 25			56	19 43 50				52	04 10 17 24 31 39 47 54	21 46	47
8		16	23 49		07 12 33 55	01	17			02 09 17 24 31 39 47 54	11	
9		41	31 54	11		01				09 24 39 54		
10				11 31 51		41			32	09 24 39 54		
11				11 31 51		41				09 24 39 54		
12				11 31 51	21	41				09 24 39 54		
13				11 31 51					42	09 24 39 54		
14				11 31 51		41				09 24 39 54		
15				11 31 51	21	41				09 24 39 54		
16				11 31 58	01 21	49			42	09 24 39 54		
17				12 38	28	51		42		09 24 39 54		
18				05 23 43	34	53				08 23 38 53		

■高畑町（土休日）30頁

	❹(南向き／高畑住宅方面)							❹(南向き／紀寺町方面)
系統	56	57	62	61	122	123	124	2
6	42							04 26 38 49
7	10		40	59			52	01 12 24 39 54
8		36	11 26	48		17		09 24 39 54
9			05 31				22	09 24 39 54
10			01 31				32	09 24 39 54
11			01 31	41				09 24 39 54
12			01 31	41				09 24 39 54
13			01 31				42	09 24 39 54
14			01 31	41				09 24 39 54
15			01 31	41				09 24 39 54
16			01 31	51			42	09 24 39 54
17			01 16 26 55	36	42			09 24 39 54
18			28 57	48				08 23 38 53

■白毫寺（平日）30頁

	❼(西向き／近鉄・JR奈良駅方面)		
系統	123	122	124
6			
7			07
8	42	04	
9			58
10			
11			
12			38
13			
14			
15	開45		40
16			
17			
18			33

開（高円高校開校日のみ）

■白毫寺（土休日）30頁

	❼(西向き／近鉄・JR奈良駅方面)		
系統	122	123	124
6			
7			07
8	04	42	
9			58
10			
11			
12			38
13			
14			
15			40
16			
17			
18			33

■福智院町（平日）32頁

❸（北向き／近鉄・JR奈良駅方面）

系統	15	50	53	51	73	92	82	192
6		30	20 42	58				
7	51	08	21 43				31 57	
8			42	29		12 54		
9				07 29 51				
10				32 52		00		
11				42		13		
12				42		13		
13				42		13		
14				42		13		
15				42		13		
16				42		13		
17				23 54		04		43
18				54	42	06 25		

■福智院町（土休日）32頁

❸（北向き／近鉄・JR奈良駅方面）

系統	50	53	51	82	182
6	43	16			
7		00	36	18 50	
8			10 40	23	
9			41	08	
10			42	11	
11			42	12	
12			42	12	
13			42	12	
14			42	12	
15			42	12	
16			44	12	
17			46	01	31
18			22 42	06	

■福智院町（平日）32頁

❹（南向き／天理駅方面）

系統	50	53	51	44	73	92	8	192
6	08 49		26					
7			50		40	05 23		
8			31 59			06 48		21
9			20			40		
10			00 20			40		
11			10			40		
12			10			40		
13			10			40		
14			10			40		
15			10			40		
16		52	12 27			43		
17		56	22	12		42		
18			22 48			08	38	

■福智院町（土休日）32頁

❹（南向き／天理駅方面）

系統	50	53	51	82	182
6	20		53		
7			33	13 54	
8			10 40	55	21
9			10	40	
10			10	40	
11			10	40	
12			10	40	
13			10	40	
14			10	40	
15			10	40	
16			10	40	
17		25	05	46	
18			03 23	43	

■田中町（平日）32頁

❾（東向き／高畑町方面）

系統	1
6	05 15 29 41 55
7	08 15 23 31 39 47 55
8	03 11 19 27 35 43 51 59
9	15 31 47
10	03 19 35 51
11	07 23 39 55
12	11 27 43 59
13	15 31 47
14	03 19 35 51
15	07 23 39 55
16	11 27 43 59
17	15 31 47
18	03 19 35 51

■田中町（土休日）32頁

❾（東向き／高畑町方面）

系統	1
6	03 26 36 50
7	00 15 25 40 50
8	05 16 32 45
9	01 15 31 47
10	03 19 35 51
11	07 23 39 55
12	11 27 43 59
13	15 31 47
14	03 19 35 51
15	07 23 39 55
16	11 27 43 59
17	15 31 47
18	03 19 35 51

■田中町（平日）32頁

❿（西向き／JR奈良駅方面）

系統	2	6
6	23 37 48	
7	2 9 16 23 30 38 45 53	3 26 51
8	8 15 23 30 38 45 53	18
9	15 30 45	
10	15 30 45	
11	15 30 45	
12	15 30 45	
13	15 30 45	
14	15 30 45	
15	15 30 45	
16	15 30 45	
17	15 30 45	
18	14 29 44 59	

■田中町（土休日）32頁

❿（西向き／JR奈良駅方面）

系統	2 市内循環・外回り
6	8 30 42 53
7	5 16 30 45
8	15 30 45
9	15 30 45
10	15 30 45
11	15 30 45
12	15 30 45
13	15 30 45
14	15 30 45
15	15 30 45
16	15 30 45
17	15 30 45
18	14 29 44 59

■大安寺（平日）35頁

❶(北向き／近鉄・JR奈良駅方面)										
系統	86	85	87	90	79	136	135	19	20	81
6		17		52	59		14 23 30 38 46 56 59	25		
7		07 43	13		02 23 34		09 18 28 39 48 56		21	
8		06 28 43			01 18 25 39 55	11 47	32		20	
9	26	10			56	03 19	41	24		29
10	26				56		11 41	17		59
11	26				56		11 41	14		59
12	26				56		11 41	14		59
13	26				56		11 41	14		59
14	26				56		11 41	14		59
15	26				56		11 41	14		
16	27				33		13 48	09		04
17	20	58		03 49		38	18 31 43 55	04 59		
18		23		09 18	41		01 28 53	56		

■大安寺（土休日）35頁

❶(北向き／近鉄・JR奈良駅方面)						
系統	86	85	87	79	135	19
6		01			14 36 57	28
7		08 51			15 28 46	19
8		26	05		15 37 52	18
9		16		04 56	27 42	12
10	26			56	11 41	15
11	26			56	11 41	14
12	26			56	11 41	14
13	26			56	11 41	14
14	26			56	11 41	14
15	26			56	11 41	12
16	27			57	12 42	07
17	27			57	12 42	05 59
18	26			56	11 41	59

■下山（平日）35頁

❷(北向き／近鉄・JR奈良駅方面)							
系統	50	53	51	73	92	82	192
6	20 58	10 32	48				
7		11 29			57	17 41	
8		28	15 57		42		
9			19 41		50		
10			21 41				
11			31		02		
12			31		02		
13			31		02		
14			31		02		
15			31		02		
16			31		02 53		
17			11 42		53		31
18			43	30	12	53	

■下山（土休日）35頁

❷(北向き／近鉄・JR奈良駅方面)					
系統	50	53	51	82	182
6	33	06 50			
7			26	08 40	
8			00 30	13 58	
9			31		
10			31	00	
11			31	01	
12			31	01	
13			31	01	
14			31	01	
15			31	01	
16			33	01 50	
17			35	54	20
18			11 31	54	

■圓照寺（平日）36頁

❷(北向き／近鉄・JR奈良駅方面)		
系統	56	62
6	41	02 21 31 50
7	19	00 08 30 47
8		18 49
9		12 32
10		12 32 52
11		12 32 52
12		12 32 52
13		12 32 52
14		12 22 32 52
15		12 32 52
16		12 20 36 53
17		07 20 39
18		05 27 45

■圓照寺（土休日）36頁

❷(北向き／近鉄・JR奈良駅方面)	
系統	62
6	16 38
7	00 22 37
8	02 30 52
9	25 52
10	25 52
11	25 52
12	25 52
13	25 52
14	25 52
15	25 52
16	25 52
17	22 55
18	17 49

■佐保小学校（平日） 40頁

系統	❼(東向き／近鉄・JR奈良駅方面) 13	15	14	12
6	03		49	31
7		26	40	08
8	20 41			02 26 59
9			23 53	
10			23 53	
11			23 53	
12			23 53	
13			23 53	
14			23 53	
15			26	
16			00 23 54	
17			23 51	
18			28 57	

■佐保小学校（土休日） 40頁

系統	❷(東向き／近鉄・JR奈良駅方面) 13	14
6	04 31	
7		04 36
8		17 52
9		23 53
10		23 53
11		23 53
12		23 53
13		23 53
14		23 53
15		23 56
16		20 51
17		20 51
18		22 51

■佐保小学校（平日） 40頁

系統	❽(西向き／大和西大寺駅方面) 13	15	14	12
6				04 20 38
7	54		23	04 43
8		05		15 41
9			10 41	
10			10 40	
11			10 40	
12			10 40	
13			10 40	
14			10 40	
15			10 40	
16			10 34	
17			03 38	
18			10 43	

■佐保小学校（土休日） 40頁

系統	❽(西向き／大和西大寺駅方面) 14
6	32
7	02 40
8	11 40
9	10 40
10	10 40
11	10 40
12	10 40
13	10 40
14	10 40
15	10 34
16	03 34
17	03 34
18	04 35

■不退寺口（平日） 40頁

系統	(東向き／近鉄・JR奈良駅方面) 13	15	14	12
6	00		46	28
7		23	36	05 58
8	16 38			22 56
9			20 50	
10			20 50	
11			20 50	
12			20 50	
13			20 50	
14			20 50	
15			23 57	
16			20 51	
17			20 48	
18			25 54	

■不退寺口（土休日） 40頁

系統	(東向き／近鉄・JR奈良駅方面) 13	14
6	01 28	
7		01 33
8		14 49
9		20 50
10		20 50
11		20 50
12		20 50
13		20 50
14		20 50
15		20 53
16		17 48
17		17 48
18		19 48

■一条高校前（平日） 40頁

系統	❿(西向き／大和西大寺駅方面) 13	15	14	12
6				06 22 40
7	56		25	06 45
8		08		17 43
9			12 43	
10			12 42	
11			12 42	
12			12 42	
13			12 42	
14			12 42	
15			12 42	
16			12 36	
17			05 40	
18			12 45	

■一条高校前（土休日） 40頁

系統	❿(西向き／大和西大寺駅方面) 14
6	34
7	04 42
8	13 42
9	12 42
10	12 42
11	12 42
12	12 42
13	12 42
14	12 42
15	12 36
16	05 36
17	05 36
18	06 37

■法華寺（平日）42頁

	❶(東向き／近鉄・JR奈良駅方面)			
系統	13	15	14	12
6			44	26
7		20	32	02 54
8	12 34			18 52
9			17 47	
10			17 47	
11			17 47	
12			17 47	
13			17 47	
14			17 47	
15			20 54	
16			17 48	
17			17 45	
18			22 51	

■法華寺（土休日）42頁

	❶(東向き／近鉄・JR奈良駅方面)	
系統	13	14
6	26	59
7		31
8		12 47
9		17 47
10		17 47
11		17 47
12		17 47
13		17 47
14		17 47
15		17 50
16		14 45
17		14 45
18		16 45

■法華寺（平日）42頁

	❷(西向き／大和西大寺駅方面)			
系統	13	15	14	12
6				08 24 40
7	59		27	08 47
8		11		19 45
9			14 45	
10			14 44	
11			14 44	
12			14 44	
13			14 44	
14			14 44	
15			14 44	
16			14 38	
17			07 42	
18			14 47	

■法華寺（土休日）42頁

	❷(西向き／大和西大寺駅方面)
系統	14
6	36
7	06 44
8	15 44
9	14 44
10	14 44
11	14 44
12	14 44
13	14 44
14	14 44
15	14 38
16	07 38
17	07 38
18	08 39

■航空自衛隊（平日）42頁

	❸(近鉄・JR奈良駅方面)		
系統	13	15	14
6			42
7		18	30
8	10 32		
9			15 45
10			15 45
11			15 45
12			15 45
13			15 45
14			15 45
15	58		18 52
16			15 46
17			15 43
18			20 49

■航空自衛隊（土休日）42頁

	❸(近鉄・JR奈良駅方面)	
系統	13	14
6	24	57
7		29
8		10 45
9		15 45
10		15 45
11		15 45
12		15 45
13		15 45
14		15 45
15		15 48
16		12 43
17		12 43
18		14 43

■平城宮跡・遺構展示館（平日）42頁

	❹(西向き／大和西大寺駅方面)	
系統	14	12
6		11 27 43
7	33	12 51
8		23 49
9	20 51	
10	20 50	
11	20 50	
12	20 50	
13	20 50	
14	20 50	
15	20 50	
16	21 45	
17	14 49	
18	21 54	

■平城宮跡・遺構展示館（土休日）42頁

	❹(西向き／大和西大寺駅方面)
系統	14
6	41
7	11 49
8	20 49
9	20 50
10	20 50
11	20 50
12	20 50
13	20 50
14	20 50
15	20 44
16	13 44
17	13 44
18	14 45

■平城宮跡・遺構展示館（平日）42頁

	❺(東向き／近鉄・JR奈良駅方面)	
系統	14	12
6	39	23 59
7	27	51
8		15 49
9	12 42	
10	12 42	
11	12 42	
12	12 42	
13	12 42	
14	12 42	
15	15 49	
16	12 43	
17	12 40	
18	17 46	

■平城宮跡・遺構展示館（土休日）42頁

	❺(東向き／近鉄・JR奈良駅方面)
系統	14
6	54
7	26
8	07 42
9	12 42
10	12 42
11	12 42
12	12 42
13	12 42
14	12 42
15	12 45
16	09 40
17	09 40
18	11 40

■宮跡庭園・ミ・ナーラ前（平日）44頁

系統	❶(東向き／JR・近鉄奈良駅方面) 28	27	160	161	ぐるっとバスのりば(東向き／奈良公園・春日大社方面) 青大宮通りルート(B10)	
6	10 37 58					
7	21 46		33			
8	07 25 55	45				
9	25 55	41		19	○27○57	
10	25 55			11		○27○57
11	25 55			11		○27○57
12	25 55			11		○27○57
13	25 55			11		○27○57
14	25 55			11		○27○57
15	25 55			11		○27○57
16	25 55			11		○27○57
17	25 55			16		
18	30 55			16		

■宮跡庭園・ミ・ナーラ前（土休日）44頁

系統	❶(東向き／JR・近鉄奈良駅方面) 25	28	161	ぐるっとバスのりば(東向き／奈良公園・春日大社方面) 青大宮通りルート(B10)	
6		58			
7		37	33		
8		08 54			
9		25 55	18	◇27◇42◇57	
10		25 55	11	◇12	◇27◇42◇57
11		25 55	11		◇12◇27◇42◇57
12	52	25 55	11		◇12◇27◇42◇57
13		25 55	11		◇12◇27◇42◇57
14		25 55	11		◇12◇27◇42◇57
15		25 55	11		◇12◇27◇42◇57
16		25 55	11		◇12◇27◇42◇57
17		25	16		
18		00 35	26		

■二条大路南一丁目（平日のみ）44頁

系統	❸(高架下／青山住宅方面) 27
6	
7	
8	43
9	39
10	
11	
12	
13	
14	
15	
16	
17	
18	

■二条大路南二丁目（平日）44頁

系統	❺(東向き／JR・近鉄奈良駅方面) 160	161
6		
7	29	
8		
9		15
10		07
11		07
12		07
13		07
14		07
15		07
16		07
17		12
18		12

■二条大路南二丁目（土休日）44頁

系統	❺(東向き／JR・近鉄奈良駅方面) 161
6	
7	29
8	
9	14
10	07
11	07
12	07
13	07
14	07
15	07
16	07
17	12
18	22

■二条町（平日）44頁

系統	❼(東向き／近鉄・JR奈良駅方面) 14	12
6	36	20 56
7	24	48
8		12 46
9	09 39	
10	09 39	
11	09 39	
12	09 39	
13	09 39	
14	09 39	
15	12 46	
16	09 40	
17	09 37	
18	14 43	

■二条町（土休日）44頁

系統	❼(東向き／近鉄・JR奈良駅方面) 14
6	51
7	23
8	04 39
9	09 39
10	09 39
11	09 39
12	09 39
13	09 39
14	09 39
15	09 42
16	06 37
17	06 37
18	08 37

■唐招提寺（平日）48頁

❶(西向き／西ノ京駅方面)

系統	78	63	72
6			
7		18 40	
8	15 42		
9	05 45		
10	15 45		
11	15 45		
12	15 45		
13	15 45		
14	15 45		
15	15 45		
16	15 48		
17	17 50		
18			16 38

■唐招提寺（土休日）48頁

❶(西向き／西ノ京駅方面)

系統	7	63
6		
7		09 44
8	41	25
9	15 45	
10	15 45	
11	15 45	
12	15 45	
13	15 45	
14	15 45	
15	15 45	
16	15 45	
17	18 49	
18		15 43

■唐招提寺東口（平日）48頁

❷(北向き／JR・近鉄奈良駅方面)

系統	77	63	72	97
6	52	13		
7	26 39			40
8	18 48			
9	12 42			52
10	12 42			52
11	12 42			52
12	12 42			52
13	12 42			52
14	12 42			52
15	12 42			52
16	12 42			43
17			27	
18			04 37	

■唐招提寺東口（土休日）48頁

❷(北向き／JR・近鉄奈良駅方面)

系統	77	63	97
6			
7	02 47	27	40
8	14 49		
9	14 42		52
10	14 42		52
11	14 42		52
12	14 42		52
13	14 42		52
14	14 42		52
15	14 42		52
16	14 42		43
17		12 48	
18		28 56	

■唐招提寺東口（平日）48頁

❸(南向き／西ノ京駅方面・法隆寺前方面)

系統	88	98
6		
7		
8		
9		06
10		
11		02
12		02
13		02
14		02
15		02
16		02
17	02	
18		04

■唐招提寺東口（土休日）48頁

❸(南向き／西ノ京駅方面・法隆寺前方面)

系統	88	98
6		
7		
8		
9		06
10		
11		02
12		02
13		02
14		02
15		02
16		02
17	02	
18		04

■薬師寺東口（平日）48頁

❺(北向き／JR・近鉄奈良駅方面)

系統	77	63	72	97
6	51	12		
7	25 38			38
8	17 47			
9	11 41			50
10	11 41			50
11	11 41			50
12	11 41			50
13	11 41			50
14	11 41			50
15	11 41			50
16	11 41			41
17			26	
18			03 36	

■薬師寺東口（土休日）48頁

❺(北向き／JR・近鉄奈良駅方面)

系統	77	63	97
6			
7	01 46	26	38
8	13 48		
9	13 41		50
10	11 41		50
11	11 41		50
12	11 41		50
13	11 41		50
14	11 41		50
15	11 41		50
16	11 41		41
17		11 47	
18		27 55	

■薬師寺東口（平日）48頁

❻(南向き／法隆寺前方面)

系統	88	98
6		
7		
8		
9		08
10		
11		04
12		04
13		04
14		04
15		04
16		04
17	04	
18		06

■薬師寺東口（土休日）48頁

❻(南向き／法隆寺前方面)

系統	88	98
6		
7		
8		
9		08
10		
11		04
12		04
13		04
14		04
15		04
16		04
17	04	
18		06

■西ノ京駅（平日）48頁

❼(踏切東側／JR・近鉄奈良駅方面)

系統	77	63	72
6	48	09	
7	22 35		
8	14 44		
9	08 38		
10	08 38		
11	08 38		
12	08 38		
13	08 38		
14	08 38		
15	08 38		
16	08 38		
17			23
18			00 33

■西ノ京駅（土休日）48頁

❼(踏切東側／JR・近鉄奈良駅方面)

系統	77	63
6	58	
7	43	23
8	10 45	
9	10 38	
10	08 38	
11	08 38	
12	08 38	
13	08 38	
14	08 38	
15	08 38	
16	08 38	
17		08 44
18		24 52

■般若寺（平日）50頁

	❷（南向き／近鉄・JR奈良駅方面）				
系統	81	118	117	27	153
6		02 15 27 39 53	46 59		
7		06 25 41 51	17 31		23
8	33	10 18 43		00 58	20
9		14 29 44 59			17 54
10	13	33 53			28
11	13	33 53			28
12	13	33 53			28
13	13	33 53			28
14	13	33 53			28
15	13	33 53			28
16		13 30 43			18 48
17		00 12 29 42 57			27
18		12 27 42 57			09 40

■般若寺（土休日）50頁

	❷（南向き／近鉄・JR奈良駅方面）	
系統	118	153
6	02 27 49	29 57
7	09 29 49	38
8	09 29 47	05 48
9	14 34 54	20 48
10	13 33 53	28
11	13 33 53	28
12	13 33 53	28
13	13 33 53	28
14	13 33 53	28
15	13 33 53	28
16	13 30 48	
17	08 28 48	
18	07 27 47	12 50

■大和西大寺駅（平日）51頁

	北口❷（秋篠寺方面）
系統	72
6	29 51
7	0 10 19 28 37 46 55
8	4 13 31 50
9	7 27 49
10	9 29 49
11	9 29 49
12	9 29 49
13	9 29 49
14	9 29 49
15	9 29 49
16	9 29 49
17	9 22 35 47 59
18	11 23 35 47 59

■大和西大寺駅（土休日）51頁

	北口❷（秋篠寺方面）
系統	72
6	40
7	27 41 57
8	12 27 42
9	9 29 49
10	9 29 59
11	29 59
12	29 59
13	29 59
14	29 59
15	29 51
16	11 31 51
17	11 31 51
18	11 31 51

■秋篠寺（平日）50頁

	❷（南向き／大和西大寺駅方面）	
系統	72	74
6	9 26 34 45 57	
7	9 18 27 37 46 55	9 37
8	4 13 22 31 41	
9	17 37 59	
10	19 39 59	
11	19 39 59	
12	19 39 59	
13	19 39 59	
14	19 39 59	
15	19 39 59	
16	19 39 59	
17	19 37 50	
18	2 14 26 38 50	

■秋篠寺（土休日）50頁

	❷（南向き／大和西大寺駅方面）
系統	72
6	22 49
7	9 29 42 58
8	14 29 44 59
9	19 39 59
10	19 39 59
11	29 59
12	29 59
13	29 59
14	29 59
15	29
16	1 21 41
17	1 21 41
18	1 21 41

■菅原天満宮（平日）51頁

	（学園前駅方面）
系統	36
6	5 33 55
7	5 26 40
8	23
9	15 54
10	37
11	37
12	17 57
13	37
14	17 57
15	46
16	38
17	20 59
18	55

■菅原天満宮（土休日）51頁

	（学園前駅方面）
系統	36
6	36
7	07 37
8	24
9	17 54
10	37
11	37
12	17 57
13	37
14	17 57
15	47
16	37
17	20
18	04

■阪奈菅原（平日）51頁

	❷（東向き／JR・近鉄奈良駅方面）	
系統	160	161
6		
7	16	
8		
9		02 54
10		54
11		54
12		54
13		54
14		54
15		54
16		59
17		59
18		

■阪奈菅原（土休日）51頁

	❷（東向き／JR・近鉄奈良駅方面）
系統	161
6	
7	16
8	
9	01 54
10	54
11	54
12	54
13	54
14	54
15	54
16	59
17	
18	09

■忍辱山（平日）52頁

	❷（西向き／近鉄・JR奈良駅方面）			
系統	102	100	94	95
6	24			
7		24		
8		51		
9				
10				
11				
12			05	
13		35		
14				
15				
16				07
17		45		
18				

■忍辱山（土休日）52頁

	❷（西向き／近鉄・JR奈良駅方面）		
系統	102	100	94
6	54		
7		54	
8			
9			
10			
11			
12			05
13		35	
14			
15			
16			07
17		45	
18			

■阪原（平日）52頁

	❷（南向き／近鉄・JR奈良駅方面）			
系統	102	100	94	95
6	14			
7		14		
8		41		
9				
10				
11			55	
12				
13		25		
14				
15				48
16				
17		35		
18				

■阪原（土休日）52頁

	❷（南向き／近鉄・JR奈良駅方面）		
系統	102	100	94
6	44		
7		44	
8			
9			
10			
11			55
12			
13		25	
14			
15			57
16			
17		35	
18			

■柳生（平日）52頁

	❷（西向き／近鉄・JR奈良駅方面）			
系統	102	100	94	95
6	09			
7		09		
8		36		
9				
10				
11			50	
12				
13		20		
14				
15				43
16				
17		30		
18				

■柳生（土休日）52頁

	❷（西向き／近鉄・JR奈良駅方面）		
系統	102	100	94
6	39		
7		39	
8			
9			
10			
11			50
12			
13		20	
14			
15			52
16			
17		30	
18			

■学園前駅（平日）54頁

	北口❺(中登美ヶ丘団地方面)		北口❻(西登美ヶ丘五丁目方面)	
系統	110	130	138	128
6				
7				
8	40	30 50	31	22 56
9	00 21 51	10 36	26	11 41 56
10	21 51	06 36	26	11 41 56
11	21 51	06 36	26	11 41 56
12	21 51	06 36	26	11 41 56
13	21 51	06 36	26	11 41 56
14	21 51	06 36	26	11 41 56
15	21 51	06 36	26	11 41 56
16	21 51	06 36	26 56	11 41
17			39 54	09 24
18			20	00 12 29 39 52

■学園前駅（土休日）54頁

	北口❺(中登美ヶ丘団地方面)			北口❻(西登美ヶ丘五丁目方面)	
系統	110	129	130	138	128
6					05 34 46
7		06 36			10 22 34 48
8	21 51	06	36	36	00 12 24 49
9	21 51		06 36		04 24 44
10	21 51		06 36	24	04 44
11	21 51		06 36		04 24 44
12	21 51		06 36	24	04 44
13	21 51		06 36		04 24 44
14	21 51		06 36	24	04 44
15	21 51		06 36		04 24 44
16	21 51		06 36	24	04 44
17					04 24 44
18				04	17 34 53

■大渕橋（平日）54頁

	❷(南向き／学園前駅方面)			
系統	110	130	138	128
6				
7				
8	24 45	37 58	45	22 33 56
9	10 40	25 55	38	06 23 53
10	10 40	25 55	23	08 38 53
11	10 40	25 55	23	08 38 53
12	10 40	25 55	23	08 38 53
13	10 40	25 55	23	08 38 53
14	10 40	25 55	23	08 38 53
15	10 40	25 55	38	08 23 53
16	10 40 50	25 55	23	08 38 53
17	00 19 55	10 39	28	08 43 55
18	25 45	07 27 47	04 34 58	14 44

■大渕橋（土休日）54頁

	❷(南向き／学園前駅方面)			
系統	110	130	138	128
6				02 17 28 43
7			01 49	11 25 35
8	40	25 55		01 13 28 43 58
9	10 40	25 55	33	13 48
10	10 40	25 55		08 28 48
11	10 40	25 55	28	08 48
12	10 40	25 55		08 28 48
13	10 40 57	25 55	28	08 48
14	10 27 40	25 55		08 28 48
15	10 40	25 55	28	08 48
16	10 40	25 55		08 28 48
17	05 30	19 44	24	08 38 52
18	00 30	14 44	52	11 32

■富雄駅（平日）54頁

	❶(若草台方面・帝塚山南四丁目方面)
系統	50
6	26
7	14
8	11
9	05 35
10	45
11	45
12	45
13	41
14	41
15	41
16	11
17	05 48
18	28

■富雄駅（休日）54頁

	❶(若草台方面・帝塚山南四丁目方面)
系統	50
6	39
7	23
8	05 40
9	45
10	45
11	45
12	45
13	45
14	45
15	45
16	45
17	42
18	30

■霊山寺（平日）54頁

	❷(西向き／富雄駅方面)
系統	50
6	13 55
7	18 50
8	47
9	26
10	10
11	10
12	10
13	10
14	10
15	10
16	10 50
17	23
18	03 43

■霊山寺（土休日）54頁

	❷(西向き／富雄駅方面)
系統	50富雄駅
6	25
7	09 30 51
8	36
9	10
10	10
11	10
12	10
13	10
14	10
15	10
16	10
17	10
18	13

■信貴山下駅（平日）55頁

	❶(信貴山方面)		
系統	32	42	43
6			
7	08		
8	11		
9		26	
10			33
11		33	
12			33
13		33	
14			33
15		28	
16			26
17		01 56	
18			38

■信貴山下駅（土休日）55頁

	❶(信貴山方面)		
系統	32	42	43
6			
7			
8	21		
9		31	
10			33
11		33	
12			33
13		33	
14			33
15		36	
16			33
17		00 53	
18			49

■信貴大橋（平日）55頁

	(信貴山下駅・王寺駅方面・信貴山門方面)		
系統	32	42	43
6			
7	27		
8		42	
9			44
10		56	
11			56
12		56	
13			
14			00
15		00	52
16		46	
17			19
18		14	

■信貴大橋（土休日）55頁

	(信貴山下駅・王寺駅方面・信貴山門方面)		
系統	32	42	43
6			
7			
8		40	
9			56
10		56	
11			56
12		56	
13			56
14		56	
15			56
16		56	
17			22
18		11	

■法隆寺前（平日）58頁

	❷(操車場／郡山・西ノ京・奈良方面)	❸(東向き／筒井駅方面・法隆寺駅方面)		
系統	97	63	92	72
6		13 34 52		
7	05		06 20 43	
8		12 40		
9	09	27		21 41
10	09	22		04 29 53
11	09	22		11 29 53
12	09	22		11 29 53
13	09	22		11 29 53
14	09	22		11 29 53
15	09 59	22		11 29 53
16			22 57	11 35 53
17		57	27	
18			28	

■法隆寺前（土休日）58頁

	❷(操車場／郡山・西ノ京・奈良方面)	❸(東向き／筒井駅方面・法隆寺駅方面)	
系統	97	63	72
6		14 47	
7	05	32	
8		02 42	
9	13	42	07 26 46
10	13	42	03 26 44
11	13	42	06 29 53
12	13	42	11 29 53
13	13	42	11 29 53
14	13	42	11 29 53
15	13	42	11 29 49
16	03	42	07 27 55
17		36	
18		39	

■中宮寺前（平日）58頁

	❺(東向き／近鉄郡山駅方面)	❺(東向き／筒井駅方面)	
系統	97	63	92
6		14 35 53	
7	06		07 21 44
8		13 41	
9	10	28	
10	10	23	
11	10	23	
12	10	23	
13	10	23	
14	10	23	
15	10	23	
16	00		23 58
17		58	28
18			29

■中宮寺前（土休日）58頁

	❺(東向き／近鉄郡山駅方面)	❺(東向き／筒井駅方面)
系統	97	63
6		15 48
7	06	33
8		03 43
9	14	43
10	14	43
11	14	43
12	14	43
13	14	43
14	14	43
15	14	43
16	04	43
17		37
18		40

■法起寺前（平日）58頁

	❼(東向き／近鉄郡山駅方面)
系統	97
6	
7	09
8	
9	13
10	13
11	13
12	13
13	13
14	13
15	13
16	03
17	
18	

■法起寺前（土休日）58頁

	❼(東向き／近鉄郡山駅方面)
系統	97
6	
7	09
8	
9	17
10	17
11	17
12	17
13	17
14	17
15	17
16	07
17	
18	

■法起寺口（平日）58頁

	❾(東向き／筒井駅方面)	
系統	63	92
6	16 37 55	
7		09 23 46
8	15 43	
9	30	
10	25	
11	25	
12	25	
13	25	
14	25	
15	25	
16		25
17		00 30
18	00	31

■法起寺口（土休日）58頁

	❾(東向き／筒井駅方面)
系統	63
6	17 50
7	35
8	05 45
9	45
10	45
11	45
12	45
13	45
14	45
15	45
16	45
17	39
18	42

■法隆寺駅（平日）58頁

	⓫(法隆寺参道方面)
系統	72
6	
7	
8	
9	12 32 55
10	20 44
11	02 20 44
12	02 20 44
13	02 20 44
14	02 20 44
15	02 20 44
16	02 20 44
17	
18	

■法隆寺駅（土休日）58頁

	⓫(法隆寺参道方面)
系統	72
6	
7	
8	58
9	17 37 54
10	17 35 57
11	20 44
12	02 20 44
13	02 20 44
14	02 20 44
15	02 20 40 58
16	18 46
17	
18	

■法隆寺参道（平日）58頁

	⓭(法隆寺駅方面)
系統	72
6	
7	
8	
9	21 41
10	04 29 53
11	11 29 53
12	11 29 53
13	11 29 53
14	11 29 53
15	11 29 53
16	11 35 53
17	
18	

■法隆寺参道（土休日）58頁

	⓭(法隆寺駅方面)
系統	72
6	
7	
8	
9	07 26 46
10	03 26 44
11	06 29 53
12	11 29 53
13	11 29 53
14	11 29 53
15	11 29 49
16	07 27 55
17	
18	

■近鉄郡山駅（平日）
60頁

	❶（大和小泉駅・矢田寺方面）		
系統	20	72	71
6		30 40	
7		02 17 28 44	
8		00 21 41	
9	31	02 25 45	
10	31		10 50
11			30
12			10 50
13	16		30
14			10 50
15			30
16	25		10 40
17			10 40
18			10 40

■近鉄郡山駅（土休日）
60頁

	❶（大和小泉駅・矢田寺方面）		
系統	20	72	71
6		52	
7		14 29 46	
8		06 21 36	
9	25	00 30	
10	30		10 50
11			30
12			10 50
13	15		30
14			10 50
15			30
16	25		10 50
17			30
18			15 55

■矢田寺前（平日）
60頁

	（近鉄郡山駅方面）
系統	20
6	36
7	
8	
9	58
10	58
11	
12	
13	43
14	
15	
16	55
17	
18	

■矢田寺前（土休日）
60頁

	（近鉄郡山駅方面）
系統	20
6	
7	
8	
9	52
10	55
11	
12	
13	39
14	
15	
16	55
17	
18	

■松尾寺口（平日）
60頁

	❷（北向き／近鉄郡山駅方面）	
系統	72	71
6	10 24 38 51	
7	02 16 30 44	
8	00 17 36 53	
9	19 52	
10		22
11		07 52
12		27
13		07 52
14		27
15		07 52
16		27
17		09 38
18		14

■松尾寺口（土休日）
60頁

	❷（北向き／近鉄郡山駅方面）	
系統	72	71
6	21 42 57	
7	12 32 49	
8	16 32 52	
9	22 52	
10		27
11		07 52
12		27
13		07 52
14		27
15		07 52
16		27
17		07 41
18		21

■大和小泉駅（平日）
60頁

	東口❶（近鉄郡山駅方面）		
系統	72	73	71
6	03 17 31 44 55		
7	09 23 37 53		
8	10 29 46		
9	12 45		
10			15
11			00 45
12			20
13			00 45
14			20
15			00 45
16			20
17		16 57	02 31
18		28 38	07 53

■大和小泉駅（土休日）
60頁

	東口❶（近鉄郡山駅方面）	
系統	72	71
6	14 35 50	
7	05 25 42	
8	09 25 45	
9	15 45	
10		20
11		00 45
12		20
13		00 45
14		20
15		00 45
16		20
17		00 34
18		14 59

■松尾寺口（平日）
60頁

	❶（南向き／大和小泉駅方面）		
系統	72	73	71
6	51	03 16 30 41	
7	01 23 38 49	13	
8	05 21 42		
9	02 23 46		
10	06		37
11			17 57
12			37
13			17 57
14			37
15			17 57
16			37
17			07 37
18		19 50	07 37

■松尾寺口（土休日）
60頁

	❶（南向き／大和小泉駅方面）		
系統	72	73	71
6		22 37 52	
7	13 35 50		
8	07 27 42 57		
9	21 51		
10			37
11			17 57
12			37
13			17 57
14			37
15			17 57
16			37
17			17 57
18			42

■近鉄郡山駅（平日）
61頁

	❷（法隆寺前・奈良学園方面）	
系統	24	98
6		
7	50	
8	08	
9		25
10		
11		21
12		21
13		21
14		21
15	も11 も46	21
16	も21 も46	21
17	も11 も46	
18		18

も〔奈良学園〕開校日の月～木曜日のみ運行

■近鉄郡山駅（土休日）
61頁

	❷（法隆寺前・奈良学園方面）	
系統	24	98
6		
7	50	
8	8	
9		25
10		
11		21
12	開31	21
13	開1 開31	21
14	開1 開31	21
15	開56	21
16	開46	21
17	開26	
18		18

開〔奈良学園〕開校日の土曜日のみ運行

■片桐西小学校（平日）
61頁

	❶（東向き／大和小泉駅方面・南郡山方面）		
系統	72	73	71
6	53	5 18 32 43	
7	3 25 40 51	15	
8	7 23 44		
9	4 25 48		
10	8		39
11			19 59
12			39
13			19 59
14			39
15			19 59
16			39
17			9 39
18		21 53	9 39

■片桐西小学校（土休日）
61頁

	❶（東向き／大和小泉駅方面・南郡山方面）			
系統	72	73	71	81
6		24 39 54		
7	15 37 52			
8	9 29 44 59			
9	23 53			
10			39	46
11			19 59	
12			39	
13			19 59	
14			39	
15			19 59	
16			39	
17			19 59	
18			44	

桜井駅南口　安倍文殊院　聖林寺　談山神社　榛原駅　大宇陀迫間

■桜井駅南口（平日）64頁

	南口❷（飛鳥資料館方面）	南口❷（安倍文殊院方面）[SB9]
系統	36	SB
6		
7		
8	06	48
9		57
10		
11		26
12		55
13	26	
14		17
15		
16		05
17	17	
18		

■桜井駅南口（土休日）64頁

	南口❷（飛鳥資料館方面）	南口❷（安倍文殊院方面）[SB9]
系統	36	SB
6		
7		
8	季50	48
9	季50	57
10		
11	季55	26
12		55
13	季50	
14		17
15	季20	
16	季20	05
17		
18		

季4月～5月と9月第3土曜日～11月第3日曜日の間の日祝日運行

■安倍文殊院（平日）64頁

	❷（北向き／桜井駅方面）	❷（桜井駅南口方面）
系統	36	SB
6		
7		
8	41	40
9		49
10		
11		18
12		47
13	50	
14		09
15		57
16		
17	44	
18		

■安倍文殊院（土休日）64頁

	❷（北向き／桜井駅方面）	❷（桜井駅南口方面）
系統	36	SB
6		
7		
8		40
9	季21	49
10	季21	
11		18
12	季26	47
13		
14	季26	09
15	季56	57
16	季56	
17		
18		

季4月～5月と9月第3土曜日～11月第3日曜日の間の日祝日運行

■桜井駅南口（平日）64頁

	南口❶（談山神社方面）[SA1]
系統	SA
6	
7	05
8	12
9	45
10	50
11	
12	50
13	
14	00
15	05
16	09
17	25

■桜井駅南口（土休日）64頁

	南口❶（談山神社方面）[SA1]
系統	SA
7	
8	12
9	45
10	50
11	
12	50
13	
14	00
15	05
16	09
17	25
18	

■聖林寺（平日）64頁

	❷（桜井駅南口方面）[SA6]
系統	SA
6	48
7	46
8	54
9	
10	28
11	33
12	
13	31
14	43
15	47
16	51
17	
18	06

■聖林寺（土休日）64頁

	❷（桜井駅南口方面）[SA6]
系統	SA桜井駅南口
6	
7	49
8	
9	04
10	28
11	33
12	
13	31
14	43
15	47
16	51
17	
18	06

■談山神社（平日）64頁

	（桜井駅南口方面）[SA18]
系統	SA
6	34
7	32
8	40
9	
10	14
11	19
12	
13	17
14	28
15	32
16	37
17	52
18	

■談山神社（土休日）64頁

	（桜井駅南口方面）[SA18]
系統	SA桜井駅南口
6	
7	35
8	50
9	
10	14
11	19
12	
13	17
14	28
15	32
16	37
17	52
18	

■榛原駅（平日）3頁

	南口❷（曽爾村役場・大宇陀方面〔昼〕）	
系統	2	1
6		
7		01 27 49
8		15
9	11	
10	10	
11	08	
12	10	
13	08	
14	08	
15	08	51
16	10	52
17		30 50
18		15 37

■榛原駅（土休日）3頁

	南口❷（曽爾村役場・大宇陀方面〔昼〕）	
系統	2	1
6		
7		06 47
8		11
9	10	
10	10	
11	09	
12	09	
13	09	
14	09	
15	09	
16	12	
17		13
18		20

■大宇陀迫間（平日）66頁

	❷（北向き／榛原駅方面・桜井駅方面）	
系統	1	2
6	26	
7	05 53	27
8		14 41
9		37
10		35
11		35
12		35
13		35
14		35
15		35
16		16 35
17	18 55	
18	17 40	

■大宇陀迫間（土休日）66頁

	❷（北向き／榛原駅方面・桜井駅方面）	
系統	1	2
6	32	
7	36	
8	13 45	
9		35
10		35
11		35
12		35
13		35
14		35
15		35
16		38
17	39	
18	46	

■室生口大野駅（平日）67頁

	（室生寺・室生龍穴神社方面）
系統	44
6	
7	
8	
9	19
10	19
11	19
12	58
13	58
14	58
15	58
16	
17	
18	

■室生口大野駅（土休日）67頁

	（室生寺・室生龍穴神社方面）
系統	44
6	
7	
8	15
9	19
10	19
11	19
12	58
13	58
14	58
15	58
16	
17	
18	

■室生寺（平日）67頁

	❷（北向き／室生口大野駅方面）
系統	44
7	
8	
9	49
10	49
11	49
12	
13	29
14	29
15	29
16	41
17	
18	

■室生寺（土休日）67頁

	❷（北向き／室生口大野駅方面）
系統	44
6	
7	
8	45
9	49
10	49
11	49
12	
13	29
14	29
15	29
16	41
17	
18	

■橿原神宮前駅（平日）70頁

	東口❷（甘樫丘・石舞台方面）					
系統	16	23	17	15	19	
6					24	
7					05	開40
8		36				
9		36				
10	36					
11	36					
12	36					
13	36		06			
14				開36		
15				開36		
16		36				
17						
18						

開〔明日香小学校〕学校開校日のみ運行

■橿原神宮前駅（土休日）70頁

	東口❷（甘樫丘・石舞台方面）			
系統	16	23	19	2
6			22	
7			06	43
8		36		
9	季21 51			
10	季21	51		
11	季21 51			
12	季21	51		
13	季21 51			
14	季21 51			
15	季21 51			
16	季21 51			
17	季21			
18				

季〔季節運行〕3月～5月と9月の第3土曜～11月第3日曜の間の土日祝運行

■飛鳥駅（平日）72頁

	駅前（石舞台・橿原神宮前駅方面）	
系統	16	23
6		
7		
8	40	
9	40	
10	40	
11		55
12	55	
13		55
14		55
15		55
16	40	
17		
18		

■飛鳥駅（土休日）72頁

	駅前（石舞台・橿原神宮前駅方面）	
系統	16	23
6		
7		
8	55	
9	季25 55	
10	季25 55	
11	季25	55
12	季25 55	
13	季25	55
14	季25 55	
15	季25	55
16	季25 55	
17	季25	
18		

季〔季節運行〕3月～5月と9月第3土曜～11月第3日曜の間の土日祝運行

■石舞台（平日）72頁

	（橿原神宮前駅方面・飛鳥駅方面）		
系統	16	23	15
6			
7			
8			
9		02	
10	58	02	
11	58		
12	58		
13	58		
14			開58
15			開58
16			
17		02	
18			

開〔明日香小学校〕学校開校日のみ運行

■石舞台（土休日）72頁

	（橿原神宮前駅方面・飛鳥駅方面）	
系統	16	23
6		
7		
8		
9	季43	02
10	13 季43	
11	季43	17
12	13 季43	
13	季43	17
14	13 季43	
15	13 季43	
16	13 季43	
17	13 季43	
18		

季〔季節運行〕3月～5月と9月第3土曜～11月第3日曜の間の土日祝運行

■壺阪山駅（平日）74頁

	❸（駅前／壷阪寺前方面）
系統	20
6	
7	
8	
9	45
10	
11	18
12	50
13	
14	20
15	
16	
17	
18	

■壺阪山駅（土休日）74頁

	❸（駅前／壷阪寺前方面）
系統	20
6	
7	
8	
9	45
10	季15 S45
11	18 S48
12	50
13	S20
14	20 S45
15	季20 季50
16	
17	
18	

季〔季節運行〕3/1～11/30の間の土日祝運行
S〔季節運行〕3/1～5/31および10/1～11/30の間の土日祝運行

千本口⇔吉野山（山上駅）

<金・土・日・月曜日のみ運行>

9		20	35	50
10	05	20	35	50
11	05	20	35	50
12	05	20	35	50
13	05	20	35	50
14	05	20	35	50
15	05	20	35	50
16	05	20	35	50
17	05	20		

■吉野山奥千本口ライン時刻表（通常期）79頁

吉野神宮発　上り ※土日のみ運行					
吉野神宮	935	1035	1135	1335	1435
下千本駐車場	946	1046	1146	1346	1446
ケーブル吉野山駅	948	1048	1148	1348	1448
金峯山寺前	950	1050	1150	1350	1450
勝手神社前	953	1053	1153	1353	1453
如意輪寺口	954	1054	1154	1354	1454
竹林院前	955	1055	1155	1355	1455
奥千本口	1008	1108	1208	1408	1508

■吉野山奥千本口ライン時刻表（通常期）79頁

奥千本口発　下り　※土日のみ運行						
奥千本口	1008	1108	1208	-	1408	1508
高城山展望台	1011	1111	1211	-	1411	1511
竹林院前	1023	1123	1223	1323	1423	1523
如意輪寺口	1024	1124	（竹林院前バス停止め）	1324	1424	1524
勝手神社前	1025	1125	-	1325	1425	1525
金峯山寺前	1028	1128	-	1328	1428	1528
ケーブル吉野山駅	1031	1131	-	1331	1431	1531
下千本駐車場	1033	1133	-	1333	1433	1533
吉野神宮	1035	1135	-	1335	1435	1535

（吉野神宮バス停止め）

奈良の旅・問合せ先

奈良市観光センター ……………… 0742-22-3900
奈良市総合観光案内所 …………… 0742-27-2223
近鉄奈良駅総合観光案内所 ……… 0742-24-4858
奈良公園事務所……………………… 0742-22-0375
奈良市観光経済部観光戦略課 …… 0742-34-4739
奈良市柳生観光協会 ……………… 0742-94-0002
奈良県産業・観光・雇用振興部観光局
…………………………… 0742-22-1101（代表）
奈良県ビジターズビューロー …… 0742-23-8288
大和郡山市観光協会 ……………… 0743-52-2010
天理市観光協会 …………………… 0743-63-1242
橿原市観光協会 …………………… 0744-20-1123
桜井市観光協会 …………………… 0744-42-7530
五條市観光協会 …………………… 0747-22-4001
生駒市観光協会 …………………… 0743-74-1111
斑鳩町観光協会 …………………… 0745-74-6800
明日香村地域振興公社 ………… 0744-54-9200
飛鳥観光協会 ……………………… 0744-54-3240
吉野山観光協会 …………………… 0746-32-1007
吉野ビジターズビューロー………… 0746-34-2522
吉野町観光案内所………………… 0746-39-9237
奈良県旅館・ホテル生活衛生同業組合
……………………………………… 0742-32-3523
近畿日本鉄道（近鉄電車テレフォンセンター）
…………………………………… 050-3536-3957
〃　（お忘れ物専用ダイヤル） 050-3536-3942
JR 西日本お客さまセンター ……… 0570-00-2486
〃　（お忘れ物専用ダイヤル）… 0570-00-4146
奈良交通（お客様サービスセンター）0742-20-3100
〃　総合予約センター ………… 0742-22-5110
吉野大峰ケーブル自動車（吉野ロープーウェイ）
……………………………… 0746-39-0010・9254

本書は 2024 年 2 月 1 日の奈良交通バスの料金改定、同年 4 月 1 日の奈良交通バス・JR 線・近鉄電車のダイヤ改正情報並びに 3 月 21 日現在判明の公共交通機関の改正情報に基づき編集してあります。その後の判明及び改正についてはご容赦下さい。なお、各データは以後、予告なく各交通機関の事情により変更されることがあります。奈良の旅を事前に計画される際は、各問い合わせ窓口でご確認ください。

＊本書編集にあたり、ご協力いただきました交通機関・社寺・文化施設様等に厚く御礼申し上げます。

乗る＆散策　奈良編　～奈良のりもの案内～奈良交通バス・近鉄電車・JR 線観光時刻表付
2024 ～ 2025 年版　第 1 版第 1 刷　　定価 770 円（本体 700 円＋税 10%）

発行日　2024 年 4 月 10 日
発行人　橋本良郎
発行所　株式会社ユニプラン
URL　http://www.uni-plan.co.jp
E-mail　info@uni-plan.co.jp
住　所　〒 601-8213
京都市南区久世中久世町 1 丁目
76 番地
Tel.075-934-0003
Fax.075-934-9990
振替口座　01030-3-23387

◇写真
ユニプラン編集部
マツダ・フォト・プランニング
◇写真協力　しぐれ亭さやか
◇編集制作スタッフ
ユニプラン編集部　橋本豪
◇デザイン　岩崎宏
◇印刷所　株式会社ファインワークス

ISBN978-4-89704-597-9 C2026　¥700E